Rosy Henneberg/Helke Klein/Lothar Klein/Herbert Vogt (Hrsg.)

D1724648

# Mit Kindern leben, lernen, forschen und arbeiten

## Kindzentrierung in der Praxis

Kallmeyer

**Bibliografische Information Der Deutschen Bibliothek**
Die Deutsche Bibliothek verzeichnet diese Publikation in der Deutschen
Nationalbibliografie; detaillierte bibliografische Daten sind im Internet über
http://dnb.ddb.de abrufbar.

**Impressum**
Die Reihe TPS profil wird herausgegeben von der Evangelischen
Bundesarbeitsgemeinschaft für Sozialpädagogik im Kindesalter e. V. (EBASKA)

Rosy Henneberg/Helke Klein/Lothar Klein/Herbert Vogt (Hrsg.)
Mit Kindern leben, lernen, forschen und arbeiten
Kindzentrierung in der Praxis

1. Auflage 2004
© 2004 Kallmeyer´sche Verlagsbuchhandlung GmbH,
D – 30926 Seelze-Velber

Fotos: Rosy Henneberg; S. 211 Veit Mette, S. 233 Volker Minkus
Redaktion: TPS – Theorie und Praxis der Sozialpädagogik
Realisation: Friedrich Medien-Gestaltung
Druck: BWH Buchdruckwerkstätten Hannover

ISBN 3-7800-5720-4

*Der Weg, den ich zu meinem Ziel eingeschlagen habe, ist weder der kürzeste noch der bequemste: für mich jedoch ist er der beste, weil er mein Weg ist. Nicht ohne Mühe und nicht ohne Schmerz habe ich ihn gefunden.*

*Janusz Korczak*

An diesem Buch haben Kinder nicht nur ideell mitgearbeitet, indem sie uns mit ihren Ideen bereichert oder uns den Zugang zu ihrer Welt ermöglicht haben. Auch ganz real haben sich Kinder beteiligt. Sie haben sich erkundigt, wieweit wir sind mit dem Buch, haben geduldig und interessiert unsere Fragen beantwortet, haben geholfen, Fotos auszusuchen und sogar manches selbst in Worte gefasst, was wir – und damit sind alle Autorinnen und Autoren gemeint – danach aufgeschrieben haben. Wir wünschen uns mehr solcher Erfahrungen wechselseitiger Anerkennung und haben gelernt, Kinder auch bei Erwachsenenprojekten nicht außen vor zu lassen. Wir danken deshalb allen Kindern in den Einrichtungen der Autorinnen und Autoren, ohne deren Aktiv-Sein dieses Buch sicher nicht hätte entstehen können.

Die HerausgeberInnen

**„Erst haben wir gedenkt, dann haben wir gemacht."** *(Muhammed, 5)*

# Einführung der HerausgeberInnen

**„Ideen findet man im Kopf oder auf der Arbeitsbesprechung
oder man hat schon welche."** *(Max, 5)*

# Forschen, Lernen, Arbeit

„Ich bestimme auf meine Sachen
und du bestimmst auf deine Sachen." *(Mara, 3)*

# Regeln, Partizipation, Selbstbestimmung

**„Wir malen uns an, damit die Mama sieht,
dass wir es nicht sind."** *(Sophie, 4)*

# Alltag, Selbstorganisation, Konflikte

**„Anstatt die Kinder auf seine Gebiete zu drängen, ist es besser, sie ihre eigenen erforschen zu lassen."** *(Paul, 62)*

# Mit Kindern im Dialog

**„Kinder brauchen manchmal auch ein Sofa."** *(Lea, 3)*

# Räume

**„Die Mama soll am Maltisch basteln."** *(Anna, 5)*

# Und die Eltern?

# Einführung der HerausgeberInnen

**„Erst haben wir gedenkt,
dann haben wir gemacht."**
*(Muhammed, 5)*

# Einleitung

Kindzentrierung – schon wieder ein neuer Ansatz? Sollen wir wieder einmal Zusätzliches leisten, als hätten wir nicht genug Anforderungen in unserem ohnehin schon anstrengenden Alltag? Will uns da wieder jemand sagen, wie gute Kita-Arbeit auszusehen hat, und glaubt, dass wir nur darauf gewartet haben, mal etwas Neues auszuprobieren? Erwartet da jemand die perfekte Erzieherin und ignoriert, dass wir eben nicht immer hoch motiviert und grenzenlos geduldig und zudem von unzureichenden Rahmenbedingungen gebeutelt sind? Sind wir im Übrigen nicht sowieso „kindzentriert", da wir doch das Kind in den Mittelpunkt unserer Arbeit stellen und dies auch in unserer Einrichtungskonzeption niedergeschrieben haben? Solche oder ähnliche Fragen mögen Sie sich stellen, wenn Sie dieses Buches in die Hand genommen haben. Immerhin *haben* Sie es in die Hand genommen. Wir wollen Sie einerseits beruhigen, andererseits vielleicht aber auch etwas an- oder gar aufregen.

Der Begriff Kindzentrierung ersetzt für uns nicht ein umfassendes pädagogisches Konzept für Ihre Einrichtung, das ja z. B. auch Ihre besonderen pädagogischen Ziele und Handlungsfelder, die Teamarbeit oder die Zusammenarbeit mit anderen Experten und Institutionen in den Blick nimmt. Der Begriff fokussiert vielmehr die Haltung des Erwachsenen gegenüber dem Kind. Diese sollte selbstverständlich ein Kernstück jeder Konzeption sein, weil eine Konzeption ohne Benennung dieser Haltung – wie sie etwa im Bild vom Kind oder der Auffassung von Erziehung zum Ausdruck kommt – eine taube Nuss wäre. Wir würden jedes Konzept daraufhin überprüfen, welche Haltungen jeweils gegenüber dem Kind vertreten werden. Das gilt für das Konzept einer einzelnen Einrichtung und die „großen", übergreifenden Ansätze wie etwa den Situationsansatz, die Reggio-Pädagogik, das Konzept des Offenen Kindergartens oder die Montessori-Pädagogik.

Dabei ist Kindzentrierung keine neue Erfindung. Insbesondere im ersten Drittel des vergangenen Jahrhunderts und dann wieder ab den 70er-Jahren können wir ein Bündel an Konzepten, Erziehungsstilen und Methoden erkennen, die eine breite, bisweilen radikale Abkehr von unserer sonstigen historischen Überlieferung darstellen: einer von Erwachseneninteressen geleiteten, Kinder instrumentalisierenden, manchmal „schwarzen" Pädagogik. Insbesondere Célestin Freinet, einer der konsequentesten Protagonisten reformpädagogischer Ideen, hat uns – obwohl Schulpädagoge – fruchtbare Anstöße zur Entwicklung kindzentrierter Pädagogik in Kindertageseinrichtungen gegeben; seine Ideen wurden vor über 20 Jahren in Wiesbadener Horten aufgegriffen und haben seitdem bundesweit viele Einrichtungen, auch Kindergärten, erreicht und werden dort weiter entwickelt. Einen guten Teil der reformpädagogischen Tradition, die sich allmählich als tragende durchgesetzt hat, haben wir ihm und anderen Pädagoginnen und -pädagogen zu verdanken. Sie prägt heute weitgehend das berufliche Bewusstsein der Erziehenden auch und gerade in der Kindertagesbetreuung.

Den Begriff Kindzentrierung haben die Väter und Mütter der Reformpädagogik aber explizit nicht benutzt. Dies tat *Sigurd Hebenstreit* 1994 mit seinem Buch „Kindzentrierte Kindergartenarbeit", das uns darauf hinwies, in welchen begrifflichen Bezugsrahmen sich moderne Kita-Arbeit einordnen lassen könnte. Seither beschäftigen wir uns u. a. mit der Frage, wie vereinbar, konkurrent oder auch gegensätzlich aktuelle Ansätze im angesprochenen „Bündel" sind. In der Praxis bemerken wir jedenfalls immer wieder, dass die erwähnten gängigen Konzepte als einander unvereinbare Lehren aufgefasst werden. Die Fachkräfte greifen in ihrer Orientierungsnot, was denn nun das richtige sei, gern auf „von jedem etwas" zurück – im Übrigen nicht ohne vieles zu verwässern, was von den Urhebern eigentlich intendiert war.

Wir schlagen vor, die verschiedenen konzeptionellen Ansätze anhand ihrer Kindzentriertheit zu vergleichen und zu bewerten. Der Begriff kann als Maßstab „hinter" den vordergründigen Namen verstanden werden, die den Ansätzen quasi als Etiketten dienen. In diesem Sinne ist Kindzentrierung in unserem Verständnis kein weiterer Ansatz neben anderen und nicht „zusätzlich" zu leisten. (Sie ist auch kein Synonym für Freinet-Pädagogik, wenn auch in wesentlichen Punkten daraus hervorgegangen.) Sie müssen sich also – wenn Sie mit diesem Buch arbeiten wollen – nicht mit einem weiteren Ansatz befassen, jedoch werden Sie Ihre Arbeit kritisch auf Kindzentrierung überprüfen können.

Dafür bieten wir Ihnen Handwerkszeug. Dieses Buch unternimmt den Versuch, kindzentrierte Kindertagesstättenarbeit mit einer Vielzahl von Einblicken in die alltägliche Praxis anschaulich zu beschreiben. Deshalb besteht es ganz überwiegend aus Beiträgen von Praktikerinnen und Praktikern, die sich auf den Weg begeben haben. Sie zeigen, wie erfolgreich und befriedigend kindzentrierte Arbeit mit Kindern aussehen kann, aber auch, dass noch viele Fragen offen und weitere Erfahrungen nötig sind (und hoffentlich gemacht werden können). Lediglich in der Einführung findet sich ein längeres theoretisches Kapitel, in dem wir den Begriff Kindzentrierung und seine Merkmale erläutern, so wie wir sie verstehen. Kindzentriertes Arbeiten braucht wenig besondere Bedingungen und keine Perfektion – auch das zeigt dieses Buch. Es macht klar, dass sich an fast beliebigen kleinen Zipfeln der alltäglichen Praxis beginnen lässt, Erfahrungen zu sammeln. Auch und gerade wenn es die eine oder andere provozierende Bemerkung enthalten sollte: Das Buch will Mut machen, tastende Schritte zu gehen, mit Kindern gemeinsam entdeckend zu lernen. Es will zeigen, dass es noch Neuland zu betreten gibt, auch dort, wo es mit durchaus wohlwollenden, kindgemäß gemeinten, aber oft doch erwachsenen Arbeitsformen nicht getan sein kann. Es will zeigen, dass man auf diesem Weg auch gelassener werden und mehr Berufszufriedenheit erlangen kann.

Sie werden aber auch sehen, dass es *die* kindzentrierte Praxis nicht gibt. Denn gerade wenn es vor allem auf die Haltung gegenüber dem Kind ankommt, kann je nach örtlichen Voraussetzungen, Fragestellungen und Interessen nicht zuletzt der beteiligten Kinder eine Vielfalt an konkreten Ausprägungen entstehen. Wir befinden uns – wie es die Autorinnen und Autoren immer wieder deutlich machen – damit in einem offenen Prozess, dessen Fortgang eben von der Praxis, und das heißt auch von den Kindern, bestimmt wird. Die aktive Rolle der Kinder in diesem Entwicklungsprozess versuchen wir durch verschiedenste Beiträge, Zitate und Produkte von ihnen widerzuspiegeln. Wir wünschen uns, dass das Buch Ihr Verständnis kindzentrierter Kindertagesstättenarbeit vertiefen und Sie und Ihren Alltag beflügeln wird.

*Rosy Henneberg*     *Helke Klein*     *Lothar Klein*     *Herbert Vogt*

# Den Sinn kindlichen Handelns verstehen und respektieren

## Das Konzept der Kindzentrierung

In diesem Kapitel möchten wir unsere Sichtweise des etwas schillernden Begriffs Kindzentrierung erläutern. Wir möchten mit Kindzentrierung die Haltung des Erwachsenen den Kindern gegenüber beschreiben; Kindzentrierung bezieht sich also auf das professionelle Selbstverständnis des Erwachsenen im pädagogischen Verhältnis zum Kind, sie ist kein Synonym für die Beziehung selbst. Aus unserer Sicht ist Kindzentrierung aber die Voraussetzung für eine Beziehung, die auf „wechselseitiger Anerkennung" (Hans Rudolf Leu) basiert. Kindzentrierung ist notwendig, wenn das Machtverhältnis zwischen Erwachsenen und Kindern relativiert werden und Gleichwertigkeit entstehen soll. Sie beseitigt die Selbstverständlichkeit, mit der Erwachsene über Kinder und ihre Zukunft bestimmen.

Kindzentrierung ist kein Laissez-faire. Sie in hohem Maße aktiv, nicht zuschauend, abwartend, passiv. Aber die Aktivität ist keine, die anleitet, vorgibt, den Weg weist, belehrt, beherrscht oder bestimmt, sondern eine, die genau beobachtet, enorm viel und differenziert wahrnimmt, sich die Mühe des Perspektivenwechsels macht, eigenes Handeln unablässig reflektiert, den Blick über den Zaun richtet, ohne vorauszueilen und vor allem immer wieder mit Fragen ermuntert, eigene Pfade zu beschreiten. Kindzentriert handelnde Erwachsene entwickeln echtes Interesse an den Tätigkeiten der Kinder und daran, welcher Sinn sich dahinter verbirgt. Sie schenken den kompetenten Bemühungen der Kinder durchgehende Aufmerksamkeit. Sie befinden sich unablässig in höchster Bereitschaft. Sie bieten sich als Ermöglicher, Unterstützer, Begleiter und vorsichtiger Ideengeber an. Und, sie haben keine Schwierigkeiten damit, Kindern zu dienen. Erst im Dialog mit den Kindern bekommen sie heraus, wo sie wie wirklich gebraucht werden.

Kindzentrierung versetzt die Achse des pädagogischen Bemühens: Nicht das erwachsene Vorauseilen und Besserwissen bestimmt, was Kinder tun. In letzter Konsequenz sollen Kinder selbst die Regie über ihr Handeln und ihre Entwicklung behalten. Regie bedeutet: die letzte Entscheidungshoheit über sich selbst und das eigene Handeln besitzen. Eigenverantwortlichkeit und Entscheidungsfreiheit werden im Kern bloß dort begrenzt, wo es um die eigene Sicherheit und die anderer geht. Kindzentrierung will Kindern zu jeder Zeit und in jeder Situation persönliche Handlungsspielräume öffnen. Kinder und Erwachsene lassen sich dabei auf Prozesse ein, in denen sie sich gegenseitig stimulieren, sich Erfahrungen vermitteln, sich anstecken und mit wechselnden Rollen aufeinander beziehen.

Kindzentrierte Erzieherinnen beraten in Team-Treffen deshalb nicht ausschließlich, was alles gut *für* Kinder sei oder was man tun könne, damit aus Erwachsenensicht „alles klappt", sondern tauschen sich darüber aus, was sie von den Anliegen der Kinder, ihre Art sich dafür einzusetzen und den Wegen, die sie dafür einschlagen, wahrgenommen haben.

## Sieben Merkmale der Kindzentrierung

Wenn wir die Sichtweise des *einzelnen* Kindes und seine Art, sich in der Welt einzurichten, so sehr betonen, dann deshalb, weil es in der Tradition des Kindergartens weitgehend und in schulischen Zusammenhängen fast ausschließlich üblich ist, den Blick auf die ganze Gruppe zu richten und dabei die Besonderheit und Eigenheit des Einzelnen zu übersehen. Da werden schnell die „Standard-Luise" und der „Standard-Max" zum Ziel pädagogischen Bemühens, statt den Max, die Luise, den Ertan, die Sophie, den Julius, Dennis, Brian, Luis, Oguz, Peter, Giorgio oder Christopher, die Lisa, Leonie, Sandra, Elisabeth, Tara, Aishe oder Mara darin zu unterstützen, ihren ganz eigenen persönlichen Weg zu finden, natürlich in Kommunikation und im Wechselspiel mit Anderen. In unserem Verständnis ist aber der Respekt vor der Besonderheit des Einzelnen die Voraussetzung dafür, dass er sich freiwillig einer Gruppe zugehörig fühlt. Statt des ewigen Pochens auf vermeintliche Gemeinsamkeiten möchten wir ermöglichen, dass das einzelne Kind sich seine Zugehörigkeit, seine Kommunikationspartner und Beziehungen weitgehend selbst sucht.

Kindzentriert zu handeln und zu denken, bedeutet im Einzelnen:

- das *einzelne Kind* als handelndes Subjekt mit seinen besonderen Bedürfnissen, Interessen und Entwicklungsrhythmen wahrzunehmen,
- die *subjektive Wirklichkeit des Kindes* wahrzunehmen, alle Angelegenheiten auch aus dessen Perspektive zu betrachten,
- auf die *Kräfte des Kindes* zu vertrauen; den Blick auf das zu richten, was Kinder schon können, statt auf das, was sie noch nicht können,
- *erwachsenes Vorauseilen, Besserwissen und Beherrschen zurückzunehmen*, das Kind seine eigene Welt erforschen zu lassen, statt es auf die Gebiete der Erwachsenen zu drängen,
- Dem Kind *das Wort zu geben*, es an allen wichtigen Entscheidungen zu beteiligen, sie um Rat zu fragen und bereit zu sein, sich von ihm beeinflussen zu lassen
- die *Entwicklungsbedingungen und -gesetzmäßigkeiten* des Kindes zur Grundlage der pädagogischen Arbeit zu machen.
- Kindzentrierung setzt vor allem den *Dialog* voraus. Der Dialog als Merkmal der Kindzentrierung wohnt allen anderen Merkmalen inne. Er ist eine besondere Kommunikationsweise, eine spezielle Form, sich dem Anderen zu nähern und mit ihm in Kontakt zutreten; er durchzieht sämtliche Ausdrucksformen kindzentrierter Haltung. In der Dialogfähigkeit und -bereitschaft von Erwachsenen wird deren kindzentrierte Haltung am deutlichsten spürbar.

Diese Merkmale wollen wir im Folgenden etwas ausführen.

## 1. Das einzelne Kind als handelndes Subjekt wahrnehmen

In der pädagogischen Wissenschaft und Forschung wird versucht, Aussagen zu treffen, was typisch für Kinder einer bestimmten Entwicklungsstufe oder eines bestimmten Geschlechts ist, wie sie sich in bestimmten Zusammenhängen und Situationen verhalten, wie sie lernen, denken, fühlen usw. Kinder, die beobachtet, untersucht oder befragt werden, helfen den Betrachtern, solche Schlüsse zu ziehen. Allgemeine Fragestellungen werden untersucht und übertragbare Ergebnisse festgehalten. In der praktischen Pädagogik ist dies alles als Hintergrundwissen für die Erarbeitung pädagogischer Zielvorstellungen und Ableitung pädagogischer Konzepte sehr hilfreich. In der gemeinsamen Gestaltung des Alltags mit Kindern braucht es mehr, nämlich den konzentrierten Blick auf das einzelne Kind und seine Besonderheiten.

Erzieherinnen denken traditionell in Gruppenkategorien: Kindergartengruppen, Altersgruppen, Spielgruppen, Angebotsgruppen, Raumkategorien: Bauecke, Rollenspielbereich, Kreativbereich oder Angebotskategorien: Projekt, Vorschulangebot, Waldtag. Eine kindzentrierte Grundhaltung stellt dies überhaupt nicht in Frage. Kinder handeln und bewegen sich in Gruppen. Sie interagieren dabei mit Kindern und Erwachsenen. Auch soziales Lernen basiert auf Gruppenerfahrungen.

Kinder stehen grundsätzlich in handelnder Wechselbeziehung mit Menschen und Dingen. Im Bild einer konstruktivistischen Pädagogik sind sie Ko-Konstrukteure ihres eigenen Weltbildes.

Sich auf das einzelne Kind zu beziehen, ist keine „Ein-Kind-Pädagogik"; das Kind soll nicht aus seinen Beziehungen herausgelöst werden. Kindzentrierung stellt vielmehr die Besonderheit und Einzigartigkeit heraus, mit der *jedes* Kind sich innerhalb dieser Beziehungen bewegt und handelt. In dieser Vorstellung gibt jedes Kind seinem Handeln einen persönlichen Sinn, nicht unbedingt „durchdacht", nicht einmal immer bewusst, aber dennoch sinnhaft. Es möchte mit seinem Tun etwas aus seiner Perspektive Wichtiges, Sinnvolles, Wertvolles erreichen. Jedes Kind hat in diesem Verständnis *immer gute Gründe* für das, was es tut. Es entscheidet – abhängig und in Wechselwirkung mit seiner Umwelt – in letzter Konsequenz *immer* selbst, was es wie tut oder lässt. Diese subjektiven Handlungsmotive unterscheiden sich von Kind zu Kind. Sie sind jeweils einzigartig und verdienen den unbedingten Respekt der Erwachsenen. Kinder sind so gesehen Individuen auf der Suche nach persönlichem Sinn.

Entwicklung ist deshalb in unserem Verständnis letztlich auch nicht planbar oder vorhersehbar, allenfalls in ihren Grundzügen, nicht aber in der persönlichen Ausprägung des einzelnen Kindes. Wenn Kindzentrierung also fordert, das einzelne Kind in den Blick zu nehmen, so ist damit der Respekt gemeint, den Erwachsenen seinen Besonderheiten, seinem persönlichen Rhythmus, seinen einzigartigen Entwicklungswegen zollt. In der pädagogischen Praxis kann man deshalb zwar allgemein mit übertragbarem Wissen über Kinder arbeiten, muss sich aber im Konkreten auf die Kinder einlassen, mit denen man es tatsächlich zu tun hat.

Ein Beispiel: Ein Team beschäftigt sich mit Literatur über Raumgestaltung. Es erfährt etwas über die Wirkung von Farben und Räumen, über Staunanlässe und die Einrichtung von Werkstätten, über die Notwendigkeit von Bewegungsraum, Spielraum und Entscheidungsräumen usw. Ein kindzentriertes Team unterscheidet sich hier nicht von anderen. Erst in der Umsetzung wird der Unterschied sichtbar. Ein kindzentriertes Team macht keine Pläne über die Köpfe der Kinder weg. Es tritt mit dem gesammelten Wissen in einen Dialog mit den Kindern ein, ganz praktisch. Es verabredet Beobachtungsaufgaben, die Erlaubnis zum Experiment, prozessbegleitende Maßnahmen, wie der Austausch darüber, welche konkreten Signale Kinder geben. Die Erzieherinnen lassen sich auf einen Prozess ein. Wenn sie z. B. Vorstellungen über die räumlichen Veränderungen eines Bewegungsraumes entwickelt haben, setzen sie ihre Veränderungsimpulse zurückhaltend, langsam, zaghaft. Sie beobachten die Kinder, achten auf ihre Signale, fragen dialogisch nach und beziehen das alles in die Umgestaltung ein. Sie wissen letzten Endes nicht genau, was nachher „herauskommt". Der Prozess, auf den sie sich einlassen ist ein offener Prozess, in den die handelnden Kinder mit ihren Besonderheiten einbezogen sind. Das Ergebnis spiegelt diesen Dialog wider, spiegelt die Sinngebung der einzelnen Kinder wider.

## 2. Die subjektive Wirklichkeit des Kindes wahrnehmen

Zwar ist der Wunsch der Erwachsenen, Kinder zu verstehen, nicht bis ins Letzte erfüllbar, aber Erwachsene können sich darin schulen, sich Kindern und ihrer individuellen inneren Welt zu nähern. Das größte Hindernis sind die eigenen Vorannahmen und Deutungen der Erwachsenen. In Sekundenbruchteilen wird das, was wir bei einer Begegnung mit Anderen sehen oder hören auf der Grundlage der eigenen Weltsicht, der eigenen Erfahrungen und Wertmaßstäbe interpretiert. Kinder kommen in der Regel erst gar nicht dazu, sich Erwachsenen gegenüber wirklich verständlich zu machen. Antoine de Saint-Exupéry hat das seinen kleinen Prinzen so ausdrücken lassen: „Die großen Leute verstehen nie etwas von selbst, und für uns Kinder ist es zu anstrengend, es ihnen immer und immer wieder erklären zu müssen."[1]

Die Kunst besteht darin, Kindern wahrnehmend zuzuhören, sie beachtend zu beobachten und dabei den eigenen Absichten und Interpretationen „frei zu geben". Man kann sich diese dialogische Fähigkeit bildhaft so vorstellen, dass man die „Brille" der eigenen Bewertung eine Zeit lang abnimmt und in die Tasche steckt, damit man das Kind so sehen kann, wie es (auch) ist. Behält man sie auf, steigt man – ohne es zu merken – auf der „Stufenleiter der Schlussfolgerungen"[2] nach oben und gelangt zu Konsequenzen, die allein der eigenen Weltsicht entspringen und die der Kinder zu verdecken droht.

„Es reicht (eben) nicht aus, lediglich danach zu suchen, welches Erlebnis oder welche Erfahrung sich hinter einer Geschichte, einem Produkt oder einem Bild verbirgt. Erwachsene müssen danach forschen, welche Bedeutung dies subjektiv für das Kind hat!"[3] Die eigenen Fragen, Interpretationen und Lesarten sind wichtig, aber es sind die eigenen. Sie sind Resultat der subjektiven Weltsicht der Erwachsenen, nicht die der Kinder. Außerdem gehört Empathie dazu, die Fähigkeit, sich in jemand Anderen hinein zu versetzen, die Welt aus seinem Blickwinkel, mit seinen Empfindungen und seinen Deutungen zu sehen. „Um mich zu kennen, musst du einen Tag lang meine Mokassins getragen haben.", sagt ein indianisches Sprichwort.

Zwei Mathematikprofessoren, die es gewohnt sind, Dinge analytisch zu betrachten, haben sich im Zusammenhang mit den mathematischen Experimenten von Kindern Gedanken über ihr „Anders-Sein" gemacht und stellen fest, dass Kinder 1. anders denken als wir Erwachsenen denken, 2. anders, als wir Erwachsene es erwarten, 3. anders, als wir Erwachsenen es möchten, 4. anders als andere Kinder und 5. anders, als sie selbst in anderen Situationen.[4] Ein überzeugendes Beispiel dafür aus der Fülle derjenigen, die mitgeliefert werden: „Der Zweitklässler Sven interessierte sich für Fußball. Eines Tages kam er auf die Idee, alle Punkte zusammenzuzählen, die Montags in der Zeitung für die Spieler einer Mannschaft vergeben wurden. Er entdeckte einen wundervollen Trick, auf den er stolz war: Um die Summe der Punktzahlen 9, 12, 10, 11, 8, 10, 9, 8, 12, 11, 10, 12 zu ermitteln, ging er sie nacheinander durch und sagte: 120, 119, 117, 119, 120, 120, 120 … Haben Sie Svens Denkweg durchschaut? Wir vermuten, dass Sie die Lösung 122 auf einem anderen Weg erhalten hätten. Ein Tipp: Sven hatte zwölf

Zahlen zu addieren, die sich alle in der Nähe der 10 befanden."[5]
Wie ist Sven vorgegangen? Sven hat festgestellt, dass sich alle Zahlen in der Nähe der 10 befinden. Insgesamt sind es 12 Zahlen. 12 mal 10 = 120. Nun ging er so vor, dass er nacheinander von 120 jeweils die Zahl subtrahierte oder addierte, die unter oder über der 10 liegt. Also: erste Zahl 9, d. h. 9 − 10 = −1, 120 − 1 = 119; zweite Zahl 12, 12 − 10 = 2, 119 + 2 = 121; dritte Zahl 10, 10 − 10 = 0, 121 + 0 = 121; vierte Zahl 11, 11 − 10 = 1, 121 + 1 = 122 usw. Die 10 bzw. das Ergebnis aus 12 x 10 = 120 nahm er also als Ausgangspunkt für seine weiteren Überlegungen. Im Folgenden ermittelte er jeweils den Unterschied der einzelnen Zahlen zur 10 und zählte ihn zu 120 und später jeweils zum vorangegangenen Resultat dazu oder zog ihn ab. Wenn er auf eine 10 stieß, brauchte er nichts am Zwischenergebnis zu ändern. Auf diesem Weg erreichte er schließlich das Endresultat 122.

Nicht nur vor Leistungen wie unserem mathematischen Beispiel im Kasten – Bildungsforscher sprechen in diesem Zusammenhang von der persönlichen Neu-Konstruktion der Wirklichkeit – stehen Erwachsene wie der sprichwörtliche „Ochs vorm Berg". Es fällt ihnen schwer, das Vernünftige darin zu entdecken. Noch schwerer fällt es ihnen, wenn Kinder sich augenscheinlich „kindlich", „naiv" oder „dumm" verhalten und ein für uns seltsames Bild von der Welt zeichnen. Wie würden Sie z. B. auf die These reagieren, Ihre Knochen seien aus Plastik und darum herum befinde sich Rindfleisch? Sicher nicht anders als die meisten Erwachsenen: Belustigt würden wir klarstellen, dass das so ja nun nicht ist. Das Einleuchtende, Logische, Rationale und vollkommen Kluge darin würden wir nicht entdecken, weil es so schwer fällt die Perspektive des Kindes einzunehmen: Der 6-jährige Till erklärte das so: *„Der Knochen sieht doch aus wie die von den Skeletten, und die sind aus Plastik. Und das Menschenfleisch sieht aus wie das vom Rindersteak."*

Die Kunst des Perspektivenwechsels ist erlernbar. Es braucht aber Übung und Zeit. Erwachsene müssen auf diesem Weg

■ Kindern zuhören und versuchen, das Gehörte wörtlich, also „für wahr" zu nehmen und die darin verborgene Logik und das Vernünftige ihrer Weltsicht aufzuspüren,

■ Kinder in ihrer Tätigkeit beachten, ihre Bemühungen und Wege wahrnehmen, sie handeln lassen, damit sie uns zeigen können, was sie erreichen möchten und was sie dafür an Wissen, Fragen, Hypothesen und Fähigkeiten einbringen,

- sich untereinander erzählen (nicht interpretieren!), was Kinder genau getan haben und welchen Wegen sie gefolgt sind,
- Geschichten, Hypothesen, Bilder und Fragen von Kindern wertschätzen und sammeln, um sich der inneren Welt der Kinder nähern zu können.

## 3. Auf die Kräfte des Kindes vertrauen

Auf die Kräfte des Kindes zu vertrauen, bedeutet, ihm etwas zuzutrauen. Damit ein Zutrauen entstehen kann, brauchen Kinder Gelegenheiten, uns Erwachsenen zu zeigen, wie sie an Probleme herangehen und welches Wissen und Erfahrungen sie dabei einsetzen. Und es braucht Erwachsene, die bereit sind, sich davon beeinflussen zu lassen, die also die dialogische Fähigkeit mitbringen, Kindern in der Rolle des Lernenden statt des Wissenden zu begegnen.

Wie schwer es Erwachsenen fällt, ihre eigene Lebenserfahrung und ihr Wissen zurückzuhalten und nicht zum Bewertungs-Maßstab zu machen, zeigt der Umgang mit dem, was „aus Kindermund" kommt. Vielerorts werden ernsthafte Mitteilungen von Kindern ausgehängt oder in der Kita-Zeitung abgedruckt, und Erwachsene amüsieren sich darüber, wie lustig, unfertig, und „goldig" diese Botschaften aus der Welt der Kinder sind. Sie vergleichen die Theorien, Feststellungen, Hypothesen und Sichtweisen der Kinder mit ihren eigenen und entdecken bloß das aus der subjektiven Perspektive Erwachsener heraus Fehlerhafte, Abwegige, Falsche oder sogar Absurde darin. Sie können auf diese Weise gar nicht den Blick auf die Stärken der Kinder richten. Die (manchmal versteckten) Leistungen der Kinder bleiben ihnen fremd.

Stellen Sie sich einmal vor, Sie säßen als Erzieherin in einem Morgenkreis mit den Kindern Ihrer Gruppe. In Ihrer Kindergartengruppe wäre ein Projekt zum Thema „Berufe" initiiert worden. Unter anderem hätten sich die Kinder mit dem Beruf des Arztes bzw. der Ärztin beschäftigt. In der Gruppe wäre auch ein „Krankenhaus" eingerichtet worden, in dem die Kinder viele Rollenspiele zu diesem Thema spielen können. Im Morgenkreis nun unterhalten sich die Kinder über die Rollenspiele, die dort stattfinden. Stellen Sie sich weiter vor, Sie hätten sich vorgenommen, auch ein wenig über die dort gültigen Regeln zu sprechen.

Der Morgenkreis beginnt, aber schon der zweite Beitrag eines Kindes „verfehlt" das Thema. Das Kind macht sich ganz andere Gedanken: „Wenn die Ampel grün ist und ein Krankenwagen kommt gefahren, muss man da auch stehen bleiben?" Das Gespräch kommt in Gang: „Nein, nur wenn es blinkt." – „Und wenn es tatütata macht, oder?" – „Ja, denn dann fährt es schnell und darf nicht halten. Da muss man dann aufpassen und stehen bleiben." – „Und wenn andere Autos das nicht sehen?" – „Dann gibt es einen Unfall. Dann bleiben die bestimmt am Zebrastreifen stehen und das Krankenauto fährt hinein. Dann darf man auch nicht über die Ampel gehen." – „Wenn dann jemand so platt gefahren wird wie Papier, wie kriegen die den dann wieder von der Straße weg?" – „Der ist dann tot." – „Ja, tot." – „Die kratzen den dann runter. Da muss man aber aufpassen, dass er nicht zerbricht. Der kommt dann auf den Friedhof." – „Mein Opa liegt auch auf dem Friedhof." – „Mit dem kann man aber nicht mehr reden." – „Der ist doch im Himmel!" – „Nein, unter der Erde. Der liegt in einer Holzkiste!" – „Nein, der ist im Himmel!" – „Oder auf dem Friedhof."

Wäre es Ihnen bei der Diskussion der Kinder nicht auch so ergangen, wie den meisten Erwachsenen? Ungeduldig hätten die meisten von uns wohl versucht, die Kinder wieder zum „richtigen" Thema zu führen. Und je länger wir damit beschäftigt wären, umso mehr wäre unsere Ungeduld angewachsen. Wir hätten keinen Blick dafür mehr frei gehabt, wie viel Vorwissen und Lebenserfahrung die Kinder in dieser kleinen Sequenz aktiviert haben. Diese kleine Geschichte, die die wirkliche Erzieherin so wohl nicht erwartet, zum Glück aber dokumentiert hat, gibt uns einen Einblick in die Lernprozesse von Kindern. Sie veranschaulicht nämlich auf prägnante Weise mehrerlei: was das Interesse der Kinder weckt, welcher Erfahrungen sie sich bedienen, welchen Fragen und Lernwegen sie folgen und dass übrigens die Lernergebnisse der Kinder keineswegs die von den Erwachsenen intendierten sein müssen.

Untersuchen wir die Friedhof-Szene etwas genauer: Das Kind, das mit seiner Frage nach dem bei Grün durchfahrenden Krankenwagen das Regelthema scheinbar verfehlt hat, könnte auf das Problem gestoßen sein, dass die Gebotsregel, bei grüner Ampel die Straße zu überqueren, bei einem herannahenden Krankenwagen außer Kraft gesetzt werden müsste. Es hat in der Frage nach dieser Ausnahme nicht nur eine Regelhierarchie entdeckt, es hat durch die Verlagerung des Themas vom Rollenspiel-Krankenhaus auf die wirkliche Straße auch einen Bezug zu seiner persönlichen Situation hergestellt. Seine Frage zeigt uns, dass ein Widerspruch in den bisherigen Kenntnissen und Erfahrungen sofort ein Erstaunen und eine Suchbewegung auslöst. Dieses Kind versucht, sich gedanklich auf eine Situation einzustellen, die es soeben als problematisch erkannt hat.

Die Gruppe nimmt den Faden auf. Sie differenziert das Thema weiter („Nur wenn es blinkt"), spekuliert über Folgen („Dann gibt es einen Unfall"), scheint sprunghaft das Thema zu wechseln (vom Abkratzen über das Problem des Ganzbleibens des Toten und der Unmöglichkeit der Kommunikation mit ihm, bis zur Frage, an welchem Ort der Tote sich befindet). Es scheint sich eine assoziative Themenkette: Regeln – Ausnahmen – Folgen der Nichtbeachtung – Bereinigung der Folgen – Klären der neuen Situation zu entfalten. Und immer ist die Bezugnahme auf die eigene Betroffenheit spürbar.

Wir können in dieser kleinen Szene verfolgen, wie die Kinder Fragen aufwerfen und versuchen, Lösungen zu finden. Sie greifen dabei immer auf ihre bisherigen Wissensbestände und Erfahrungen zurück, bilden Hypothesen, widersprechen sich, bilden neue. Man spürt das Staunen der Kinder über die Merkwürdigkeiten der Welt und ihre Neugier und Sinnsuche, mit der sie bisher Unbekanntes, Ungeklärtes in ihr Bild von der Welt integrieren.

Das lernende Kind ist voll von Staunen, tastenden Versuchen und wunderbaren Entdeckungen. Es setzt alles daran, sein Problem zu lösen: seine bisherigen Erfahrungen, sein bereits erworbenes Wissen, sein Geschick, seine Kreativität und Spontaneität. In dem Augenblick aber, in dem es das Problem gelöst hat, findet wiederum explosionsartig eine Öffnung in die unterschiedlichsten Richtungen statt, „denn spontan, fast automatisch, beginnen die Kinder mit dem neuen Objekt (oder der neuen Form, dem neuen Material, der neuen Idee …) zu ‚spielen'", wie es der Freinet-Pädagoge Paul Le Bohec[6] ausdrückt.

Wer die Stärken der Kinder wahrnimmt und sich darauf bezieht, ermutigt Kinder, sich und ihren Wegen zu trauen. Wer hingegen defizitorientiert denkt und handelt, entmutigt, setzt erwachsenes Denken über das der Kinder, kann wenig zulassen und vor allem, kann Kindern niemals wirklich trauen!

Erwachsene können sich allerdings nicht von heute auf morgen auf die Stärken der Kinder einstellen und verlassen. Sie selbst brauchen erst ausreichend praktische Erfahrung, dass sich alles immer wieder regelt und ins Lot kommt, wenn man Kinder ausprobieren, experimentieren und tun lässt. Mit der Zeit aber stellt sich Gelassenheit ein und, was ganz wichtig ist, die Fähigkeit, sich als Erwachsener in unübersichtlichen, aber von Kindern gesteuerten Situationen zurechtfinden, ja sogar das Chaos als Chance und als Ausgangspunkt für Neues erleben zu können. Meist stellt sich das Chaos sowieso bloß für Erwachsene als solches dar.

Voraussetzungen dafür sind:

■ Eine fehlerfreundliche Grundhaltung: die Gewissheit, dass jedes Wissen nur vorübergehend „wahr" ist, dass erst der Fehler offenbart, was noch besser werden kann, dass der Fehler anregt zum Denken, zum Handeln, zum Experiment. Fehlerfreundlichkeit zeigt sich darin, sich über Fehler freuen zu können, statt sie mit dem Rotstift zu jagen. Ursula Müssle, Lehrerin in Basel, antwortet auf eine Frage, ob die Kinder denn nicht noch fehlerhaft seien: „Ja, aber sie machen immer wieder neue, immer wieder andere und immer wieder tolle Fehler!"[7]

■ Die Bereitschaft, sich als Erwachsener von Kindern beeinflussen zu lassen und zu lernen. Erwachsene müssen sich einlassen auf das, was Kinder tun, müssen mitmachen, müssen ergründen, was es dabei alles zu entdecken gibt: über die Kinder und ihre aus Erfahrung geronnenen Fähigkeiten.

## 4. Erwachsenes Vorauseilen, Besserwissen und Beherrschen zurücknehmen

Gerhard Regel, einer der Mitbegründer des Konzeptes des Offenen Kindergartens hat diese Seite kindzentrierter Haltung folgendermaßen auf den Punkt gebracht: „Wir müssen aufhören, ein Ziel erreichen zu wollen, indem wir Kinder in die Richtung unserer Erwartungen zu erziehen versuchen, ohne dass es aus Sicht der Kinder einleuchtende Motive dafür gäbe, ihre Erfahrungen zu korrigieren."[8] Und in der Freinet-Pädagogik gibt es die Vorstellung, dass Erwachsene aufhören sollten, vorweg zu bestimmen, was einmal aus den Kindern werden soll: „Wir

24

sind gegen jede Indoktrinierung. Wir maßen uns nicht an, im voraus definieren zu können, was aus dem Kind wird, das wir erziehen.", heißt es da im § 2 der Charta der „École Moderne".[9]

Erzieherinnen verfügen gegenüber den Kindern über einen deutlichen Erfahrungsvorsprung und natürlich auch über größeres Wissen. Sie haben den natürlichen Drang, beides an Kinder weiterzugeben. Dieses verständliche Bedürfnis verstellt ihnen aber auch den Blick dafür, was Kinder *schon* können. Sie vergleichen das, was Kinder tun und äußern mit den eigenen Erfahrungen und dem eigenen Weltwissen und erhalten ein Defizitbild vom Kind. Sie stellen alles Mögliche fest, was Kinder aus ihrer Sicht noch nicht können, und ihr Bedürfnis, erworbenes Wissen weiterzugeben und korrigierend einzugreifen, wächst. Hinzu kommt, dass andere Erwachsene, Kolleginnen, Eltern, Träger, Erziehungswissenschaftler gerade dies von ihnen erwarten. Kindzentrierung schließt solche Angebote an Kinder natürlich nicht aus. Aber, es sollten Angebote bleiben, und sie sollten so eingesetzt sein, dass Kindern genügend Spielraum für Eigenes bleibt.

Unterziehen Sie sich doch einmal folgendem Experiment: Versuchen Sie mit Ihrer „falschen" Schreibhand (meistens die linke) so langsam wir möglich ihren Namen oder einen kleinen Text zu schreiben. Sie werden feststellen, dass Ihnen das gelingt, wenn Sie nur langsam genug schreiben. Ebenso, wie sich Kinder an die Welt herantasten, langsam, versuchend, experimentierend, aber ernsthaft. Und dann versuchen Sie, mit ihrer gewohnten Schreibhand dasselbe. Geht es Ihnen auch so, dass es schwer fällt, inne zu halten, zu verlangsamen und sich Zeit zu lassen? Drängt es Sie nicht, schnell zu sein, das, was diese Hand schon kann, auch zu nutzen oder zu zeigen? Das Ergebnis der langsamen „richtigen" Hand, so werden Sie wahrscheinlich feststellen, ist gar nicht so verschieden von dem der langsam schreibenden „falschen" Hand.

Haben Sie schon einmal einem Computerfachmann eine einfache Frage gestellt und dafür mindestens 20 verschiedene Antworten erhalten? Wissen Sie noch, wie es Ihnen dabei ging? Wie dumm Sie sich vorkamen, und dass Sie irgendwann einfach abgeschaltet haben? So ähnlich muss es Kindern gehen mit Erwachsenen, die alles besser wissen! Nicht mehr vorauszueilen und besser zu wissen, bedeutet also nicht, Wissen zurück zu halten. Aber es bedeutet, den Kindern ihren eigenen Willen darüber zu lassen, was sie wann und wie von uns erfahren wollen und vor allem darüber, was sie selbst entdecken und erfinden oder welches Wissen sie auf anderen Wegen als den von uns für normal gehaltenen selbst konstruieren wollen. Auf diese Weise erst entsteht wirklicher Handlungsspielraum für Kinder.

Wir möchten diesen Zusammenhang an einem Beispiel verdeutlichen: In der Kindertagesstätte Kellerstraße in Wiesbaden hatten die Schulkinder eigene Räume für sich. Die waren teilweise so gestaltet, dass die Kinder Möbel hatten, die eigenen Bauplänen entsprungen und selbstgebaut waren. Eines Tages schließen sich Luca, Elias und Christopher in ihrem Raum ein. Der Zutritt ist eine Zeit lang für Erwachsene verboten. Im Raum sind Tische, Stühle und andere Möbelstücke scheinbar wild durcheinander geschichtet. Überall sieht man dazwischen Digimon-Figuren. Für das Hausaufgaben-Machen ist aus Erwachsenensicht jedenfalls kein richtiger Platz mehr.

Eine Erzieherin wird nach zwei Tagen gerufen und darf erste das „Durcheinander" aufsuchen. Sie sieht sich, ohne etwas zu sagen, erst einmal alles in Ruhe an. Sie lässt sich erklären, um welche Digimon-Figuren es sich genau handelt und weshalb sie sich dort befinden, wo sie sich befinden. Die „Möbellandschaft" fungiere, so erfährt sie, einfach nur als Ausstellungsfläche. Vor dem Hintergrund eines umgestürzten Tisches, in ausgeschütteten Schubladen oder auf der Rückseite eines umgestülpten Regals könne man die Besonderheit jedes einzelnen Digimon einfach besser erkennen!

Elias, Luca und Christopher möchten gerne, dass die Erzieherin das ganze Ensemble und jeden Digimon auch einzeln fotografiert. Ihr Anliegen: Auf Fotos sähe man alles noch genauer, größer, deutlicher. Die Digimons kämen dann erst richtig zur Geltung.

Die Fotos werden sofort gemacht. In der Folge kommt es tagelang immer wieder zu Umgruppierungen. Die Erzieherin wird wiederholt zu Rate gezogen. Sie soll entscheiden, in welcher Position welcher Digimon besser aussähe. Schließlich wollen die drei auch selbst mit ihrer Ausstellung fotografiert werden. Zwei Wochen ziehen sich die Arbeiten an der Ausstellung hin. Dann wird diese der „Öffentlichkeit" präsentiert. Für einen Cent Eintritt darf man das Ergebnis bestaunen.

Das Abwägen, das Abwarten, so lange es geht, der Blick auf die subjektive Bedeutung der Aktivität für die Kinder, all dies sind bereits Indizien für eine kindzentrierte Annäherung an Kinder. Sie befreien nämlich von der Selbstverständlichkeit, mit der Erwachsene vorauseilend und unreflektiert ihre eigene Sicht der Dinge zum allgemeingültigen Maßstab erheben. Hätte sich die Erzieherin diesen „Zeit-Puffer" nicht zugestanden, wäre ihr wahrscheinlich recht schnell ein vorwurfsvolles „Was macht *ihr* denn da?" herausgerutscht. Dass man Möbel nicht „einfach umwirft", übereinander „schmeißt", das weiß doch schließlich jeder! Oder? Dass die drei Jungen die Möbel eben nicht „einfach umgeworfen" und übereinender „geschmissen" haben, sondern sehr ernsthaft, überlegt, kommunikativ und aus ihrer Sicht vollkommen sinnvoll vorgegangen sind, das wäre ihr entgangen. Erst die Verzögerung hat ihr ermöglicht, sich einlassen und den Eifer der Kinder zu spüren. Mit fragender Grundhaltung hat sie sich den Kindern genähert. Ihre Fragehaltung schützte sie vor weiteren Schnellschüssen, Interpretationen oder Vermutungen: Was, wenn das alle machen würden? In der Hausaufgabenzeit muss das aber wieder weg und „aufgeräumt" sein. In der Zeit, in der sie sich dem Geschehen ohne Brett vor Augen zugewandt hat, hat sie viel über die Absichten und Überlegungen der Jungen erfahren.

Setzen wir in derselben Situation Erwachsene an die Stelle der Siebenjährigen. Nehmen wir an, die Leiterin oder eine Kollegin hätten begonnen, Möbel über den Haufen zu stülpen und die Erzieherin wäre hinzugekommen. Sie hätte sich vielleicht erkundigt, was sie vorhabe, hätte sich eventuell gewundert, hätte es vielleicht sogar innerlich abgelehnt, was hier geschieht. Kaum aber wäre ihr ein empörtes „Was machst *du* denn da?" über die Lippen gekommen und wohl auch kein selbstverständliches und augenblickliches „Hör jetzt sofort auf, die Möbel herumzuschmeißen!" In jedem Fall hätte sie wohl vermutet, dass die Kollegin irgendeinen Sinn mit ihrer Handlung verfolgt.

Was also eine kindzentrierte und wertschätzende Haltung verbietet, ist die Selbstverständlichkeit, Kinder daran zu hindern, ihre Absichten zu verfolgen, wenn sie erwachsenen Deutungen und Bewertungen nicht entsprechen. Die einseitige Zuschreibung des Rechtes auf Grenzsetzung alleine auf den Erwachsenen, käme einem Machtmissbrauch gleich. Kinder würden degradiert zu Befehlsempfängern und ihnen ein Handeln mit Eigen-Sinn abgesprochen. „Statt Anerkennung aufgrund einer überlegenen Position oder aufgrund von mehr Wissen und Erfahrung zu erwarten oder einzufordern, müssen Erwachsene Kinder als Subjekte ernst nehmen, die eine eigene Sicht einbringen, die genauso Beachtung verdient."[10] Das Mindeste, was Erwachsene tun sollten, ist, den Kindern Zeit zu geben, um deutlich machen zu können, worum es ihnen eigentlich geht. „Es kommt darauf an, welchen Spielraum Kinder haben, um ihre eigene Sicht einzubringen."[11]

Dass die Kinder in unserem Beispiel weiterhin Gelegenheit hatten, die Möbel „zweckentfremdet" als Ausstellungsraum und -hintergrund zu benutzen und ihre Digimon-Präsentation zu perfektionieren, war nur möglich, weil die Erzieherin ihre eigenen Betrachtungsweise der Situation nicht als die einzig mögliche definiert hat. So erst konnte sie den Sinn des Geschehens erfassen und sich mit den Kindern über deren Leistung freuen.

▨ Verlangsamung ist notwendig. Erwachsene müssen in ihr Handeln „Puffer" einbauen, Zeiten des Innehaltens, der Verharrens, Abwartens, Zusehens und Zuhörens, damit die Kinder Gelegenheit bekommen, Erwachsenen etwas von ihrer Sicht der Welt mitzuteilen.

▨ Kinder brauchen vielfältige Möglichkeiten des freien Ausdrucks und

▨ sie brauchen Erwachsene, die sich darin schulen, auch andere Sichtweisen als die eigene für wahr zu halten; Erwachsene, die gut damit leben können, dass es verschiedene Wahrheiten (auch Wertvorstellungen!) gibt und dass Kinder das Recht auf eigene besitzen; Erwachsene, die Kinder mit einer fehlerfreundlichen Grundhaltung zu eigenen Erfahrungen ermutigen, die also die mit ihrer Macht bewusst und zurückhaltend umgehen.

## 5. Den Kindern das Wort geben

„Den Kindern das Wort geben!", das ist eine Forderung, die der französische Grundschullehrer Célestin Freinet in den 20er-Jahren des letzten Jahrhunderts gefordert und selbst verwirklicht hat. Dabei geht es um mehr als bloße „Mitbestimmung". Eigentlich müsste man genauer sagen: Erwachsene müssen Kindern das Wort lassen, das sie ihnen vorauseilend, besser wissend und Macht ausübend immer wieder nehmen. Sie bestimmen über Kinder und nehmen sich dieses Recht ganz selbstverständlich und in der Regel, ohne sich auf die Kinder zu beziehen oder gar mit ihnen darüber zu sprechen.

Wie sehr dieses erwachsene Beherrschen uns prägt, macht vielleicht die Betrachtung einer Situation deutlich, die wir alle kennen. Stellen wir uns vor, wir sind mit zwei Kindern unterwegs, die sich in einem Bus so verhalten, dass sie einen anderen Erwachsenen stören. Was passiert nun? Der gestörte Erwachsene spricht, wenn er mitbekommt, dass die Kinder in „Begleitung" sind, nicht die Kinder an, sondern deren Begleiter. Den fordert er auf, „etwas zu tun", damit das, was ihn stört, unterbleibt. Ganz selbstverständlich macht er ihn zum Bestimmer über die Kinder. Diese Haltung spricht Kindern weniger Wert zu als Erwachsenen. Wie durchgängig die Abwertung von Kindern ist, zeigen auch die folgenden Beispiele: Ein Erwachsener unterhält sich mit einem Kind und wird von einem anderen Erwachsenen angesprochen. *Natürlich* unterbricht er das Gespräch mit dem Kind. Ganz *selbstverständlich* halten sich Erzieherinnen häufig nicht an Regeln, die für Kinder gelten. Kinder werden für Verhalten ausgeschimpft, die man bei Erwachsenen ohne weiteres durchgehen lassen würde.

Den Kindern das Wort zu geben, ist also auch eine Forderung, die die „Machtfrage" stellt und die Beziehung zwischen Erwachsenen und Kindern grundlegend verändert. Der Begriff Wort ist dabei umfassend zu verstehen, als Synonym für Anliegen und Interessen, die persönliche Weltsicht oder das Recht, eigene Erlebnisse selbst zu deuten und zu bewerten.

Aus unserer Sicht darf Kindzentrierung nicht dabei stehen bleiben,

■ Partizipation als Alibi-Beteiligung zu behandeln:
Die Kinder entscheiden hier zwar selbst, ob sie teilnehmen wollen, ihre Beteiligung ist aber nur ein Alibi für andere Interessen. Die Beteiligung der Kinder hat keine ernsthaften Folgen für Erwachsene. Typisch für eine Alibi-Beteiligung ist es z. B., Kindern Regeln zu erklären, die Erwachsene festlegen und sich später darauf mit den Worten zu berufen: „Wir haben doch ausgemacht, dass …" Alibi ist es auch, wenn Erwachsene zwar mit Kindern reden, sich aber sofort einmischen, wenn die Entscheidung der Kinder eine „falsche" Richtung anzunehmen droht. Häufig lenken sie Kinder dann „geschickt" indirekt dorthin, wo sie sollen. Und schließlich kann man von Alibi sprechen, wenn Partizipationsformen nicht um ihrer selbst Willen in-

stalliert werden, sondern für die Interessen der Erwachsenen instrumentalisiert oder mit „guten Absichten" (Kinder sollen Demokratie üben, lernen, andere aussprechen zu lassen etc.) überfrachtet werden.

■ Kinder nur dort zu beteiligen, wo es Erwachsenen Recht ist:
Ihre Rolle wird ihnen dann immer noch von Erwachsenen zugewiesen. Sie werden nur dort befragt, wo Erwachsene es wollen. Auf ihre selbstständig eingebrachten Interessen wird zwar eingegangen, ihnen wird zugehört. Es bleibt aber in der einseitigen Entscheidung des Erwachsenen, was davon verwirklicht wird und was nicht. Ein Beispiel: Kinder mahnen regelmäßig an, dass sie trotz einer Beschränkung auf fünf Kinder zu siebt im Bewegungsraum spielen wollen. Die Erzieherin hört sich ihre Gründe an und „macht eine Ausnahme". Die Kinder sind weiterhin auf die Ausnahme angewiesen.

■ Kindzentriertes Verständnis von Partizipation geht darüber hinaus und fordert, dass aus der Beteiligung von Kindern eine Einmischung mit Folgen auch für Erwachsene wird:

Die Kinder werden hier von Erwachsenen grundsätzlich und ausgiebig befragt und informiert, bevor etwas geplant oder verwirklicht wird. Bringen Kinder ihre eigenen Interessen ein, wird ernsthaft und folgenreich auf sie eingegangen. Ihre Einmischung hat auch Folgen für die Erwachsenen und Einfluss auf ihr Tun. Am selben Beispiel: Die Erzieherin bespricht das Anliegen der Kinder im Team. Dort wird das Signal der Kinder beachtet und ernst genommen. Mit den Kindern werden weitere Möglichkeiten und andere Lösungen ausgehandelt.

Kindzentriert heißt darüber hinaus, dass Kinder sogar Maßstäbe setzen können, an die sich auch Erwachsene halten müssen: Selbstgesteuert und teilweise selbst organisiert bringen Kinder ihre Interessen und Anliegen ein. Es entwickeln sich vielfältige Partizipationsformen, die den jeweiligen Kindern angemessen sind. Erwachsene beteiligen sich daran, dominieren sie aber in keiner Weise. Partizipation wird zum Grundrecht im Alltag und ist nicht mehr länger auf besondere Gelegenheiten beschränkt. Kinder können auch Entscheidungen treffen, die Erwachsene über längere Zeiträume hinweg betreffen. An unserem Beispiel: Die Erzieherin stellt sich u. U. hinter die Entscheidung der Kinder, zu siebt im Bewegungsraum spielen zu wollen und vertritt dies auch im Team. Zahlenmäßige Begrenzungen für Räume stehen nun *grundsätzlich* in Frage.

Kindern das Wort zu geben bedeutet, die erwachsene *Deutungsmacht*[12] zu reduzieren. Darin liegt vielleicht das größte Hindernis, dass Kinder wirklich zu Wort kommen. Deutungsmacht üben Erwachsene dann aus, wenn sie die eigenen Erklärungen, Bewertungen, Wertvorstellungen und Interpretationen *über* diejenigen der Kinder stellen, wenn sie *selbstverständlich* die eigene Sichtweise für die richtigere, bessere und wahre halten, wenn sie den Kindern ihre Sicht der Dinge aufdrücken.

In sehr vielen Alltagssituationen begegnen wir dem immer wieder: wenn es im Zusammenhang mit Regeln, Ritualen und „Sitten" um die richtigen Ordnungsvorstellungen geht, bei der Frage, in welcher Weise sich das Essen gestalten soll, oder auch bei der Bewertung von Langeweile und „Nichtstun", dem scheinbar sinnlosen Hin-und-her-Laufen, dem „Träumen" oder dem „Herumsitzen". Deutungsmacht üben Erwachsene aus, wenn sie Räume ausschließlich nach ihrem eigenen ästhetischen Vorstellungen einrichten. Deutungsmacht ist im Spiel, wenn sie alleine definieren, was gut ist und was nicht, wenn sie etwa Kinder zwingen, sich zu entschuldigen, ohne sie zu fragen, ob sie es auch möchten oder wenn sie mit schnellen Schlussfolgerungen „Recht sprechen": Wer schlägt ist schuld und muss zurechtgewiesen werden! Sieht man genauer hin, ist der gesamte Alltag von Kindern von rechthaberischen Auslegungen der Erwachsenen durchzogen. Selten werden die Sichtweisen der Kinder überhaupt erfragt. Selten wird ernsthaft in Rechnung gestellt, dass die Kinder die Sachlage besser einschätzen und bewerten könnten als Erwachsene.

Aus unserer Sicht umfasst Partizipation von Kindern insgesamt mindestens sechs Rechte, die wir allesamt als Grundrechte behandeln. Sie sind keine Rechte nur für besondere Gelegenheiten, Kinderkonferenzen oder Gruppenbesprechungen. Es sind Rechte, die sich durch den gesamten Alltag ziehen müssen. Wegen des unauflöslichen Machtverhältnisses zwischen Kindern und Erwachsenen muss dabei die gebende Seite die der Erwachsenen sein.

Kinder müssen erleben, dass Erwachsene ihnen das Selbstverständliche zugestehen, nämlich, dass sie es sind, die *ihr* Leben bewältigen und gestalten müssen, dass das niemand für sie tun kann und sie deshalb *selbstverständlich* dort – und vor allem mit eigenen Worten – mitreden, wo sie etwas betrifft. Der feine Unterschied, ob Kindern das Recht zur Teilhabe quasi „huldvoll" überlassen oder grundsätzlich eingeräumt wird, scheint uns von großer Wichtigkeit.

Was macht nun Partizipation im Einzelnen aus?

■ **Das Recht, Geschichten erzählen und etwas von sich mitteilen zu dürfen**
Wenn Erwachsene einerseits selbst am Leben der Kinder teilhaben und ihnen andererseits die Möglichkeit eröffnen wollen, sich in ihrer Sprache einzubringen, sich zu äußern, wahrgenommen und gehört zu werden, sind die Geschichten der Kinder von zentraler Bedeutung. Mit Hilfe ihrer Geschichten und Bilder finden Kinder einen Ausdruck dafür, was sie bisher von der Welt verstanden haben, wie sie sie interpretieren und bewerten und in welcher Beziehung sie selbst dazu stehen. In ihren Geschichten ist verborgen, auf welche Weise sie gerne in diese Welt und ihren Alltag eingreifen möchten, was sie fragen oder herausbekommen wollen. Partizipation heißt hier vor allem: den Kindern Zeit und Raum für ihre zu Geschichten geben, ihnen vielfältige Möglichkeiten des wirklich freien Ausdrucks

zu öffnen. Ihre Geschichten dürfen weder als kindlich abgetan und womöglich belächelt, sondern müssen als ernsthafte Mitteilung und als Bemühen um Einmischung verstanden werden.

### Das Recht auf das eigene Anliegen

Die Wünsche, Bedürfnisse oder Vorstellungen, kurz das, was Kindern selbst wichtig ist, kommen aus Erwachsenensicht zumeist versteckt, ziemlich unspektakulär und zuweilen auch auf ganz leisen Sohlen daher. Erwachsene fallen jedenfalls in der Regel nicht von selbst darüber. Statt dessen schreiben sie den Kindern Anliegen zu, die vor allem ihrer eigenen Erwachsenenperspektive entspringen. Wir begegnen diesem Phänomen in der häufigen Rede davon, was „Kinder brauchen".

Um den tatsächlichen – sehr konkreten und fast immer sofort zu verwirklichenden – Anliegen der Kinder im Alltag Gehör zu verschaffen, müssen Erwachsene meist erst einmal danach forschen. Sie müssen sich die Mühe des Zuhörens und Nachfragens machen. Vor allem dürfen sie nicht zu schnell mit der Brille des Erwachsenen schlussfolgern. So etwa, wenn Erzieherinnen mitbekommen, dass hinter dem „Picknick" von zwei Fünfjährigen, das mit Hilfe einer Decke, einer Saftflasche und verschiedenen Gläsern auf einer Tischtennis-Platte stattfindet, eigentlich deren Wunsch steht, ungestört untersuchen zu können, wie viel Saft in welches Glas passt. Dies als Anliegen wahrgenommen, wird unterstützt und nicht mit der erwachsenen Vorstellung eines „richtigen Picknicks" in Übereinstimmung gebracht.

Und selbst wenn schließlich verstanden wurde, was Kinder wünschen, ist es – auch wegen des großen Machtgefälles – nicht selbstverständlich, dass Kinder ihr Anliegen auch tatsächlich umsetzen können. Im Kindergartenalltag sind die Angelegenheiten der Erwachsenen dann eben doch „zu wichtig", um sich so scheinbar unwichtigen Anliegen ernsthaft, interessiert und fragend zuwenden zu können.

### Das Recht, Maßstäbe zu setzen, Entscheidungen zu treffen und Verantwortung zu tragen

Wer mitredet, wer Entscheidungen trifft und Maßstäbe setzt, der übernimmt immer auch Verantwortung. Das Recht, selbst Entscheidungen treffen zu dürfen und Verantwortung zu tragen, hängen sehr eng zusammen. Wer nichts entscheiden darf, lehnt auch Verantwortung ab. Oder umgekehrt, wer Verantwortung nicht tragen möchte, weil er sich aus irgendwelchen Gründen nicht darin üben konnte, entscheidet selbst ungern und lässt lieber andere für sich entscheiden. Das „Üben" von Verantwortung ist wörtlich zu verstehen. Wer Verantwortung übernimmt, erfährt erst nach und nach, was sie ausmacht und wie schwer oder leicht sie zu tragen ist. Fehleinschätzungen der eigenen Möglichkeiten und Fehlschläge sind deshalb das Normale. Im Blick sind dabei nicht nur die Entscheidungen, die alle in irgendeiner Weise betreffen, sondern vor allem auch die ganz gewöhnlichen Regelungen untereinander, z. B. die Regelung, wer etwas von den eigenen Süßigkeiten abbekommt und wer nicht.

Wenn Erwachsene also möchten, dass Kinder „lernen, Verantwortung zu tragen", müssen sie sie vor allem Entscheidungsprozesse erleben lassen. Die daraus hervorgehenden Beschlüsse sehen dann zuweilen nicht ganz so aus, wie es sich Erwachsene ausdenken würden. Da gibt es Entscheidungen wie: „Wer fertig ist mit Essen darf gleich aufstehen. Zum Nachtisch soll man aber wieder sitzen." – „Mit dem Kicker darf spielen, wer schon über den Rand sehen kann oder einen Stuhl nimmt." – „Der Max darf an meine Sachen, die Sophie aber nicht."

### Das Recht auf Bündnisse und Resonanz

Über den konkreten Erfolg hinaus, dass etwa eine ihrer Entscheidungen eine Mehrheit oder überhaupt Anklang gefunden hat, können Kinder noch eine ganz andere, für Partizipation mindestens ebenso bedeutsame Erfahrung machen, nämlich die von Bündnissen und Resonanz. Wer sich einbringt, einmischt, mitentscheidet, zeigt immer auch etwas von sich selbst. Das Erleben, dass sich Erwachsene, die mächtigen „Alleskönner", auf die eigenen Ideen und Initiativen stützen und so ein Bündnis mit den Ideengebern eingehen, ist für Kinder eine ermutigende Erfahrung. Nur allzu selten erleben Kinder, dass sich Erwachsene ernsthaft und fragend auf ihre Ideen beziehen. Und längst nicht alle Erwachsene gewinnen echte Freude daran, Kindern zu folgen, selbst nur wenig zum Erfolg beizutragen, ein Bündnis mit Kindern einzugehen, in dem die Kinder Regie führen und der stärkere Koalitionspartner sind. Dieser Aspekt hat besondere Bedeutung für Planungsabläufe im Allgemeinen und Projektplanungen im Besonderen.

### ▪ Das Recht, um Rat gefragt zu werden und etwas Wichtiges für Erwachsene tun zu dürfen

Im Machtgefälle Erwachsener–Kind tun zu Recht im Allgemeinen Erwachsene etwas für Kinder, die Starken für die Schwachen. Und die Kinder erleben sich dabei auch als schwach, sofern sich dieses Abhängigkeitsverhältnis nicht von Zeit zu Zeit – und sei es auch nur beschränkt auf eine konkrete Aktion – einmal umkehren darf. Partizipation soll Kinder stark machen und ihnen zu mehr Selbstbestimmung verhelfen. Die Erfahrung, selbst einmal für andere und insbesondere die Erwachsenen bedeutsam zu sein, nicht nur zu nehmen, sondern auch geben zu können, von geliebten Menschen gebraucht zu werden, ist dafür elementar. Damit ist nicht das Erledigen von irgendwelchen „Ämtern" oder gar Dienstleistungen für Erwachsene gemeint, jedenfalls solange diese nicht wirklich dem eigenen Impuls der Kinder entspringen. Gemeint ist die engagierte Teilhabe der Kinder am Leben der Erwachsenen, an ihren Bedürfnissen und Wünschen und auch an ihren Sorgen und Schwierigkeiten. Nicht gemeint sind die gelegentlich anzutreffenden letztlich zurückweisenden, aber als Selbstoffenbarung dargestellten, Mitteilungen an Kinder, dass man „heute schlecht drauf ist" aber eigentlich meint: „Bleibt mir vom Leib." Und außer Frage steht auch, dass Kinder vollkommen frei entscheiden müssen, ob und was sie für die Erwachsenen tun möchten, z. B. ihnen bei Kopfweh die Haare kämmen oder den Kopf massieren.

### ▪ Das Recht auf die Verschiedenheit der Erwachsenen

Über kaum etwas besteht so große Einigkeit unter Erzieherinnen wie über das Dogma des „einheitlichen Teams". Kindern wird unterstellt, sie nutzten die Unterschiedlichkeit von Erzieherinnen, auf den eigenen Vorteil bedacht, gnadenlos aus. Einmal davon abgesehen, dass auch Erwachsene natürlicherweise den eigenen Vorteil suchen, wenn sie je nach Angebot und Leistung z. B. den Arzt, die Versicherung oder den Bäcker wechseln, ziehen Kinder nach Auffassung von Freinet-Pädagoginnen aus der Verschiedenheit Erwachsener auch einen hohen partizipatorischen Gewinn, weil sie sich nicht länger einer Mauer der selben Werte gegenüber sehen, sondern einem lebendigen und anregenden „Sowohl-als-Auch". Das schafft den notwendigen Raum für aktive Einmischung. In Teams setzen Freinet-Pädagoginnen deshalb an die Stelle ewiger Bemühungen um Vereinheitlichung ein System „unterschiedlicher Erlaubnisse".

## 6. Entwicklungsbedingungen und -gesetzmäßigkeiten des Kindes

„Kinder sind anders!" hat Maria Montessori einmal lapidar festgestellt. Spätestens seit Jean Piagets bahnbrechenden Forschungen wissen wir, dass Kinder anders denken, andere Erklärungen für Sachverhalte entwickeln, Dingen andere Bedeutungen beimessen und auch anders fühlen als Erwachsene. Wer kindzentriert arbeiten möchte, muss sich die Mühe machen und entwicklungspsychologische Kenntnisse erwerben. Vieles, was Kinder tun, erklärt sich anders, wenn man etwas darüber weiß, wie Kinder einer bestimmten Entwicklungsstufe die Welt wahrnehmen und wie sie sich Zusammenhänge erklären.

Wenn man z. B. weiß, dass es jüngeren Kindern noch schwer fällt, Ereignisse zurück zu verfolgen, dann wundert man sich nicht mehr, dass sie einem nicht erklären können, warum sie etwas gemacht haben. Wer dies weiß, braucht sich auch nicht länger darüber zu ärgern, dass die Kinder sich auf die häufig benutzte Warum-Frage „verweigern". Ein anderes Beispiel: Wer weiß, dass sich eine Begrifflichkeit für Dinge, die man nicht anfassen, sehen oder fühlen kann, bei Kindern erst gegen Ende der Kindergartenzeit festigt, der hört auf, mit Kindern alles nur verbal zu behandeln. Wer das weiß, kann Kindergartenkinder zwar mit Phänomenen wie der Gravitation konfrontieren, der tut das aber praktisch handelnd wie etwa in Reggio/Emilia in Italien, wo die Kinder ihre Hypothesen in „Gravitationsmaschinen" umsetzen durften.

Und schließlich, Kindern immer wieder moralisches Fehlverhalten, Berechnung oder gar Böswilligkeit zu unterstellen, das tut nur, wer nicht weiß, dass Kinder erst spät beginnen, sich selbst an moralischen Grundsätzen zu orientieren. Ihre Orientierungen sind davor im Wesentlichen an Bedürfnissen ausgerichtet. Das ist dann nicht böse oder unsozial, sondern einfach dem Entwicklungsalter angemessen! Das darf gemeinsam betrachtet, besprochen, sogar begrenzt, nicht aber moralisch verurteilt werden. Solche Verurteilungen werden Kindern nicht gerecht.

Sich an den Lebens- und Entwicklungsbedingungen der Kinder zu orientieren, verweist aus unserer Sicht in zweierlei Richtungen: auf das objektive Lebensumfeld der Kinder und vor allem auch darauf, wie sie es *subjektiv* erleben. Diese zweite Sichtweise ermöglicht es auch viel eher als der Blick auf das „Noch-nicht-so-weit-Sein", das Stimmige und Folgerichtige im Erleben der Kinder zu sehen.

Der 5-jährige Christopher ist – objektiv betrachtet – ein Kind mit sensorischen Integrationsstörungen. Sprache und Schmerzempfinden sind unterentwickelt. Zuweilen fügt er sich selbst körperlichen Schaden zu und merkt es nicht. Oft reagiert er laut und aggressiv. Ihm fehlen darüber hinaus natürliche Hemmschwellen. Auch wenn er nicht fest zuhauen möchte, trifft er doch mit Wucht. Er kann das nur schwer regulieren. Seine Mutter ist 23 Jahre alt und allein erziehend. Zu Christophers Vater hat sie keinen Kontakt mehr. Sie lebt nun mit einem neuen Partner zusammen. Sie befindet sich gerade in einer Umschulung zur Sekretärin. Ihre gemeinsame Wohnung ist sehr klein. Christophers Vater ist LKW-Fahrer. Christopher kennt sich auch in der Wrestling-Szene gut aus.

Über einen langen Zeitraum hinweg haben Christophers Erzieherinnen der Mutter viele Ratschläge gegeben: Sie solle sich etwas mehr um Christopher kümmern, solle sich eine Wohnung suchen, in der Christopher ein eigenes Zimmer habe, solle sich einer Erziehungsberatung anvertrauen. Über den gleichen Zeitraum hinweg hat Christophers Mutter all die „gut gemeinten" Ratschläge an sich abprallen lassen. Erzieherinnen und Mutter verstehen sich nicht.

In Christophers subjektivem Erleben erscheint die Situation vielleicht so: „Mamas Freund mag ich nicht. Wenn er da ist, redet Mama so viel mit ihm. Ich muss dann ins Bett, will aber noch fernsehen. Im Fernsehen sieht man oft Männer wie meinen Papa, zum Beispiel bei den LKW-Rennen. Da ziehen die riesige Steinblöcke oder rasen auf richtigen Rennbahnen. Schade, dass mein Papa nicht da ist ..."

Erst beides zusammen ergibt das richtige Bild. Erst, wenn man beides betrachtet, finden sich Lösungen und Wege, die zu dem Kind passen, mit dem man es zu tun hat. Den Zugang zu Christopher und schließlich auch zu seiner Mutter fanden die Erzieherinnen, indem sie Christophers Vorliebe für alles, was „echt männlich" ist, und für LKWs nicht ablehnten oder auf akzeptablere, dem Kindergarten „angemessenere" Wege lenkten, sondern einfach als Ausdruck seiner Suche nach Sicherheit und Halt ernst nahmen. So fand Christopher eines Tages in seinem Adventspäckchen ein LKW-Poster aus einer Trucker-Zeitschrift, die sich die Erzieherinnen am Bahnhofskiosk besorgt hatten. Seine sensomotorischen Störungen wurden nicht mehr bloß in einer Ergotherapie bearbeitet, sondern auch beim täglichen Kicker-Spiel mit der Erzieherin oder bei Wrestling-Übungen im Bewegungsraum.

## 7. Der Dialog

Kindzentrierung ist nicht denkbar ohne eine dialogische Haltung und die kommunikativen Fähigkeiten, die für den Dialog notwendig sind. Fast könnte man sagen: Kindzentrierung ist der Dialog mit dem Kind! Was verstehen wir darunter? Seine Wurzeln hat der Dialog bei Philosophen wie dem Professor für jüdische Religionswissenschaft Martin Buber, der bis 1933 in Frankfurt/Main lehrte und danach in Jerusalem; Naturwissenschaftlern wie dem amerikanischen Quanten-Physiker David Bohm oder dem Organisationsentwickler Peter Senge.

Der Dialog ist eine besondere Art, miteinander zu sprechen und einander zuzuhören. Dazu gehört vor allem auch, nicht Gefangener des eigenen begrenzten Weltbildes zu bleiben. Es scheint kreativer zu sein, stellen Bohm, Senge und andere fest, uns nicht zu sehr mit unseren eigenen Gedanken und Meinungen zu identifizieren. Den *pädagogischen* Kern des Dialogs möchten wir mit den Worten Elise Freinets so beschreiben: „Wenn der Erzieher verstanden hat, dass die Wahrheit des Kindes von der seinen verschieden ist und dass er mit Demut und Einfachheit dieser Wahrheit zum Ausdruck verhelfen kann, dann hat er seine wirkliche soziale Rolle verstanden."[13] Wichtige Voraussetzungen, damit es überhaupt zu einem Dialog mit Kindern kommen kann, sind die Einsicht, dass auch das Kind ein anderes „Ich" ist und die Bereitschaft, dies zu akzeptieren.

Im Dialog geht es, anders als in der Diskussion, im Meinungsstreit oder auch in vielen Alltagsgesprächen nicht darum, jemand anderen von meiner Meinung, meinen Gewissheiten oder meiner Sichtweise zu überzeugen. Der Dialog hat vielmehr einen Gedankenfluss zum Ziel, in dem es keine eine, absolute, sondern verschiedene Wahrheiten gibt. Peter Senge meint, der Geist des Dialogs bestehe darin, festzustellen, welche vielfältigen, auch widersprüchlichen, Sichtweisen es von derselben Angelegenheit geben kann, und dies als Chance begreifen zu können. Der Dialog ist deshalb vor allem auch eine Kultur des Fragens und Zuhörens. Ein Erwachsener, der sich mit Kindern im Dialog befindet, geht immer davon aus, dass er selbst zwar einiges weiß, dass er auch über eigene Wahrheiten verfügt, dass aber seine Sicht der Dinge weder besser noch richtiger sein muss. Ein solcher Erwachsener lässt sich von Kindern beeinflussen, lässt sich auf offene Prozesse ein und sich vom Ergebnis überraschen.

Was sind die wichtigsten Merkmale des Dialogs?

▪ Da ist zum einen die *erkundende Haltung eines Lernenden.* Man könnte sie so beschreiben: Ich bin im Prinzip oder für eine bestimmte Zeit in der Lage, meine Rolle als Wissender aufzugeben. Ich habe, weil ich damit rechne, etwas Neues erfahren zu können, echtes Interesse an dem, was sich von meinen Vorannahmen unterscheidet. Deshalb stelle ich – auch Kindern – mehr Fragen als dass ich Antworten gebe. Das Problem liegt darin, dass viele Äußerungen der Kinder scheinbar nicht zu den Realitäten der Erwachsenenwelt passen. Deswegen gehen die Erwachsenen ohne weiteres von Un- oder Halbwahrheiten aus, ohne sich den Hypothesen der Kinder ernsthaft fragend zuzuwenden. Die Haltung eines Lernenden überwindet diesen blinden Fleck und hält auch das, was wir nicht verstehen, für möglich und wahr. Ein Kind erzählt mir beispielsweise, sein Papa und der seines Freundes hätten sich ganz bestimmt schon mal in Frankfurt getroffen, weil beide dort arbeiten. Statt vorschnell zu antworten, das sei aber bei der Größe der Stadt ziemlich unwahrscheinlich, könnte ich zunächst einmal abwarten, ob mir das Kind weitere Informationen liefert oder direkt fragen, ob der Papa mit der S-Bahn fahre oder mit dem Auto, ob sich beide schon mal verabredet hätten, ob das Kind selbst schon mal dort war und wie es dort aussähe usw. Selbst wenn ich nicht überzeugt bin, lasse ich die Aussage als eine andere Sicht der Dinge stehen.

▪ Zum zweiten gehört zum Dialog die Fähigkeit des *Perspektivenwechsels.* Das sieht z. B. so aus, dass Erzieherinnen im Team regelmäßig üben, alle Dinge auch aus der subjektiven Sichtweise der Kinder zu betrachten. Sie berichten sich gegenseitig von Ereignissen und Abläufen, in denen Kinder ihre Interessen, Absichten oder Bedürfnisse sichtbar gemacht haben. Das kann so etwas „Banales" sein, wie das Planschen mit Wasser im Bad. Im Perspektivenwechsel würde dann gefragt: „Was tut das Kind konkret? Wenn ich das Kind wäre, was würde ich empfinden, vorhaben, wollen?" Und eine Umsetzungsfrage könnte lauten: Wie können wir dem Kind ermöglichen, seinem Interesse an Experimenten mit *laufendem* Wasser zu folgen?

▨ Drittens ist es unerlässlich, dass der Erwachsene seine eigenen Ziele, Absichten, Interpretationen und Schlussfolgerungen *suspendieren* kann. Suspendieren bedeutet so viel wie „in der Schwebe halten" oder noch einfacher: für eine Zeit „in die Tasche zu stecken", sie dort zu lassen, nicht hervorzuholen und zu benutzen, sie gleichwohl aber nicht zu vergessen. In der Praxis gelingt dies auf unkomplizierte Weise dadurch, dass die eigenen Vorstellungen unausgesprochen bleiben. Das lässt Kindern die Möglichkeit, Eigenes vorzuschlagen und ermöglicht es dem Erwachsenen, dies zu hören und sich darauf zu beziehen, damit „eine neue Wahrheit" entstehen kann.

▨ Eng mit dem Suspendieren eigener Absichten verbunden ist die Fähigkeit, *produktiv zu plädieren*. Für den Fall, dass ich meine Ansicht darlegen oder etwas vorschlagen möchte, müsste ich „die Wurzeln dran hängen lassen", also nicht nur das Ergebnis meiner Überlegungen mitteilen, sondern auch den Weg, der dahin geführt hat. Wenn ich beispielsweise in einer Kinderkonferenz sitze und eine eigene Lösung für ein Problem vorschlage, wäre es gut, auch mitzuteilen, wie ich darauf gekommen bin. Ich könnte z. B. sagen: „Ich habe jetzt dem Johannes zugehört, der Nicole und der Tanja. Jeder hat einen eigenen Vorschlag gemacht. Ich habe mir überlegt, was könnte euch allen dreien gleichermaßen gefallen und frage mich, ob wir nicht ..."

▨ Als wichtigste Vorbedingung braucht der Dialog die Haltung der *Offenheit*, des Offen-Seins dafür, sich selbst von den Kindern beeinflussen zu lassen und die Bereitschaft, sich auf etwas einzulassen, dessen Ergebnis ich nicht voraussehen kann. Es kann z. B. sein, dass Kinder mich davon überzeugen möchten, dass es keine Aufräumregel mehr braucht, ja sogar, dass sie einfach nur stört. Ich besitze für diesen Fall kaum einen eigenen Erfahrungshintergrund und muss mich deshalb entweder wirklich auf den spannenden Prozess einlassen oder ihn, falls ich das nicht kann, undialogisch beenden. Lasse ich mich darauf ein, kann ich Erfahrungen sammeln, die ich bisher nicht machen konnte. Wer Kinder nicht lässt, erfährt nämlich niemals, was sie täten, wenn er sie gelassen hätte. Erst solche Erlebnisse machen Erwachsene wirklich offen für die anderen Sichtweisen der Kinder. Denn, wer erlebt hat, wie fachkundig und urteilssicher Kinder sein können, wenn sie ihre eigenen Dinge regeln, kann mit der Zeit die besserwisserischen eigenen Auffassungen suspendieren. Der braucht keine Angst mehr zu haben, Kinder könnten es ausnutzen, wenn er etwas über die eigenen Schwächen oder Überlegungen mitteilt, also produktiv plädiert und sich als Lernender, statt als Wissender zu erkennen gibt.

■ Zuletzt ist es für den Dialog hilfreich, den Prozess zu *verlangsamen* vor allem dadurch, dass ich einen „Puffer" zwischen Wahrnehmung und Reaktion schiebe. Ich kann zuhören oder spiegeln, fragen oder auch nur abwarten und beobachten. Und in größeren Dialoggruppen sind Redesteine oder ähnliches ein gutes Mittel zur Verlangsamung: Die anderen können sich darauf einstellen, dass ich gleich reden werde und wenn ich fertig bin, kann das Gesagte noch eine Weile nachklingen.

Nelson Mandela, der erste Präsident Südafrikas nach Überwindung des Apartheidregimes, schildert auf seine Weise, was beim Dialog geschehen kann: „Die Stammestreffen ... wurden anberaumt, wie es die Ereignisse erforderten ... Jedem, der ein Thembu war, stand es frei zu kommen ... Wenn ein Treffen stattfinden sollte, verschickte der Regent Briefe ... und bald wimmelte es auf dem großen Platz von Besuchern und Reisenden aus dem ganzen Thembuland. Die Gäste versammelten sich vor dem Haus des Regenten, und er eröffnete die Versammlung, indem er allen für ihr Kommen dankte und ihnen erklärte, aus welchem Anlass er sie zusammengerufen hatte. Danach äußerte er kein einziges Wort, bis zu dem Zeitpunkt, da die Versammlung sich ihrem Ende näherte. Es sprach jeder, der sprechen wollte ... Zunächst erstaunte mich die Heftigkeit und der Freimut, mit der die Leute den Regenten kritisierten. Er war keineswegs über Kritik erhaben ... Aber mochte die Attacke auch noch so gefühlsbetont sein, der Regent hörte einfach zu, ohne sich zu verteidigen ... Die Zusammenkünfte dauerten so lange, bis irgendeine Art von Konsens erreicht war ... Erst am Ende des Meetings ... sprach der Regent wieder und er unternahm es, das zusammenzufassen, was gesagt worden war ..."[14]

**Was Kindzentrierung *nicht* ist**

**Sechs mögliche Missverständnisse und ihre Aufklärung**

**1. Kindzentrierung ist weder antiautoritär noch antipädagogisch.**
Einerseits grenzt sich eine kindzentrierte Pädagogik gerade von manipulierenden und instrumentalisierenden Aspekten der deutschen antiautoritären Pädagogik der 1960-er und 1970-er Jahre ab. Sie intendiert Erziehung nicht als Mittel zur gesellschaftlichen Veränderung. Kindzentrierung will gerade nicht vorauseilen und festlegen, was „am Ende" heraus kommen soll, sondern setzt auf die Eigenverantwortlichkeit der – auch jungen – Menschen. Sie erkennt andererseits aber auch das besondere pädagogische Verhältnis zwischen Erwachsenem und Kind als gegeben und als „Machtverhältnis" an. Gerade wegen des juristischen Macht- und tatsächlichen Abhängigkeitsverhältnisses zwischen Erwachsenem und Kind formuliert eine kindzentrierte Pädagogik den Anspruch, mit der eigenen Macht bewusst und reflektiert umzugehen, sie zu beschränken und Kinder soweit wie möglich zu ermächtigen. Kindzentrierung halten wir aus diesen Gründen aber gerade wieder für besonders zukunftsfähig.

Ihr Ziel ist die Herstellung einer gleichwertigen „Beziehung wechselseitiger Anerkennung" (Hans Rudolf Leu) in möglichst vielen Lebenssituationen. Sie lehnt also Erwachsenenverantwortung für Kinder nicht ab, sondern erweitert sie um die Aspekte der „Machtbewusstheit" und des Respekts vor dem subjektiven Sinn kindlichen Handelns.

Die kindzentrierte Haltung des Erwachsenen gegenüber Kindern hat ihre Wurzeln in einem humanistischen Menschenbild, das Menschen im Allgemeinen und Kindern im Besonderen das Recht zubilligt, im Rahmen ihres sozialen und gesellschaftlichen Kontextes selbst über sich zu bestimmen. Im humanistischen Menschenbild ist *jedes* Handeln eines Menschen aus seiner Perspektive heraus sinnvoll. Diesen persönlichen Sinn möchte Kindzentrierung respektieren und würdigen.

**2. Kindzentrierung sieht Kinder nicht als vereinzelte Individuen.**
Kindzentrierte Pädagoginnen und Pädagogen beziehen sich nicht nur auf einzelne Kinder. Kindzentrierung bedeutet nicht, das Kind als von sozialen Zusammenhängen losgelöstes Individuum zu sehen. Natürlich sind Kinder auch im Denken kindzentrierter Pädagoginnen soziale Wesen, die Bindungen und Beziehungen aller Art suchen, aufbauen und gestalten. Selbstverständlich werden sie als „soziale Wesen" in ihren verschiedenen Gruppierung und Gesellungsformen gesehen. Und auch die

42

Tatsache, dass Kinder als „Ko-Konstrukteure" viel voneinander lernen, ist kindzen-trierten Erwachsenen bekannt. Der Begriff Kindzentrierung bezieht sich vielmehr auf die subjektive Seite von Entwicklung und Lernen. Kindzentrierung will gerade den ko-konstruktiven eigenen Anteil des sich entwickelnden und lernenden Kindes betonen. Sie fragt insbesondere nach dem *subjektiven*, also vom Kind selbst erlebten Sinn seines Handelns. Sind mehrere Kinder beteiligt, versuchen kindzentrierte Erzieherinnen natürlich dasselbe in Bezug auf alle Kinder. Kindzentrierung meint also die Ausrichtung der Erwachsenen-Bemühungen auf das sich selbst erlebende und seinem Handeln Sinn gebende Kind.

### 3. Kindzentrierung ist nicht „grenzenlos".

Ein Zusammenleben von Menschen ist weder im Kleinen noch im Großen ohne Hierarchien, Zumutungen und Grenzziehungen möglich. Erwachsene werden Kin-dern auf Grund ihrer größeren Lebenserfahrung und ihrer besonderen Verantwor-tung mehr Grenzen setzen als umgekehrt. Handeln sie kindzentriert, betrachten sie ihre Pflicht, Grenzen klar, deutlich, bestimmt und transparent zu setzen, jedoch nicht als *selbstverständliches Recht*, das man nicht zu rechtfertigen braucht. Kindzen-trierte Erzieherinnen gehen bewusst mit dem Ziehen von Grenzen und der damit einhergehenden Macht um und gestehen auch Kindern dasselbe Recht zu. Kind-zentrierte Erzieherinnen sind berechenbar. Sie entscheiden nicht hinter verschlos-senen Türen. Wenn sie etwas anordnen, tun sie nicht so, als sei das ausgehandelt worden. Ihre Grenzen sind aber auch nicht unverrückbar. Sie haben ein positives Verhältnis zu Hierarchien, setzen sie ein, wenn nötig, leiten daraus aber kein allge-meingültiges Recht ab.

Erst die klare Unterscheidung zwischen Bestimmungen, Festlegungen, Anordnun-gen einerseits und gegenseitig und vor allem gleichwertig ausgehandelten Rege-lungen und Vereinbarungen andererseits macht eine Beziehung gegenseitiger An-erkennung möglich. Wer tatsächlich in weiten Teilen über sich selbst bestimmen darf, kann sich, wenn nötig, auch den Anordnungen Anderer unterordnen.

### 4. Kindzentrierung schaut nicht nur zu.

Die kindzentrierte Erzieherin ist keine bloß abwartende Erzieherin, die davon aus-geht, dass sich alles schon von alleine aus dem Kind heraus entfalten wird. Im Ge-genteil: Sie ist in höchstem Maße aufmerksam und präsent. Sie sieht sich zugleich als Unterstützerin, Ermöglicherin, Dienerin, Impulsgeberin und Beobachterin. Sie lässt Kinder zwar auch handeln ohne einzugreifen, weil sie erstens großes Vertrauen in Kinder setzt, weil sie zweitens weiß, dass Bildung immer Selbstbildung ist, weil sie drittens die Beobachtung braucht, um den Sinn des kindlichen Handelns entziffern zu können, und weil sie viertens den Kindern das Recht zubilligt, selbst zu entscheiden, was wann für sie gut ist. Insofern handelt sie entsprechend der Auffassung, dass sie, wenn sie Kinder nicht lässt, niemals erfährt, was Kinder täten, wenn sie sie ließe.

Aber schon diese eher beobachtende und wahrnehmende Haltung ist höchst aktiv. Darüber hinaus entwickelt sie aber auch selbst Ideen, Vorstellungen, Vorschläge oder Anregungen. Sie entstammen ihren eigenen pädagogischen oder persönlichen Zielstellungen, Werten und Wünschen sowie gegebenen gesellschaftlicher Erwartungen oder auch den Beobachtungen der Kinder. Sie wird Kindern Themen „zumuten" (H. J. Laewen), wird sich auf „Ideen-Arbeiten" (siehe die Artikel von R. Henneberg in diesem Buch) mit ihnen einlassen, wird Projekte entwickeln, wird sogar gezielte Angebote organisieren. Sie wird dabei aber immer Rücksicht auf die *subjektive Wirklichkeit des Kindes* nehmen. Sie wird versuchen, so zu handeln, wie es Paul Le Bohec, ein französischer Grundschullehrer und Freinet-Pädagoge ausdrückt [15]: „Aber jeder Schritt vorwärts, den der Lehrer vorschlägt, muss ein sehr vorsichtiger Schritt sein, weil er genau weiß, dass er – wenn er zu forsch vorangeht – die Kinder in ‚seine' Welt hinüberzieht und sie gefangen nimmt. Er lenkt sie von ihren eigenen Wegen ab. Dann geht es nicht mehr um die Angelegenheiten der Kinder, sondern um seine. Er enteignet sie sozusagen und betrachtet sie als sein Eigentum. Also, anstatt die Kinder auf seine Gebiete zu drängen, ist es besser, sie ihre eigenen erforschen zu lassen, da sie ihrer Realität mehr entsprechen. Nach meiner Meinung besteht die Rolle des Lehrers darin, so lange wie möglich zu schweigen. Aber auch darin, ganz vorsichtig einen Blick über den Zaun vorzuschlagen, wenn sich aus dem Geschehen heraus eine Richtung anbietet."

### 5. Kindzentrierung lässt Kinder nicht allein.

Müssen Kinder jedes Rad neu erfinden? Lässt man sie nicht „im Stich", wenn man ihnen eine Antwort verweigert und sie dort weiter forschen lässt, wo man „weiß", dass es in die „falsche" Richtung geht? Lässt man sie nicht ins Verderben rennen, wenn sie Entscheidungen treffen, von der die Erzieherin von vorne herein „klar" ist, dass sie nicht erfüllbar sind oder „schief" gehen werden? Diese Fragen muss sich jede Erzieherin in jeder Situation selbst konkret beantworten. Die kindzentrierte Grundhaltung als Entscheidungshilfe aber ist durchdrungen vom Gedanken, dass jeder seine eigene Wahrheit konstruiert und es nur zum Dialog kommen kann, wenn jeder auf dieser Grundlage das Besser-Wissen hintanstellt und bereit ist, sich vom Anderen beeinflussen zu lassen. Letztlich steckt hinter der Kindzentrierung auch die

Auffassung, dass es keine endgültige Wahrheit gibt oder besser gesagt: viele Wahrheiten.

Eine kindzentrierte Erzieherin lässt sich also gespannt auf offene Prozesse ein. Sie findet heraus, wo genau sie gebraucht wird und wo nicht. Sie bringt ihr Wissen ein, ist dabei aber zurückhaltend und vorsichtig, eilt so wenig wie möglich voraus. Wenn sie etwas zu wissen glaubt, weiß sie, dass sie zweierlei nicht weiß, nämlich, wohin der einmal von den Kindern in Gang gesetzte Prozess *wirklich* führen wird und was die Kinder eigentlich genau wissen wollen.

## 6. Kindzentrierung ist kein eigenständiges oder geschlossenes pädagogisches Konzept.

Kindzentriert handeln kann jede Erzieherin, ganz unabhängig davon, ob sie sich der Montessori-, der Reggio-, der Freinet-, der Fröbel-Pädagogik, dem Situationsansatz oder einem anderen pädagogischen Konzept verbunden fühlt, das nicht im Widerspruch zu den Merkmalen der Kindzentrierung steht. Kindzentrierung beschreibt aus unserer Sicht *das Wesentliche* der Pädagogik, die Haltung, mit der Erwachsene Kindern begegnen sollten. Daran, so denken wir, müssen sich alle pädagogischen Handlungskonzepte messen lassen. Kindzentrierung ist also so etwas wie der Maßstab für ein pädagogisches Handeln, das auf Selbstbildung setzt, Kinder als Akteure wahr- und ernst nimmt, ihnen Entscheidungsfreiheit zubilligt und sie nicht über einen Kamm scheren, sondern sie in ihren individuellen Stärken stützen und in ihren individuellen Schwächen fördern will.

**Anmerkungen**

[1] de Saint-Exupéry: Der kleine Prinz. Karl Rauch Verlag, Düsseldorf 1956, S. 8

[2] siehe Klein, Seite 188

[3] E. Kazemi-Veisari 1999, S. 7

[4] H. Spiegel / Chr. Selter 2003, S. 19

[5] ebd. S. 20

[6] Le Bohec: zit. in Fragen und Versuche, Heft 77/1996, S. 45

[7] Ursula Müssle im Film „Lob des Fehlers" von Reinhard Kahl 1993

[8] G. Regel/A. J. Wieland (Hrsg.) 1993, S. 38

[9] zitiert nach I. Dietrich 1995, S. 293

[10] H. R. Leu 1997

[11] ebd.

[12] Der Begriff stammt von Erika Kazemi-Veisari

[13] zitiert nach Kock, Renate (Hrsg.): Célestin Freinet/Elise Freinet. Befreiende Volksbildung. Frühe Texte. Verlag Klinkhardt, Bad Heilbrunn 1996, S. 16

[14] Nelson Mandela: Der lange Weg der Freiheit. Autobiographie, Frankfurt a. M. 1997, S. 34 ff.

[15] Le Bohec 1994

# Kindzentrierung ist vor allem eine Haltungsfrage

## Ein Gespräch der HerausgeberInnen über die Entwicklung und den Gewinn einer kindzentrierten Haltung

**Herbert Vogt:** Könnt ihr euch erinnern, wie ihr angefangen habt, kindzentriert zu denken?

**Helke Klein:** Bei meiner Tochter habe ich gelernt, in schwierigen Situationen zu überlegen, wie würde *mir* es jetzt gehen, wenn Erwachsene so oder so reagieren würden, z. B. bei den „berühmten" Ratschlägen, die Eltern gern gegeben werden, das Kind – als „Erziehungsmaßnahme" – nachts schreien zu lassen. So etwas konnte ich nicht annehmen, weil ich mir vorgestellt habe, wie es mir selber ginge. Später habe ich das dann auch bei den Kindern so gemacht, mit denen ich gearbeitet habe.

**Rosy Henneberg:** Ich habe als Kind viele Möglichkeiten gehabt, draußen aufzuwachsen, Ideen umzusetzen und hatte Eltern, die wirklich darauf eingegangen sind, die mit mir Sachen neu erfunden haben. Wir sind dabei sehr kreativ mit Ideen umgegangen und haben immer etwas erfunden, um weiter spielen zu können.

Bei mir fing das, was du, Helke, von eurer Tochter erzählt hast, im Vorpraktikum an, wo ich oft gemerkt habe, das hier würde mir als Kind nicht gefallen. Ich hatte da so Überwachungsaufgaben angetragen bekommen, z. B. dauernd Muggelsteine aufzulesen oder zu basteln, weil die Fenster geschmückt werden müssen. Und die Kinder, die gerade etwas spielen wollten, sollte ich als Praktikantin bitte schön zur Ordnung rufen, denn jetzt wird etwas anderes gemacht! Das war wirklich schrecklich. Ich habe eine lange Zeit unterschwellig probiert, dagegen zu steuern und auf die *Kinder* zu hören; völlig unreflektiert, einfach aus einem Solidaritätsgefühl heraus, weil es sonst keiner gemacht hätte. Das war wirklich das Bemühen, Kinder verstehen zu wollen und das weiterzugeben, was ich selbst als Kind erfahren habe.

**Lothar Klein:** Für mich war die Entwicklungspsychologie wichtig, ganz speziell Piaget. Von ihm habe ich gelernt, dass Kinder anders denken als Erwachsene. Egal, ob Piagets Untersuchungsergebnisse nun stimmen oder nicht: Er hat meinen Blick auf die Kinder verändert. Ich konnte besser verstehen, was ich mir bis dahin nicht erklären konnte. Das ist auch ein Verstehen von anderen Sprachen. Wir übersetzen das, was Kinder sagen, normalerweise sofort in unsere Sprache, weil wir schnell handeln. Die Sprache stehen zu lassen, das authentisch zu nehmen und nicht zu deuten und zu übersetzen, ist die Kunst. Man darf sich nicht sofort „pädagogisch" darauf stürzen. Aber wie lernt man, die Sprache der Kinder zu hören? Für mich liegen Zugänge schon in meiner Biografie. Ich würde es so beschreiben, dass ich sehr viele Gelegenheiten hatte, mich in andere hineinzuversetzen. Das war eine Fähigkeit, die bei mir als Kind gefordert war – zu hören, was andere von mir wollen. Das war eine wichtige Übung.

**Herbert Vogt:** Bei mir klingt auch viel Biografisches an. Ich habe, das kann ich wirklich sagen, eine sehr schöne Kindheit gehabt, war aber in der Schule in der sozialen Rangordnung eher weiter unten und habe auch darunter gelitten. Ich habe in meiner Anfangszeit in der Arbeit mit Kindern meine biografischen Erfahrungen verarbeitet, indem ich mir gesagt habe: Ich möchte mich dafür einsetzen, dass Kinder eine schöne Kindheit haben und die Dinge auch erleben können, die ich toll fand. Also aufgrund von positiven und negativen Vorerfahrungen entwickelt sich eine Motivation, sich als Lobby für Kinder einzusetzen. Das ist schon die halbe Miete hin zu einer reflektierten Kindzentrierung.

## Erwachsene sind nicht selbstverständlich wichtiger

**H. K.:** Es hat sicher etwas mit der eigenen Biografie zu tun. Ich habe auch immer irgendwie beobachten müssen, wie die Erwachsenen reagieren, damit ich nicht in die Bredouille komme. Ich musste immer auf der Hut sein und Acht geben, was ich mache und was ich nicht mache, weil das sofort bewertet und auch bestraft wurde, wenn es den Erwachsenen nicht gefallen hat. Vielleicht entwickelt man da so ein Feingefühl, sich auf Situationen und Personen besser einlassen zu können. Ich wollte auf keinen Fall, dass Kinder, mit denen ich – privat oder beruflich – zu tun habe, vor mir auf der Hut sein müssen …

**L. K.:** Dieses Solidaritätsgefühl gegenüber den Kindern hat bei mir auch eine große Rolle gespielt. Was ich ganz früh schon hatte, war ein Gespür dafür, dass Erwachsene nicht mehr wert sind als Kinder. In meiner Kindheit waren Erwachsene ganz selbstverständlich wichtiger als Kinder. Ich musste den Kindern einfach zu ihrem Recht verhelfen und diese Selbstverständlichkeit infrage stellen. Dass man Kindern unterstellt, sie seien berechnend, würden aus Bosheit lügen, nur träumen, uns austesten, nur fantasieren oder mit voller Absicht provozieren, das alles hat sich noch nie gedeckt mit dem, was *ich* bei Kindern gespürt habe.

**H. K.:** Auf Seiten der Kinder zu stehen, wie das gelingen kann, haben mir auch die Geschichten von Astrid Lindgren gezeigt. Hier gab es nun eine Erwachsene, die in der Lage ist, sich in kindliches Denken hineinzuversetzen und das in keiner Weise bewertet, sondern für sich stehen lässt. Die Erwachsenen sind wohlwollend dabei, aber sie mischen sich nicht ein. Das war für mich auch immer ein Ziel, so zu sein wie die Erwachsenen bei Astrid Lindgren; mal von der Pippi Langstrumpf abgesehen, da sind sie alle ziemlich doof.

**R. H.:** Ich habe in der späteren Schulzeit viel Angst gehabt, Angst vor mächtigen Lehrern, Bewertung und Abwertung. Ich will den Kindern solche Ängste nehmen. Ich hoffe auch, wenn sie bei uns im Kindergarten erfahren können, dass sie ernst genommen werden, dass auf ihre Ideen gehört und ihnen bei deren Umsetzung geholfen wird, dass sie also wichtige Persönlichkeiten sind, dass sie dann in der Schule anders mit ihren Ängsten umgehen werden.

**H. V.:** Mit Angst kann man grundsätzlich in zweierlei Weise umgehen: Man kann selbst ein mächtiger Erwachsener werden und Kinder beherrschen wollen oder sich davon gerade abgrenzen. Das Verbindende an uns ist wohl ein Stück Machtverzicht.

**L. K.:** Für mich resultierte der eigene Machtverzicht aus einer diffusen Hoffnung, dass Macht vielleicht gar nicht nötig sein könnte, Anerkennung und einen Platz im Leben zu erhalten. Heute würde ich sagen, es ist die Hoffnung auf eine bessere Verteilung von Macht. Es ist der Verzicht, Macht auf Kosten Anderer auszuüben. Ich hatte immer ein kritisches Verhältnis zu den Mächtigen. In meiner Jugend, in den sechziger Jahren, war die Macht der Erwachsenen und später die des Staates und der darin enthaltene Normenkatalog ja ein Dauerthema für uns. Die Gestaltung der jeweiligen Hierarchien, der Umgang mit Macht, würde ich sagen, entscheidet sehr stark darüber, ob Kindern und auch jedem Anderen zugehört wird oder nicht.

## Wenn ich mich auf die Kinder einlasse, kommt etwas zurück …

**H. V.:** Wie wir sehen, entwickelt sich eine kindzentrierte Haltung allmählich. Es gibt auslösende Faktoren in der Biografie, es gibt aber auch Auseinandersetzungen in Ausbildung, Fortbildung, jetzt gerade unter uns, zwischen den Erwachsenen also. Das hat in unserem Fall dazu geführt, dass eine kindzentrierte Haltung sich immer weiter verfestigt hat. Also muss es doch eine Art von Bestätigung oder Erfolg gegeben haben.

**R. H.:** Ich habe mal mit Nino, der einen selbst gebastelten Stöpsel im Ohr hatte, etwas klären wollen, aber der sagte: „Ich kann nichts verstehen, weil ich ein Gerät im Ohr habe, für Geheimagenten der roten Gruppe, und nur mit denen kann ich jetzt reden." Da habe ich gefragt: „Also, es macht jetzt keinen Sinn, dass wir uns unterhalten, weil du mich nicht hören kannst?" – „Nein", hat Nino gesagt, „ich kann dich jetzt nicht hören". Fünf Minuten später kam er wieder zu mir und sagte: „Das Gerät ist jetzt aus, was wolltest du mir sagen?" – „Eigentlich hat es sich erledigt.", war meine Antwort. Zwei Minuten später kam der Daniel: „Du solltest in Zukunft auch so ein Gerät tragen, dann könnten wir uns immer unterhalten." Dieses Angebot habe ich dann gleich angenommen. Das machte mir sehr deutlich, warum ich sie hören kann, die Bedürfnisse der Kinder: weil ich in der Lage bin, dieses Ding den ganzen Tag im Ohr zu haben. Es ist ein Perspektivenwechsel, man *muss* einfach in andere Rollen gehen.

**H. K.:** Ich habe es zunehmend befriedigender erlebt, mich auf die Kinder einzulassen, ihnen genau zuzuhören, mitzubekommen, was sie beschäftigt. Ich hatte immer das Gefühl, ich bekomme viel mehr zurück, als wenn ich irgendwie oben drüber „pädagogisch" wirke, aber keinen echten Bezug zu den Kindern habe. Ich habe auch an mir gespürt, dass ich ein sehr starkes Interesse an den Kindern entwickele, an dem, was sie bewegt, wie sie ihre Gefühle, Gedanken und Ideen zum Ausdruck bringen. Das beschäftigt mich fortwährend im Alltag. Ja, und das führte dazu, dass ich immer besser zuhören kann, immer genauer hingucke und auch für mich selber Verhaltensweisen entwickele, die den Kindern nützlich und förderlich sind.

**R. H.:** Ich habe von Kindern und über Kinder auch in meiner Auseinandersetzung mit der Projektarbeit so viel gelernt, dass immer wieder das Aha-Erlebnis entstanden: Oh, was die alles wissen und wie die das angehen, und da kommt man eigentlich gar nicht mehr mit. Ich habe oft aufgeschrieben, was Kinder gesagt und getan haben, und fotografiert; da haben andere Leute nur den Kopf geschüttelt und mich gefragt: Was willst du eigentlich damit? Für mich war das sehr wichtig und ein toller Wendepunkt auch in meinem persönlichen Leben, nicht nur als Erzieherin. Ich kriege heute noch eine Gänsehaut, wenn ich an solche Situationen denke. Es ist bei mir wirklich Begeisterung über die Fragen und Ideen der Kinder entstanden. Aus Interesse und Spaß an der Sache tue ich bis heute die verrücktesten Dinge und staune immer wieder, was die Kinder daraus machen.

**L. K.:** Bei mir war es auch ganz simpel der Spaß, den ich daran gehabt habe, mit den Kindern gemeinsam etwas zu tun. Am Anfang waren es

Ferienlagergrüppchen, mit denen ich nicht nur Fußball gespielt, sondern auch ordentlich Blödsinn gemacht habe. Mit dem Fahrrad vom Sonnenberg bis in die Innenstadt zu rasen – das sind 10 km immer die Straße runter – war wirklich gefährlich. Und ich war dabei nicht nur Erwachsener, der da aus pädagogischen Gründen irgendetwas mit den Kindern macht, sondern ich hatte selber großen Spaß auf meinem Fahrrad, war also emotional selbst beteiligt.

**H. V.:** Ich hatte auch so Gänsehauterlebnisse, wenn ich mit Hortkindern z. B. Drachen und Heißluftballons bauen konnte oder Fußballturniere ausgerichtet habe. Das waren die eigentlichen Erlebnisse, wo ich nicht in der pädagogischen Rolle war.

**H. K.:** Ich bin ja keine gelernte Pädagogin, sondern als „Quereinsteigerin" über Einzelintegrationen in das Arbeitsfeld gekommen. Es gab gar keine Wahl als sich einfach auf das einzelne Kind einzulassen und zu gucken, wie entwickelt sich unsere Beziehung. Ich habe da ganz viel für mich gelernt. Für mich stand auch immer diese Begeisterung im Vordergrund, zu sehen, was das Kind für Kompetenzen hatte, obwohl es „entwicklungsverzögert" oder „behindert" war.

## Die pädagogische Rolle neu bestimmen

**L. K.:** Wobei es bei mir nie weg war, mich als Pädagoge zu fühlen.

**H. V.:** Das ist jetzt eine spannende Frage. Kindzentrierung bedeutet ja „Ent-Pädagogisierung" in dem Sinne, dass der Erwachsene nicht vorauseilt, alles besser weiß, das Kind bevormundet oder gar beherrscht. Aber man kann ja auch nicht sagen, dass Kindzentrierung die Abwesenheit von Pädagogik ist. Wie geht das zusammen, die unmittelbare Begegnung und trotzdem die Pädagogenrolle nicht ganz aufzugeben?

**R. H.:** Ich hatte einmal zwei Jahre lang ein autistisches Kind in der Gruppe gehabt. Natürlich habe ich da als Pädagogin gehandelt. Ich weiß, dass ich bei dem autistischen Kind als Pädagogin gefragt war: Wie wird es integriert? Ich hätte nie gesagt, dass ich die Pädagogenrolle aufgebe. Ich liebe sie sogar; aber nicht, während ich mit Kindern in Kontakt trete. Ich liebe es, mir hinterher Gedanken zu machen.

**H. K.:** Ich beobachte mich, wie ich in bestimmten Situationen mit dem Kind umgehe, stelle Reaktionsweisen von mir fest, die ich eigentlich ziemlich blöd finde und die ich dann verändere, aber dann ganz bewusst.

**L. K.:** Wir Erwachsenen haben nicht das Verlangen, uns gegenseitig zu verändern. Ich denke darüber nach, ich reflektiere das, ich mache mir z. B. Gedanken, wenn ein Freund Hilfe braucht. Aber ich habe nicht den Anspruch, ihn zu ändern. Ich kann ihn lassen, ich begegne ihm sozusagen auf einer gleichwertigen, wechselseitigen Ebene. Pädagogik heißt für mich, mich auch darin gegenüber Kindern fitter zu machen, also über Kinder besser reflektieren zu können.

**H. V.:** Ich glaube, das ist ein Schlüssel zu der Frage: Wie ist das Verhältnis zwischen dem unmittelbar Menschlichen und dem „Pädagogischen"? Ich denke, es ist das Gleichzeitige, die Fähigkeit „menschlich unreflektiert" zu handeln und sich gleichzeitig selber pädagogisch reflektiert in der Aktion mit Kindern zu sehen; nicht nur nachher, auch gleichzeitig.

**R. H.:** Aber vielleicht ist genau das der Punkt, dass man sich selbst in der Situation sieht und nicht das Kind, in das man da jetzt etwas hineindeuten müsste und das man verändern und erziehen sollte. Dieses Kind stehen lassen zu können, den Menschen stehen lassen können, aber sich selbst sehen, wo gibt es jetzt Bedarf und wo kann ich wie reagieren, wäre die kindzentrierte Rolle.

**L. K.:** Das ist eine hohe Anforderung, dass ich meine pädagogischen Bemühungen und Reflexionen auf mich selber richte und nicht auf das, was ich mit anderen tue.

**H. V.:** Ich richte sie auf mich selber und auf meine Interaktion mit dem Kind. Ich fülle die Rolle so aus, dass ich mich und mein Verhalten reflektiere und die Interaktion mit dem Kind in den Blick nehme.

**R. H.:** Das Kind steht da mit seinen Fragen und Bedürfnissen und du hörst zu und reflektierst dabei dich.

**L. K.:** Und es ist sogar so, dass die Kinder den Anlass geben, sich zu reflektieren. Ich weiß noch, dass wir uns sehr oft über unsere Tochter Lisa unterhalten und uns viele Gedanken gemacht haben, bei der Gesundheitserziehung angefangen. Aber der Anlass war immer, dass Lisa nicht so reagiert hat, wie wir es uns gedacht haben. Dann haben wir uns nie gefragt: Wie können wir sie da und da hin biegen? Vielmehr hatten wir immer die Fragehaltung: Was haben wir da vielleicht überhört, nicht gesehen? Wir haben uns viele Sorgen gemacht, aber die Reflexion hat sich auf unser eigenes Handeln gerichtet, nicht darauf, wie wir Lisa an unsere Ziele und Vorstellungen anpassen können.

Als Pädagoge ist man ja gezwungen, ständig zu handeln. Man kann nicht warten, bis man zu Ende gedacht hat, auch nicht, bis die Wissenschaft etwas zu Ende erforscht hat. Man macht also unweigerlich Fehler. Da bracht es eine Beziehung zum Kind, in der Fehler Platz haben, in der Erwachsene nicht als fertige Alleskönner auftreten. Ich habe die Beziehung zu unserer Tochter immer auch als Prozess *gemeinsamer* Veränderung betrachtet.

**H. K.:** Der pädagogische Anteil ist die bewusste, reflektierte Beziehungsgestaltung. Man ist ja nicht einfach als „Mensch" in der Beziehung mit dem Kind, sondern man hat ja eine Aufgabe. Das ist der Teil, den man ständig reflektiert.

**R. H.:** In diesen Situationen wird auch ein Stück Vertrauen geschaffen und die Gewissheit: Hier werde ich nicht bewertet. Da lebt einfach eine Beziehung. So empfinde ich auch die Kinder, wenn sie morgens kommen. Sie kommen zur Tür rein und haben oft schon eine Frage und gehen sofort in die Beziehung.

**L. K.:** Und sie sehen dich dann nicht als Pädagogin?

**R. H.:** Nein, und sie können es auch beschreiben. In dem Moment, wo ich wirklich in die pädagogische Rolle gehen und auch mit der Macht einmal anders umgehen und sagen muss: „So, Leute, so wird's gemacht.", sagt mir Sven, nachdem ich mich bei ihm entschuldigt habe, weil es eigentlich zu hart von mir war: „Das macht doch nichts, du bist manchmal die Erzieherin und dann bist du wieder die Rosy." Er kann das sehr klar auseinander halten, und das hat sich auch gar nicht auf unsere Beziehung ausgewirkt.

## Eine kindzentrierte Haltung entwickeln – aber wie?

**H. V.:** Wir haben beschrieben, wie wir zu einer kindzentrierten Haltung gelangt sind. Wir haben gesehen, dass Haltungen nicht einfach angenommen werden können. Sie müssen sich in langen Erfahrungsjahren entwickeln, brauchen Auseinandersetzung, Anregung, Fortbildung usw. Muss man sich darauf verlassen, dass Erzieherinnen von sich aus auf diesen Weg kommen oder gibt es doch die eine oder andere Möglichkeit, die Entwicklung von Haltungen zu initiieren und zu begleiten?

**R. H.:** Ich habe im Kindergarten eine Mutter, die sich sehr für unsere Arbeit mit den Kindern interessiert. Sie las ein Buch über Freinet-Pädagogik, nachdem ich es ihr empfohlen hatte. Sie hat selbst vier Kinder und schon oft den Wunsch verspürt, anders mit ihnen umzugehen. Sie traute sich zunächst nicht, darüber zu sprechen und versuchte daheim im Verborgenen manchmal, so zu handeln, aber oft auch mit einem schlechten Gewissen. Sie hat jetzt eine Bestätigung bekommen und kann plötzlich anfangen zu leben, was sie eigentlich schon gespürt hat.

**H. K.:** Man kann da bestärken, wo Ansatzpunkte und vielleicht Unsicherheit sind, aber auch darüber sprechen, wie es in der Praxis gelingt.

**H. V.:** Es braucht vielleicht eine minimale Suchbewegung. Menschen sind auf der Suche nach Antworten, wie diese Mutter, und dann fällt es auch auf einen fruchtbaren Boden, wenn ein Buch oder eine Fortbildung dazukommen. Entwicklung entspringt immer Reibung, Auseinandersetzung, Gegensatz …

**L. K.:** Aber es muss auch gelingen, andere Rolle einzunehmen. Teams könnten sich Jahrzehnte lang im Kreis drehen, wenn sie immer nur ihre eigene Sicht auf das Kind reflektieren. Einfach die gleiche Sache mal von der anderen Seite her zu betrachten, ob im Team oder im Alltag, dass ist es, was gelingen muss. Perspektivenwechsel, in die andere Rolle schlüpfen und mit den subjektiven Augen des Kindes die Welt sehen, anders kommt man zu keiner kindzentrierten Haltung. Es braucht Gelegenheiten zum Rollentausch. Da sind verschiedene Zugänge denkbar: eine Mediationsausbildung oder Ähnliches, Selbsterfahrung oder regelmäßige Supervision. Kognitive Auseinandersetzung reicht nicht aus. Es ist keine Frage von Überzeugung. Haltung verändern kann ich ja nur, wenn ich mich selber verändern will, und verändern werde ich mich nur, wenn ich mir davon etwas versprechen kann.

**R. H.:** Ich habe davon ganz viel für mich persönlich gehabt. Ich habe eine Menge dabei gelernt: mutig zu sein, hinaus zu gehen, mich etwas zu trauen, ein anderes Selbstwertgefühl aufzubauen.

**L. K.:** Was ganz weg ist: die Befürchtung, ständig etwas falsch zu machen. Ich glaube, ein Pädagoge, der sein Leben lang Kinder verändern will, macht immerzu die gleiche ernüchternde Erfahrung, nämlich dass er es nicht schafft. Die Folge sind Versagensgefühle und ständig wachsende Ungeduld den Kindern gegenüber. Das ist alles weg und Gelassenheit kehrt ein.

**H. K.:** Es ist doch ein Glück zu erleben, wie ein Kind sich entwickelt, aber auf seine Weise, und seine Erfahrungen macht und seine Erkenntnisse gewinnt.

**R. H.:** Ich kenne auch das Glücksgefühl, es geschafft zu haben, diese Situationen, wo meine Kollegin und ich jetzt sagen: Zum Glück waren wir nicht allein, wir konnten uns da gegenseitig bestärken, mussten nicht eingreifen, konnten es von der anderen Warte aus sehen, konnten die Kinder verstehen lernen. Welch ein Glück, dass wir es geschafft und nicht abgebrochen haben.

# „Sie sollen helfen, helfen, helfen."

## Ein Gespräch mit Kindern über ihre Erwartungen an Erzieherinnen

Helke, Lothar, Herbert und ich schreiben ein Buch über Kinder und über Erzieherinnen, die kindzentriert arbeiten. Kannst du dir vorstellen was das ist?

*Nein, was soll das denn sein?*

Es ist schwer zu erklären, ich versuch's mal so: Es sind Erzieherinnen, die den Kindern ganz genau zuhören und rauskriegen wollen, was Kinder gerne machen oder was sie für Ideen haben.

*Ach so, wie bei uns, wie bei dir und der Iris, aber nicht wie bei Tom im anderen Kindergarten, gell?*

Wisst ihr, was so Erzieherinnen können sollen? Was sollen sie machen oder wie sollen sie sein, damit sie den Kinder zuhören und ihre Ideen rauskriegen können? Fällt euch da was ein? Vielleicht können wir es dann im Buch aufschreiben, damit andere Erzieherinnen es lesen können.

*Und damit die dann auch so sein können, wie wir es wollen?*

Damit sie erst mal lesen können und sich überlegen können, ob sie so sein wollen, wie ihr es gerne hättet. Also, wer jetzt mitmachen will, kann das tun. Ich schalte mein Handy ein und ihr könnt nacheinander reinsprechen. Das Handy nimmt alles auf und ich kann es dann zu Hause abschreiben.

*Können wir es auch mal hören, weil lesen kann ich ja nicht im Buch.*

Hören können wir es jetzt nicht, aber ich kann euch später vorlesen, was ich abgeschrieben habe und ihr könnt mir sagen, ob es so richtig ist, fürs Buch.
Was müssen sie also können oder machen, die Erzieherinnen, die euch gefallen würden? Los geht's:

- Die müssen lieb sein.
- Und die dürfen nicht so mit Kindern brüllen.
- Sie sollen die Sachen vom Regal holen, wo die Kinder fragen müssen, ob sie es haben dürfen und wenn wir es haben dürfen, sollen sie es uns geben.
- Sie sollen den Computer anmachen, wenn wir es sagen.
- Sie sollen den Kindern helfen, wenn sie was nicht schaffen.
- Es soll den Erzieherinnen Spaß machen und den Kindern auch, alles.
- Und wenn die Kinder nicht springen können, sollen sie ihnen die Hand geben.
- Und wenn die Kinder nicht mehr wissen, wo was ist oder wo sie was hingelegt haben, sollen sie mit suchen.
- Sie sollen alles so machen, wie wir es sagen.
- Sie sollen helfen, helfen, helfen.
- Und die Erzieherin soll nicht immer bestimmen, was heute gemacht wird, sonst macht das den Kindern auch keinen Spaß. So ist das bei Tom im Kindergarten nämlich.
- Sie soll uns im Stehen auf einem Pferd reiten lassen, wenn wir eins hätten, aber wir haben ja keins – hab ich dir doch schon mal gesagt.
- Die Kinder wissen auch allein, was sie machen wollen.
- Und sie soll nicht immer so früh „Aufräumzeit" sagen, da sind wir noch gar nicht fertig.

- *Und sie soll nicht sagen, dass ich nicht an den Fingernägeln kauen darf, wie meine Mama.*
- *Es muss ihr gefallen, dass alles nass ist.*
- *Sie soll gut hören.*
- *Sie soll gut und nicht böse sein, niemals.*
- *Sie soll uns tragen, wenn wir wollen.*
- *Die Gruppe soll schön sein und nicht so blöd mit nur so zwei oder drei Spielzeugen.*
- *Ja, es soll Vögel geben und Matratzen und Hängematten und Autos und Achatschnecken und die Puppenecke und unser Werkzeug und den Computer und alles, was es gibt eben.*
- *Sie soll Kinder mit aussuchen lassen, was ihnen gefällt.*
- *Sie soll sich um die Kinder kümmern, wenn sie weinen.*
- *Sie soll aufpassen.*
- *Sie soll Zeit haben.*
- *Sie soll für mich viel Zeit haben.*
- *Sie soll mir immer Glitzer geben, auch wenn er gleich leer ist.*
- *Sie soll aufpassen, dass die Kinder sich nicht schlagen.*
- *Sie soll nicht streiten.*
- *Sie soll helfen, wenn einer Hilfe ruft.*
- *Ja, aber sie soll die Kinder auch Sachen alleine klären lassen.*
- *Sie soll sich einmischen, wenn jemand echt Hilfe braucht. Wenn jemand weint oder ruft, dass er Hilfe braucht.*
- *Sie soll nicht hauen.*
- *Und nicht anschreien.*
- *Und sie soll wirklich gut hören.*
- *Sie soll mit mir Pipi machen.*
- *Sie soll bloß nicht so stressig sein wie meine Mama.*

**Rosy Henneberg** sprach mit Kindern der Roten Gruppe des Kindergartens am Stadtpark in Reinheim/Odenwald.

# Forschen, Lernen, Arbeit

**„Ideen findet man im Kopf oder
auf der Arbeitsbesprechung oder
man hat schon welche."**

*(Max, 5)*

Martina Armbruster

# Die Interessen der Kinder ernst nehmen

## Wie schon kleine Veränderungen große Wirkung haben können

In unserer Gruppe im Kindergarten stand ein Maltisch mit den üblichen Utensilien wie Papier, Kleister, Holzstifte und Wachsmalkreide. Gegenüber stand ein „Wasserfarbentisch". Die Kinder waren unzufrieden. Natürlich sagte das keiner, aber in bestimmten Situationen konnte man es deutlich spüren: Angefangene Bilder wurden schnell wieder in den Müll geworfen, an den Zeichnungen wurde herumgenörgelt und gestritten usw. So konnte das nicht weitergehen. In einem Interview fragte ich bei den Kindern nach:

„Wenn du Bestimmer wärst, was würdest du bestimmen in unserem Kindergarten?"

„Was gefällt dir gut im Kindergarten?"

„Was gefällt dir nicht so gut?"

Es stellte sich heraus, dass die Kinder unter anderem viel mehr Bastelmaterial und besonders eine größere Auswahl wollten als bisher vorhanden. Gemeinsam gingen wir in den Keller und schauten nach, was wir alles verwenden konnten. Es verbargen sich da unten und auch in unseren Schränken viele Schätze: Papier in allen Variationen, Kartons, Kork, Schachteln, Federn, Naturmaterialien, Bänder, Stoffe, Wolle, Klebebildchen, Etiketten und noch viel, viel mehr. Die Kinder entdeckten auch einen alten Tisch, an dem man herrlich arbeiten konnte – und vor allem nicht aufpassen musste. Wir schleppten alles in unseren Gruppenraum und richteten unseren Kreativbereich ganz neu ein. In Körben und Kisten sortierten wir gemeinsam unsere neuen Errungenschaften. Die Kinder wollten eine Ordnung, die jeder einhalten kann.

## Wichtig war unbegrenzter Materialzugang

Wie sollen wir mit dem Material umgehen und was ist den Kindern dabei wichtig? Die Schulanfänger wollten freien Zugang zu den Materia-

Luise, 3 Jahre, ist sauer: Sie möchte unbedingt neben Ricki, der Kleinsten der Gruppe sitzen, aber da sitzt schon Max. Am nächsten Tag verlangt sie gleich morgens, dass ich einen Zettel schreibe, auf dem steht, dass *sie* heute neben Ricki sitzt. Sie unterschreibt. Dass Luise mit einem „L" anfängt wie der „Löwe", weiß sie von den anderen Kindern, die es ihr auf der Anlaut-Tabelle gezeigt haben.

lien und wollten sich auch immer bedienen können, wenn sie es für nötig hielten. Die Kleineren sollten nach ihren Vorstellungen öfter fragen, ob sie etwas benutzen dürfen oder nicht. Es sollte allerdings genügen, wenn sie ein anderes Kind fragen; es musste nicht unbedingt die Erzieherin sein. Vor allem aber die Materialmenge sollte unbegrenzt sein: Jeder sollte so viel holen können, wie er brauchte. Aus dem Schrank und dem Keller wurde ständig neuer Nachschub besorgt. Für die Kinder war dies eine sehr wichtige Regelung.

Mit der Zeit ließ die erste „Bastelwut" natürlich ein wenig nach. Die Kinder aber haben gelernt, mit ihren Materialien umzugehen und sie auch einzuteilen. Dass der Vorrat nicht unerschöpflich ist, haben sie natürlich auch festgestellt. Für mich war das eine ganz neue Situation. Oft musste ich „beide Augen zumachen", weil ich mit einem Widerspruch in mir zurecht kommen musste: Auf der einen Seite habe ich gelernt, sparsam zu sein, auf der anderen Seite aber sollten die Kinder selbst Erfahrungen im Umgang mit dem Material machen können. Und, Kinder lassen sich von der Vielfalt des Materials anstecken und entdecken immer wieder neue Möglichkeiten, was sie damit tun können.

Das, was dabei heraus kam, überzeugte mich. Plötzlich entstanden viel schönere, interessantere Produkte und fantastischere Ergebnisse als bei den so genannten gezielten Beschäftigungen. Die Kinder berieten sich untereinander, beratschlagten, wie man das eine oder andere machen könnte und wie das Material herbeigeschafft werden könnte. Sehr schnell lernten sie zu kooperieren, zu fragen, zu organisieren und ihre Angelegenheiten auch in eigener Verantwortung zu managen.

Verschiedene Farben – Wasserfarben, Window-Colors, Fingerfarben, Holz, Wachsfarben, Filzstifte und Glitzerfarben – wurden zusätzlich angeschafft. Im Raum entstand eine Arbeitsatmosphäre: ein eifriges Schaffen, Harmonie und Ausgeglichenheit. Auch andere Dinge wurden nun für die Arbeit gebraucht und benutzt. Nichts mehr wurde zu schnell weggeworfen, sondern erst einmal daraufhin überprüft, ob es am Basteltisch noch eine Verwendung haben könnte. Eine Mutter brachte uns Perlen und kleine „Edelsteine" mit, wieder eine andere Perlgarn und Restbestände aus einem Bastelgeschäft. Plötzlich dachten alle mit. Auch meine Kollegin beteiligte sich mit Eifer.

## Dokumentation der Arbeit

Wir begannen, unsere Arbeit mit Fotos zu dokumentieren. Die Kinder erkannten sich in ihren Werken wieder. Die Experimentierfreude wuchs täglich. Schon *ganz kleine Veränderungen* hatten bewirkt, dass die Kinder

– neue Arbeitsideen entwickelten und ausprobierten,
– das soziale Zusammenspiel in eigener Verantwortung zu regeln begannen,
– die Kooperation untereinander organisierten,
– sie Erfahrungen mit Grenzsituationen machen konnten,
– sich die Arbeitsmöglichkeiten gründlich verbesserten und
– sich auch die Rolle der Erwachsenen verschob: von der Vormacherin und Vordenkerin hin zur unterstützenden Begleiterin und Ermöglicherin.

Und noch etwas ist mir klar geworden: Unsere eigene Interpretation der Materialbehandlung als „Verschwendung", „unsachgemäße Benutzung" oder gar „Missbrauch" verhindert, dass Kreativität überhaupt aufkommen kann. Schließlich kennt auch Kunst keine Materialgrenzen. Über meine persönlichen Empfindungen konnte ich mit Kindern jederzeit gut ins Gespräch kommen. Sie hörten (fast) immer zu und suchten nach Lösungen für mich.

**Martina Armbruster** ist Erzieherin und Fachkraft für Kindzentrierung/ Freinet-Pädagogik. Sie arbeitete vor ihrem derzeitigen Erziehungsurlaub im St. Franziskus-Kindergarten in Neuthard.

Rosy Henneberg

# Die Erfindung der weißen, klebrigen Masse

## oder: Wie aus mir eine Erfinderin wurde

Im Herbst 2002 herrschte in unserer Werkecke tagelang Hochbetrieb. Lars und Michi, beide fünf Jahre alt, hatten vor einiger Zeit eine Falle gebaut, die „alles fangen kann": ein Gebilde aus starkem Draht, umwickelt und verwoben mit unterschiedlichsten Wollfäden, fest installiert an der Werktischseite. Immer wieder wurde daran weiter gearbeitet. Neue Fäden wurden gespannt, und es wurde ausprobiert, was man alles mit diesen Fäden fangen kann. Werkzeuge, Stifte, Scheren und selbst das Nutellaglas vom Frühstückstisch wurden umwickelt und eingefangen. Nun begannen Lars, Sven, Nino, Colin und Michi, unseren Kleister in große Joghurtbecher zu füllen, Farbe kam hinzu, alles wurde umgerührt, und schon konnte man mit diesem Gemisch die Falle „betanken", wie es die Kinder nannten. Der gefärbte Tapetenkleister floss langsam durch die Wollfäden der Falle und wurde unten von einer Wanne wieder aufgefangen.

## „Verschwendung" oder notwendiger Materialverbrauch?

Wieder ein paar Tage später wurde unter den Kleister Holzleim gemischt, jetzt allerdings ohne Farbe; durch den Leim färbte sich der Kleister weiß. Bei dieser Arbeit wurde sehr großzügig mit unserem Holzleim umgegangen. Wir machten die Kinder darauf aufmerksam, dass sie bitte vom Leim nur wenig nehmen sollen, da er sehr teuer sei und wir deshalb sparsam damit umgehen müssten. Die Kinder hatten verstanden, stimmten sogar zu, benutzten den Holzleim aber dennoch genauso großzügig weiter. Auch am nächsten Tag war von einem sparsamen Umgang mit dem Holzleim nichts zu spüren. Noch einmal versuchten wir unser Glück und erklärten unser Anliegen, dieses Mal etwas entschiedener. Aber schon nach kurzer Zeit floss wieder reichlich Holzleim in den Kleister. Meine Geduld näherte sich langsam ihrer Grenze.

63

Im März 2002 beginnt Lars mit dem Bau der Falle, die alles fangen kann. Er befestigt sie am Werktisch. Schnell findet er Verbündete, die sich am Fallenbau beteiligen.

Die Falle, die alles fangen kann, nach ihrer Fertigstellung im März 2002. In unterschiedlichen Zeitabständen wird immer wieder an der Falle weiter gearbeitet, sie wird ständig verändert.

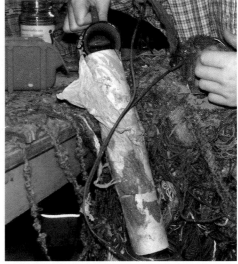

Im Oktober 2002 wird die Falle um ein Rohrsystem erweitert, das das „Befüllen" bzw. „Betanken" der Falle erleichtern soll.

Die Falle kann jetzt „betankt" werden. Es wird weiter an ihr gearbeitet. Sie existiert bis heute und die Kinder wissen noch, wer sie gebaut hat.

Sollte ich aufhören zu reden und den Holzleim einfach wegstellen? Welche Möglichkeiten blieben mir sonst noch? Klar war, dass ich wirklich keine Verschwendung unseres Holzleims wollte. Doch genau das war der Punkt, der mich zweifeln ließ. Wurde der Leim tatsächlich „verschwendet"? Oder war er für etwas bestimmt, wovon ich keine Ahnung hatte? Hatten die Kinder vielleicht seine Bestimmung verändert und benutzten ihn nun in einer für sie durchaus sinnvollen Weise, die bloß ich nicht verstand? Die Kinder arbeiteten zu diesem Zeitpunkt schon drei Tage intensiv an ihrer neuen Kleistermischung. Und sie machten keinesfalls den Eindruck, dass sie absichtlich etwas verschwenden wollten. Es sah einfach so aus, als ob sie meine Bitte immer wieder vergessen würden. Man könnte auch sagen: Sie passte irgendwie nicht zu ihrem Vorhaben, von dem sie nicht lassen wollten.

## Auf der Suche nach dem Sinn

Bei einem Gespräch mit meiner Kollegin problematisierte ich die Situation: „Was ist das denn, dass sie so gut wie gar nicht auf meine Bitte reagieren und einfach weiter arbeiten? Es muss doch zu schaffen sein, Kinder zum sparsamen Gebrauch eines teuren Materials anzuhalten. Und sie sind doch sonst nicht so!"

Irgend etwas musste passieren! Unsere Holzleimvorräte gingen dem Ende zu. Ich beschloss, einfach die Kinder zu fragen, weshalb sie sich nicht an meine Bitte halten können: „Leute, ich werde noch wahnsinnig. Jetzt habe ich so oft erklärt, dass ihr nicht so viel Holzleim verbrauchen sollt. Woran liegt es denn, dass ihr es offensichtlich hört, euch aber nicht daran halten könnt? Ich verstehe das nicht. Soll ich euch den Leim einfach wegnehmen? Wer kann mir erklären, was hier los ist?" So hatte ich mir alles von der Seele geredet. „Bitte, ich versuche, nicht ärgerlich zu sein, aber helft mir, euch zu verstehen. Vielleicht können wir zusammen eine Lösung finden."

Daraus entwickelte sich der folgende Dialog:

Sven: *„Kauf doch einfach neuen Holzleim, wir brauchen ihn eben."* – „Dazu haben wir echt kein Geld, der Holzleim ist einfach zu teuer. Wofür braucht ihr ihn denn so dringend, denn dass es euch dringend ist, kann ich sehen?"

Eigentlich hatten sie keine Zeit ihre Arbeit für weitere Erklärungen zu unterbrechen, auch das konnte ich sehen. Die weiße Masse musste ständig gerührt werden, in mehreren Töpfen gleichzeitig. Das verlangte höchste Konzentration, denn im entscheidenden Moment musste alles in die Falle gefüllt werden.

Ich schaute eine Weile aus nächster Nähe zu und fragte schließlich: „Was ist das eigentlich, was ihr da in die Falle füllt?" – Lars: *„Gift."* – „Macht ihr Gift aus Kleister und Holzleim?" – *„Ja."* – „Kann man Gift auch aus was Anderem machen?" – *„Nein, es muss weiß sein und kleben."*

Ich hatte einen Weg gefunden, unser Dialog kam in Gang. „Muss es einfach nur weiß und klebrig sein oder muss es auch Holz kleben können?" – *„Die Falle ist doch gar nicht aus Holz."* – „Also, es muss ganz bestimmt nur weiß sein und kleben?" – *„Ja."* – „Kann ich was Weißes, Klebriges erfinden und könnt ihr dann ausprobieren, ob ihr es als Gift verwenden könnt, genauso gut, wie eure Mischung aus Kleister und Holzleim?"

Ich hatte jetzt eine Idee. Sven wandte sich mir in diesem Augenblick interessiert zu: *„Kann ich miterfinden?"* – „Ich habe schon eine Idee, aber du kannst mir helfen, meine Giftidee zu verwirklichen."

Ich besorgte uns einen großen Joghurtbecher und erklärte: „Wir machen ihn jetzt mal fast voll, nur mit Kleister." – *„Dann wird´s doch gar kein Gift, es muss doch weiß sein."* – „Eben, und jetzt kommt meine Erfindung. Wir machen mal ein paar Spritzer weiße Farbe rein. Kannst du jetzt mal rühren. Gift rühren, das muss man nämlich können."

Sven rührte und rührte, und die eben noch durchsichtige Masse wurde schließlich weiß. Wir hielten das „Origal-Gift" dagegen und verglichen. Man sah so gut wie keinen Unterschied. Nun musste die Masse noch an der Falle getestet werden. Lars übernahm diese Arbeit und schüttete die „weiße, klebrige Masse" voller Konzentration in seine Falle. Wir konnten alle zusehen, wie sie sich um die Wollfäden zog und langsam durch das Wollgeflecht nach unten ablief.

*„Funktioniert"*, war sein Kommentar. „Heißt das, ihr könntet jetzt das Gift auch aus Kleister und Farbe herstellen? Und wir könnten so den teuren Holzleim sparen?", war meine Frage. *„Ja, wenn wir die Farbe haben dürfen."* – „Heißt das, ich hab was richtig Gutes erfunden?" – *„Ja, ja, aber jetzt gib schon die Farbe her, wir wollen weiter machen."*

## Die Erfindung verselbstständigt sich

Für die Kinder war meine Erfindung nicht besonders aufregend. Sie erfinden täglich etwas, probieren aus, verwerfen und legen von Neuem los. Doch für mich war es ein richtiger, weiterer Meilenstein in der kindzentrierten Arbeit: Von der Erzieherin zur Erfinderin, so empfand ich meinen Entwicklungsschritt. Und ich war richtig stolz auf mich. Ich hatte etwas erfunden, aus eigenem Antrieb. Am nächsten Tag rührte ich voller Freude einen großen Eimer meiner Erfindung an: die „weiße klebrige Masse" war nun Bestandteil unserer Werkecke.

**Das Rezept der rosa Kunst von Michi und Milena:**

„Zuerst kommt Kleister in eine Schüssel. Dann musst du so weißen Kleber drauf machen, so aus Kleister und weißer Farbe. Dann musst du rühren und alles auf die Heizung stellen, über Nacht. Vorher musst du auch noch rote Farbe rein machen, bis es so rosa wird. Bevor wir vom Kindergarten nach Hause gehen, muss es jetzt auf die Heizung. Du kannst es jeden Tag umrühren und noch Sachen rein tun. Wenn es so ist, wie man es will, muss man es trocknen lassen und nicht mehr rühren. Dann kann man es raus nehmen und aufhängen oder hinlegen. Und das ist das Rezept, ein sehr gutes Rezept."

Und dann begannen auch die Kinder wieder zu experimentieren. Sie erfanden meine Erfindung nach und schon in kürzester Zeit hatten wir viele Becher, voll mit dem neuen „Gift". Wochenlang wurde damit gearbeitet. Es wurde immer wieder neu angerührt und auch mit anderen Materialien verfeinert. Jessi zum Beispiel, vier Jahre alt, kochte auf der Grundlage der Kleister-Farbe-Mischung in einer großen Schüssel „Hexensuppe". Hinein kamen Erbsen und Bohnen aus der Bastelecke, Vogelsand, Sägespäne und Glitzer. Alles wurde ausgiebig verrührt und mehrere Tage auf der Heizung „gekocht". Nebenbei wurde die Falle von den Jungen weiterhin mit dem „Gift" befüllt. Damit den Kindern immer ein Vorrat der „weißen klebrigen Masse" zur Verfügung stand, beschriftete Lars einen speziellen Eimer, in dem dieser von nun an aufbewahrt werden sollte.

Der Alltag ging weiter, meine Erfindung hatte darin ihren festen Platz. Eines Tages machten sich Michi und Milena daran, die „weiße klebrige Masse" weiter zu entwickeln. *„Wenn wir bald in die Schule gehen, hast du vielleicht niemanden mehr, der so gut erfinden kann wie wir."* Sie färbten den Kleister erst weiß und dann, mit Hilfe von ein paar Spritzern rot, rosa. Damit veränderte er sofort seine Bedeutung: Er wurde zur „rosa Kunst von Michi und Milena". Ich bekam das Rezept übereignet mit den Worten: *„Wenn du mal keinen mehr hast, der so was erfinden kann, kannst du nachgucken, wie es geht."*

Die rosa Kleistermischung wurde dünn in kleine Plastikschalen gefüllt und auf der Heizung getrocknet. Nach ein paar Tagen konnte man die Masse wie eine Folie abziehen. Jetzt war eine neue Idee geboren. Man konnte die verschiedensten Dinge „eingießen", trocknen, abziehen und erhielt so die unterschiedlichsten „rosa Kunstwerke". Zwei dieser rosa Kunstwerke befinden sich jetzt in meinem Besitz und ich bin tatsächlich froh, denn ich glaube nicht, dass sie so noch einmal erfunden werden.

Aus meiner Erfahrung mit Kindern weiß ich, dass viele ihrer Erfindungen einmalig sind. Sie führen jedoch fast immer zu Weiterentwicklungen und zu ganz neuen Erfindungen. Werden Kinder zum Erfinden ermutigt, werden sie kreativ, entwickeln ganz selbstbewusst eigene Ideen und sind stolz auf die Ergebnisse. Wenn sie für Erfindungen Aufmerksamkeit und Resonanz bekommen, lernen sie, dass man durch eigene Erfindungen etwas Eigenes in Bewegung setzen kann.

In Schweden ist sich auf diese Art eine richtige Kinder-Erfinder-Bewegung entstanden: „Snilleblixtarna", die „Geistesblitze"[1]. Landesweit stellen Kinder ihre Erfindungen aus. Das sind z. B. Kartenmischer, Zahnbürsten mit Spucknapf, Kleiderbügel für Kinder oder Armhalter für ermüdende Computer-Arbeit.

Erfindungen im Kindergartenalltag machen natürlich auch Dreck und Unordnung. Erwachsene neigen dann dazu, sie aus diesem Grund lieber vorzeitig abzubrechen oder erst gar nicht zuzulassen. Auch die Falle und ihr „Gift" war eine solche Erfindung. Der Sinn einer „Falle, die alles fangen kann", von „Gift", „weißer klebriger Masse" oder der „rosa Kunst" konnte sich mir nur erschließen, weil ich die Kinder bei ihrer Arbeit beobachtet, vor allem aber, weil ich sie erst einmal gelassen habe. Den Sinn ihrer Arbeit zu verstehen, das war die Voraussetzung dafür, mich schließlich selbst erfindend „einmischen" zu können. Mein ursprüngliches Anliegen, etwas sparsamer mit Holzleim umzugehen, hatte eine kreative Richtung bekommen, war aus der Verbotsecke heraus. Ganz neue Lösungen sind entstanden, die beide Anliegen – die Falle weiter füllen zu können und dennoch Holzleim zu sparen – vereinten. Es entstand sogar Raum für neue und überraschende Erfindungen. Mein Fazit lautet kurz und bündig: „Kinder, Kinder seid Erfinder, doch ihr Erwachsenen nicht minder!"

**Rosy Henneberg** ist Erzieherin und Fachkraft für Kindzentrierung/Freinet-Pädagogik in der Kindertagesstätte am Stadtpark in Reinheim/Odenwald.

[1] Im Internet unter http://bli.snilleblixt.nu nachzulesen.

Helke Klein

# „Kann das Gift hier stehen bleiben?"

## Die Entstehung eines Forscherkoffers

Tatort Schreibwerkstatt: Zum wiederholten Mal war Tinte vergossen, Druckerfarbe mit Leim, Glitzer und anderen Materialien aus dem Raum vermischt und über Papier, Wand, Tisch und Schreibmaschine verteilt worden. Nach der ersten Aufregung („Die teure Tinte!" – „So eine Sauerei!" – „Was habt ihr euch dabei gedacht?") begann das Nachdenken darüber, was die Kinder dazu veranlasst hatte. Als Verantwortliche für die Schreibwerkstatt habe ich mit den Jungen, die ohne weiteres zugaben, dass sie die Schreibwerkstatt „verwüstet" hatten, versucht, ganz ruhig zu reden. Das war fast nicht möglich, weil Özgün (7), Elias und Christopher (beide 6) ganz aufgeregt waren: Vor allem Christopher erzählte, dass er zuhause „Experimente" mache, dass seine Mutter die aber immer wegschütte; das würde ihm „total stinken", weil er doch wissen möchte, „wie das wird". Deshalb hätte er die Tinte und die Druckerfarbe aus der Schreibwerkstatt genommen, weil wir (die Erzieherinnen seiner Gruppe) das besser verstehen würden als seine Mutter. Es täte ihm sehr Leid, dass ich mich über ihn geärgert habe. Aber er ließ auch keinen Zweifel daran, dass es nicht doch wieder passieren könnte. Auch Özgün und Elias konnten nicht wirklich versprechen, dass der Forscherdrang nicht wieder mit ihnen durchgehen würde.

Nun saß ich da mit sehr widerstreitenden Gefühlen: Das Bedürfnis der Jungen, mit allem möglichen Material herumexperimentieren zu können, war ganz deutlich zu spüren, und ich wollte dem auch Raum geben. Andererseits war die Schreibwerkstatt nun mal die Schreibwerkstatt mit klar festgelegten Regeln, die ich auch nicht so ohne weiteres verändern wollte. Was also konnte ich tun? Zunächst einmal bat ich Christopher, Elias und Özgün, die Schreibwerkstatt in Ruhe zu lassen, und versprach ihnen, eine schnelle Lösung zu finden. Damit waren sie einverstanden, „… *wenn es nicht zu lange dauert* …" Meine Überlegungen gingen in die Richtung, etwas anzubieten, das das Bedürfnis der Kinder befriedigen würde, aber etwas Eigenständiges außerhalb der Schreibwerkstatt sein sollte.

## Vom Tablett zum Forscherkoffer

Zufällig hatte Christopher zwei Wochen später Geburtstag. Was lag also näher, als ihm zu diesem Ereignis Dinge zu schenken, mit denen er in aller Ruhe herumexperimentieren konnte, und zudem die Erlaubnis, es im „Schulkinderraum" zu tun: Christopher bekam als Geschenk von seiner Gruppe ein Tablett mit diversen Fläschchen, Kästchen und Gläsern, gefüllt mit Leim, Lebensmittelfarbe, Backpulver, Brause, Duftöl, Spülmittel, Mehl, Zucker, Luftballons, Gummiringen, Wattebällchen, Krepppapier, Strohhalmen usw. – und einem Schüttelbecher. Der „Forscherkoffer" war geboren! Christopher wusste sofort, was das Geschenk zu bedeuten hatte, konnte weder essen noch etwas trinken. Der Wunsch, sofort mit dem Experimentieren zu beginnen, war seinen Augen abzulesen. Mit Özgün und Elias im Schlepptau und der Erlaubnis, alles ausprobieren zu dürfen, was er will, zog er in den Schulkinderraum. Tagelang waren sie (sowie Jungen aus anderen Gruppen) nun mit ihren Experimenten beschäftigt. Bald roch der ganze Flur nach Pfefferminz- und Zedernöl, noch Wochen später standen Flaschen und Gläser mit nicht immer wohlriechendem oder appetitlich aussehendem Inhalt in den Regalen und dazu kam häufig die Frage: *„Kann das Gift hier stehen bleiben, weil wir wollen wissen, was dann passiert?"* Manchmal kippte auch etwas um, und die Erwachsenen brauchten gute Nerven, aber das tat der Experimentierlust keinen Abbruch! Dann hatte Elias Geburtstag, dann kam der Adventskalender mit Geschenken, dann hatte Özgün Geburtstag – und immer waren neue Materialien dabei, die Lust, den Dingen auf den Grund zu gehen, weiter anzutreiben: Thermometer, Lupe, Pipettengläser, Pinzette und immer wieder Materialien, die spektakulär mit anderen reagieren, vor allem Backpulver, Natron, Brause(tabletten). Bald wurden die Experimente nach draußen verlegt: Regenwürmer, Käfer, Erde und Pflanzen wurden mit der Lupe untersucht, „Backpulverbomben" gebaut und „gezündet". Auch wenn die Kinder bei ihren Experimenten nicht gestört oder bevormundet sein wollten, war es ihnen sehr wichtig, dass sie von den Erwachsenen Rückmeldung bekamen, etwa in Form interessierten Nachfragens, vorsichtiger Anregungen und des Mitfreuens über gelungene Versuche oder neue Erkenntnisse. Zum Beispiel, wenn sie herausfanden, dass es besser ist, die Backpulverbomben nicht rennend im Treppenhaus zu „zünden", sondern sie auf einen festen Untergrund zu stellen, weil man dann die „Explosion" besser beobachten kann. Oder dass Mehl und Wasser im richtigen Verhältnis einen

**Der Sauhaufen**

Ann-Katrin, vier Jahre alt, sitzt über einen Haufen Blätter gebeugt am Tisch. Sie fragt die Erzieherin: „Was soll ich mal malen?". Die Antwort lautet: „Vielleicht hat Julian eine Idee." Julian, 9 Jahre alt, schlägt vor: „Du kannst ja einen Sauhaufen malen." Ann-Katrin greift Julians Idee auf.

Am ersten Tag zeichnet sie die zwei äußeren Linien und die kleinen Punkte. Am zweiten Tag kommen die größeren Punkte hinzu. An den Rand des Bildes schreibt sie noch den Titel: „Der Sauhaufen".

Das Bild wird gerollt und soll mit einem Gummi zusammengehalten werden. Die Suche nach dem passenden Gummi dauert ca. 20 Minuten. Alle verfügbaren Gummis werden ausprobiert.

Ann-Katrin leiht „einen Tag lang" einer Erzieherin ihr Bild, damit sie es kopieren kann. Dann verschwindet es „im Fach" von Ann-Katrin.

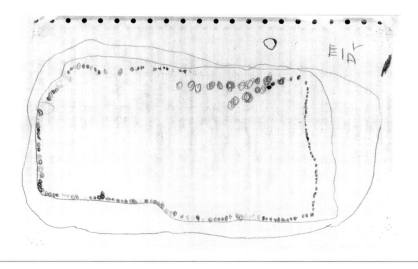

prima Klebstoff ergeben und dass Zucker sich viel schneller im Wasser auflöst als die gleiche Menge Salz. Oder wie viele Tropfen Spülmittel aus einer gefüllten Pipette kommen und wie viel Schaum ein Tropfen ergibt, wenn man ihn mit Wasser im Schüttelbecher schüttelt und ob das ausreicht, um Seifenblasen damit zu machen …

Aus dem Tablett ist inzwischen ein ganzer Forscherkoffer geworden. Das Gute daran: Man kann ihn überall hin mitnehmen, wo man etwas erforschen will. Und man kann immer wieder neue Sachen hineinpacken und wundervolle Experimente machen.

## Was ist alles drin im Forscherkoffer?

Als Forscherkoffer eignen sich prima stabile Kosmetikkoffer oder vielleicht ein alter Zylinderkoffer vom Flohmarkt. Beide haben viele Schlaufen als Halterung für die vielen Dinge, die ein Kind fürs Experimentieren und Forschen braucht, wie zum Beispiel:

- Kochlöffel
- Messer, Gabel, Löffel
- Scharfes Messer
- Schere
- Strohhalme
- Wattebällchen, Watte
- Gummis jeder Art und Größe
- Schmirgelpapier
- Luftballons
- Eine Kramkiste mit Kleinteilen (Schrauben, Nägel, Dübel …)
- Plastiktütchen und -schalen jeder Art
- Handquirl
- Teller
- Schälchen
- Lupen jeder Art
- Gläser jeder Art
- Pinsel jeder Art
- Krepppapier
- Pipetten und Pipetten-Gläser (gibt's in Apotheken)
- Streichhölzer
- Lebensmittelfarben
- Meterband
- Waagen jeder Art
- Thermometer
- Magnete
- Kleber, Holzleim, Kleister
- Pinzette
- Korken
- Tinte
- Kerzen, Wachs
- Duftöle
- Kaiser-Natron
- Backpulver (viel)
- Soda
- Spüli (viel)
- Körner jeder Art
- Gelatine, Geliermittel
- Puddingpulver
- Sahnesteif
- Zitronensäure
- Weinstein
- Talkum
- Waschmittel
- Farbkasten, Farben
- Rührstäbchen
- Nudeln
- Erde aller Art, Sand
- Haferflocken
- Büroklammern
- Seil, Wolle
- Kreide
- Essig
- Moltofill
- Zucker
- Salz
- Gummibärchen

**Helke Klein** ist Diplom-Bibliothekarin, war bis 2002 pädagogische Fachkraft in einer Wiesbadener Kita und leitet heute eine Stadtteilbibliothek in Wiesbaden.

Iris Wagner

# Warum hat eine Spülmaschine kein Guckloch?

## Sven entdeckt und verfolgt eine wichtige Frage

Es ist ein ganz normaler Vormittag. Ich stehe in unserer Kindergartenküche und räume das Frühstücksgeschirr in den Geschirrspüler. Sven kommt herein. *„Na, was machst denn du da? Räumst du die Spülmaschine ein? Ich helfe dir."* Hilfsbereit nimmt er Teller und Tassen und stellt sie in den Geschirrkorb. Dabei entdeckt er den beweglichen Sprüharm. Zunächst dreht er ihn ganz vorsichtig mit einem Finger: *„Kann man das Ding da drehen, den Propeller mein' ich?"* Und schon dreht er weiter, diesmal mutiger und mit mehr Schwung. *„Dreht sich der Propeller auch, wenn die Maschine läuft?"* Diese Frage kann ich ihm zwar beantworten, aber sehen kann er es natürlich nicht: *„Ah ja, wir können ja nicht durch des Metall hier gucken."* Sven hält sich den Finger an den Mund, eine Geste die er oft macht, wenn er nachdenkt. *„Kann man das dann sehen, wenn man die Tür aufmacht und reinschaut?"*

Wir überlegen, dass wir das gleich selbst ausprobieren können, wenn das Geschirr eingeräumt ist und wir die Maschine angestellt haben. Sven ist begeistert und zunächst umso mehr als es ordentlich spritzt, während wir die Tür kurz öffnen. *„Aber man kann ja gar nichts sehen, weil es so spritzt und weil es gleich wieder aufhört und weil sonst des ganze Wasser rausfließen würde, auf den Boden und durch den ganzen Kindergarten, raus bis auf die Straße!"* Sven öffnet und schließt die Türe noch einige Male und meint: *„Ei, da ist so was drin da unten, so ein Mechanismus, so'n kleines Ding, das macht, dass der Propeller aufhört so zu drehen, wenn ich die Tür aufmache. Aber dann kann man ja gar nicht sehen, wie der Propeller sich dreht und so. Und das Spülen kann man auch nicht sehen!"*

Sven untersucht die wieder geschlossene Tür. Er fragt nach der Bedeutung der einzelnen Schalter und Lämpchen, die zu diesem Zeitpunkt leuchten. Er will wissen, warum sie leuchten und wann sie leuchten. Nach einer Weile fragt er: *„Und warum ist denn da keine Glasscheibe davor, dass man da reinschauen kann? Dann könnte man doch den Propeller sehen, wie der sich dreht und Wasser schleudert, so piuu, piuu. Das wär' doch*

73

*lustig und man könnte auch sehen, wenn er kaputt ist und sich nicht mehr dreht, und auch ob das Geschirr schön sauber wird."* Sven sieht sich in der Küche um und stellt fest: *„Weil der Backofen und die Mikrowelle, die haben doch auch so eine Glasscheibe davor und die Waschmaschine, ei, da kann man doch auch reingucken."*

## Ein Brief an den Hersteller

Ehrlich gesagt fände ich es auch ganz lustig, der Spülmaschine bei ihrer Arbeit zuzuschauen. Wir unterhalten uns also noch eine Weile weiter darüber. Ich erzähle Sven von einem Vorführgerät in einem Kaufhaus, das vorne eine Glasabdeckung hatte, so dass man tatsächlich sehen konnte, wie die Maschine innen arbeitet. Da es also Glasscheiben auch für Spülmaschinen gibt, fragen wir uns weiter, warum unsere keine hat. Bei unseren Überlegungen, wer die Frage beantworten könnte, kommt mir die Idee, an die Herstellerfirma der Spülmaschine einen Brief mit Svens Fragen zu schreiben.

Er nimmt meinen Vorschlag begeistert auf und ruft: *„Ich hab' auch die Idee wie das aussehen muss, damit man den Propeller sehen kann und das alles innen drin."* Er holt sich einen Stift und ein Blatt und bringt seine Vorstellungen aufs Papier. Wir beschließen, Svens Zeichnung und einen Brief an die *„Firma, die sich so Spülmaschinen ausdenkt"*, zu schicken.

Am Computer in unserer Gruppe diktiert Sven mir den folgenden Brieftext: *Ich heiße Sven und bin fünf Jahre alt und gehe in den Kindergarten (am Stadtpark in Reinheim). Ich bin gerade in der Küche im Kindergarten. Können Sie mal eine Spülmaschine mit einer Glasscheibe davor machen? Ich frag´ mich, warum die überhaupt keine Glasscheibe davor haben. Weil ich wissen will, wie die Propeller sich drehen, weil, wenn man die Klappe aufmacht, hört sie sofort auf zu spülen. Warum haben Herde und Waschmaschinen so eine Glasscheibe davor und Spülmaschinen nicht? Warum haben Spülmaschinen eine Metallklappe?*

Wir besorgen uns die Firmenadresse und schicken Svens Brief samt Zeichnung ab. Ein paar Wochen später kommt ein Anruf im Kindergarten an, für „Herrn Sven". Zu diesem Zeitpunkt hatte Sven seinen Brief schon länger nicht mehr erwähnt. Nun wurde natürlich seine Erinnerung wieder wach. *„Dass die nach so einer langen Zeit noch an uns gedacht haben. Ei, ich hab' schon gedacht, die hätten uns vergessen!"* Sven freut sich sehr. Die Kundenbetreuung des Spülmaschinenherstellers hat seinen Brief erhalten und möchte einen Monteur vorbeischicken, der kurzfristig zu Demonstrationszwecken eine Glasscheibe anbringen wird. Sven ist sehr stolz, mit seinen Fragen so ernst genommen zu werden. So ernst, dass als Antwort nicht ein freundlich förmlicher Brief, sondern ein leibhaftiger Handwerker, ein echter Monteur, zu ihm in den Kindergarten kommt. Die Bestätigung die Sven dadurch erhält, ist sehr wichtig für ihn. Inzwischen sind auch andere Kinder neugierig geworden. Sven berichtet, dass ein Mann mit einer Glasscheibe für die Spülmaschine kommt und jetzt endlich sehen kann, wie der Propeller sich in der Spülmaschine dreht.

## Der Monteur für „Herrn Sven" ist da

Ein paar Tage später: Herr M. ist da, mit der Glasscheibe für die Spülmaschine! Obwohl jetzt auch noch andere interessierte und neugierige Kinder in der Küche sind, besteht Sven darauf, das es sein Besuch ist. Ich beobachte, dass sich beide, Sven und Herr M. auf Anhieb gut verstehen. Für Sven ist da ein Mann, der sich mit der Technik gut auskennt, und Herr M. sieht sich einem interessierten Kind mit fachlichen Fragen gegenüber. Herr M. ist Sven gegenüber sehr aufgeschlossen und bezieht ihn partnerschaftlich in seine Erklärungen ein. Das erleichtert es Sven, ebenfalls locker, freundlich und interessiert seine Fragen mit Herrn M. zu erörtern.

Herr M. montiert die Scheibe vor die Spülmaschinenöffnung und erklärt, dass er so eine Glasscheibe für Reparaturen öfter braucht, damit er sehen kann, ob innen etwas nicht richtig funktioniert. *„Das ist ja praktisch, dann kannst du das ja sehen, wo da der Fehler ist und ob was kaputt ist. Ah ja, dafür brauchst du die Glasscheibe."* Herr M. klärt auch die Frage, warum Geschirrspüler nicht serienmäßig mit einer Glasscheibe ausgestattet werden. Hätte die Spülmaschine eine Glasscheibe, so würde man nur die schmutzige Spülbrühe sehen und das wiederum würde den Spülmaschinenbesitzern bestimmt nicht gefallen. Das Glasfenster wäre auch nur klein, weil der restliche Platz für die Elektronik gebraucht wird, und außerdem wäre es ziemlich dunkel und man könnte dann sowieso nicht viel sehen.

*„Ach so ist das, aber dann kann man doch ein Licht einbauen, wie da im Backofen."* Herr M. weiß auch hierauf eine Antwort: eine Lampe in einer Spülmaschine ist wegen des vielen Wassers eine komplizierte An-

75

gelegenheit. Sie würde bestimmt schnell kaputt gehen und das würde auf Dauer teuer werden für die Menschen, die eine Spülmaschine mit Licht hätten. *„Schade"*, findet Sven, *„das wär' für mich aber trotzdem lustig geworden, wenn ich den Propeller immer sehen könnte."*

Damit sind für Sven die Fragen soweit geklärt, und er beginnt, sich für den Inhalt der Werkzeugkiste zu interessieren. Er stellt Herrn M. hierzu noch einige Fragen. Im Anschluss laden wir Herrn M. noch zu einer Tasse Kaffee in unsere Gruppe ein. Hier ist nun Sven der Fachmann. Er zeigt Herrn M., wo der Arbeitsplatz in der Werkecke ist, wo *unser* Werkzeug liegt und was man damit alles arbeiten kann, eben Sachen, die „richtige Männer" interessieren. Herr M. verabschiedet sich mit zwei dicken Tüten Luftballons für die Kinder, von denen eine, wie Sven zu Recht findet, ihm gehört, weil *er* ja schließlich den Brief geschrieben hat.

## Sich zurücknehmen: eine tägliche Übung

Ich möchte mich bei Sven für seine guten Fragen und Ideen bedanken. Mit ihm gemeinsam zu knobeln, zu denken und auch zu handeln, hat mir viel Spaß gemacht. Auch ich habe dabei nicht nur einiges über Spülmaschinen mit und ohne Glasscheibe gelernt. Sven (und natürlich gilt das auch für jedes andere Kind) hat mich wieder einmal erfahren lassen, dass die Fragen und die Themen der Kinder immer und überall zu finden sind. Wenn wir den Kindern das Wort geben, können wir sie auch hören. Und wenn wir sie hören, sollten wir, die Erwachsenen, unser Wissen vorerst zurückstellen und den Fragen der Kinder mit Achtung begegnen. Bei der gemeinsamen Suche nach Antworten sollten wir auf die Fähigkeiten der Kinder vertrauen. Es wäre so leicht gewesen, gleich nach Svens erster Frage eine schnelle Antwort zu geben. Es ist schwer, gehört aber zu meinen täglichen „Übungen", mich zurückzunehmen, um den Kindern die Möglichkeit zu geben, eigene Prozesse zu gestalten: Ausprobieren, eigene Ideen entwickeln, eigene Themen finden, Forschungen anzustellen, eigene Entdeckungen machen und dadurch wahrhaftige Bestätigung für ihr Handeln zu erlangen.

**Iris Wagner** ist Erzieherin in der Roten Gruppe der Kindertagesstätte am Stadtpark in Reinheim/Odenwald.

Rosy Henneberg

# Lars' Kakao-Erfindung

## oder: Wie wir fast eine große Entdeckung verpasst hätten

Eine typische Alltags-Situation am Frühstückstisch im Kindergarten: Wir essen täglich Haferflocken mit Milch und Kakao. Seit Tagen schon werden die Zutaten äußerst großzügig verbraucht und „zweckentfremdet". Die Kinder experimentieren mit einem Teil unserer Lebensmittel. Hauptinitiator dieser Forschungsarbeit ist Lars. Für uns Erwachsene ist das schwer zu ertragen: Milch, Kakao und Haferflocken quellen aus den Schüsseln und laufen über den Tisch. Auf unsere Frage, „ob das wirklich sein muss", antwortet Lars mit einem einfachen, klar und deutlichen: *„Ja!"* und arbeitet konzentriert weiter. Obwohl wir spüren, dass sein Tun für ihn selbst eine große Bedeutung zu haben scheint, halten wir die Situation nicht länger aus, setzen eine Grenze und verbieten das „Gepansche" am Frühstückstisch. Lars isst, scheinbar unbeeindruckt von unserem Verbot, weiterhin jeden Morgen seine Haferflocken, rührt und mischt alles in seiner Schale, bis es schließlich überläuft. Wie wir später von seiner Mutter erfahren haben, lässt er sich nun auch für zu Hause Haferflocken kaufen und erweitert damit seine Experimentiermöglichkeiten.

Eines Morgens erscheint er am Frühstückstisch und verkündet: *„Ich weiß es jetzt! Der Kakao kommt zuerst rein und ich mache es, weil sonst die Milch überläuft. Davor ist sie mir immer übergelaufen."* Auf meine Frage: „Wie meinst du das genau, ich verstehe es noch nicht richtig?" erklärt er mir: *„Also, wenn man den Kakao oben hin macht und die Milch drauf tut, dann kann sie immer überlaufen, so an der Seite."*

Klar, denke ich jetzt. Wenn man die Milch zu schnell auf den ölhaltigen Kakao gießt, verbindet sie sich nicht, sondern läuft nach unten ab und schwappt über den Rand der Schüssel. Das konnte ich gut nachvollziehen. Ich hatte mir bloß noch nie Gedanken über eine Lösung dieses Problems gemacht, außer dass ich immer versuche, die Milch langsam zu gießen. Ich habe mir nicht einmal die Frage gestellt, ob es eine andere Lösung geben könnte. Lars allerdings hatte diese eigene Frage

Eine Kakao-Erfindung von Lars.

„Der Kakao kommt zuerst rein und ich
Davor ist sie mir immer übergelaufen

„… dann die Milch."

„Wenn die Milch nämlich in die weic
kleines Loch und da passt mehr Milc

nach einer guten Lösung des Problems, verfolgte sie beharrlich und machte schließlich eine Entdeckung: *„Wenn die Milch nämlich in die weichen Haferflocken fließt, dann gibt es oben so ein kleines Loch und da passt mehr Milch rein und deshalb läuft sie nicht über."*

Mich hat er neugierig gemacht, und ich habe sofort ausprobiert, ob es funktioniert. Und tatsächlich: Man braucht die Milch jetzt auch nicht mehr langsam zu gießen, denn in die weichen Haferflocken fließt sie einfach so hinein. Nichts schwappt über, man hat die Sache voll im Griff.

…eil sonst die Milch überläuft.

„Dann die Haferflocken …"

…en fließt, dann gibt es oben so ein
…eshalb läuft sie nicht über."

„Das war's, probiers doch mal!"

„Wie bist du auf diese Idee gekommen?", wollte ich wissen. *„Ich mache es, weil sonst die Milch überläuft. Davor ist sie mir doch immer übergelaufen. Du weißt das doch."*

Kinder stellen sich, das wissen wir heute, immer wieder ganz persönliche Lernziele. Sie stoßen im Alltag auf Schwierigkeiten und wollen sie lösen. Ich war begeistert und zugleich auch etwas beschämt. Lars
hat sich von uns unbemerkt immerhin mit physikalischen Prozessen
auseinander gesetzt, hat an seiner Frage auch dann festgehalten, als wir

Erwachsenen ihn daran hindern wollten, sie weiter zu verfolgen. Und Lars hat bewiesen, dass er logisch und folgerichtig handeln kann, dass er Schlüsse ziehen und Problem aufwerfende Fragen stellen kann. Leider haben wir mit unserem engen Blick auf das, was uns an seinen Experimenten störte, versäumt, seinen gesamten Entdeckungsprozess in seinen einzelnen Schritten wahrzunehmen und nachzuvollziehen. So blieb uns im Nachhinein nur, das Ergebnis festzuhalten.

Ich habe mich dafür bei Lars entschuldigt. Wir haben das Experiment mit Haferflocken, Kakao und Milch nachträglich in allen Einzelheiten fotografiert und gemeinsam dokumentiert. Lars und ich haben daraus ein Plakat für unsere Frühstücksecke gemacht, damit auch andere an seiner Entdeckung teilhaben können und damit er sieht, wie wichtig uns seine Erfindung ist.

Noch bis heute, Lars geht jetzt in die Schule, wirkt seine Erfindung nach. Er hat damit unsere Maßstäbe verändert. Wir sind aufmerksamer geworden für die Fragen der Kinder, warten länger ab, schauen genauer hin und versuchen, noch besser zu verstehen. Und für die Kinder wirkte das Erlebnis mit Lars' Kakao-Erfindung anspornend und auffordernd. Am Frühstückstisch erinnern sie sich immer wieder gern daran und verfolgen mittlerweile eigene Forscherfragen. Inzwischen haben wir viele neue Kinder aufgenommen, und das Problem der überlaufenden Milch ist wieder neu aktuell. Die älteren Kinder der Gruppe stellten deshalb die Frage, ob man Lars' Plakat, das er selbst abgehängt hat, als er in die Schule wechselte, nicht wieder aufhängen sollte, damit die Kleinen etwas davon lernen können.

Möglich wurden diese Erfahrungen für uns alle, Kinder wie Erwachsene, nur auf der Grundlage einer Beziehung in vertrauensvoller und wechselseitiger Anerkennung. Auch Lars hat zuvor in vielen Situationen erfahren, dass uns seine Fragen, Hypothesen, Meinungen etwas „wert" sind, auch dann, wenn sie sich zum Teil erheblich von unserer Sichtweise unterscheiden. Die Kinder wissen, dass man uns zum Dialog herausfordern kann. Dass Lars sich nicht von seinem Vorhaben abbringen ließ, liegt nicht zuletzt auch daran, dass wir immer wieder echtes Interesse an der „Arbeit" der Kinder zeigen, dass wir interessiert nachfragen, ihre Ideen wirklich bestaunen, aufschreiben und dokumentieren.

**Rosy Henneberg** ist Erzieherin und Fachkraft für Kindzentrierung/Freinet-Pädagogik in der Kindertagesstätte am Stadtpark in Reinheim/Odenwald.

Diana Schuricht

# „Die Knete geht gut!"

## Kinder finden ihre eigenen Lösungen bei der Einrichtung einer Tonwerkstatt

Das Arbeiten mit Ton ist ein altes Handwerk, das die Menschen immer wieder aufs Neue begeistert. Die vielfältigen Erfahrungen, die Kinder mit diesem Material machen können, waren für mich Anlass, über die Einrichtung einer Tonwerkstatt nachzudenken. Es war nicht schwer, die Kinder, meine Kolleginnen und die Leitung der Einrichtung für die Idee zu begeistern. Wie sollten wir aber beginnen? Wie könnte eine Planung aussehen, die von den Interessen und Bedürfnissen der Kinder ausgeht?

## Entdeckend lernen – wie soll das gehen?

Da wir Erwachsenen uns fest vorgenommen hatten, den Kindern ihren eigenen Lernprozess, also entdeckendes Lernen im Sinne von Célestin Freinet, zu ermöglichen, mussten wir zunächst daran gehen, alten „Ballast" abzuwerfen hinsichtlich methodischem Vorgehen, Festlegen von Regeln und anderen Vorgaben für das Lernen. Das war leichter gesagt als getan, denn wir waren es bisher gewöhnt, unsere Arbeit methodisch zu durchdenken und Lernziele genau festzulegen. Dass wir nun nicht mehr „Wissensvermittlerinnen", sondern viel eher „Lernbegleiterinnen" sein wollten, bedeutete eine große Umstellung im Denken wie im Handeln.

Doch wir wollten uns auf den Weg machen, Lernen als Entdecken zu verstehen: „Das Bedürfnis, zu untersuchen, sich mit seiner Umgebung vertraut zu machen, sich – in jeder Hinsicht – zu bereichern und vorwärts zu kommen, ist dem Menschen ... angeboren ... Eine der Handlungen, die er angesichts seiner Problematik ausprobiert, führt zum Erfolg. Damit hat er eine Entdeckung gemacht; vielleicht haben andere sie schon vor ihm gemacht, aber für ihn ist es trotzdem eine Entdeckung. Er wird seinem Bedürfnis folgen, die gelungene Handlung wiederholen, und diese wird sich, wenn sie wirklich gelungen ist, festigen, konsolidieren und wird sich nach und nach als Lebenstechnik fixieren."[1]

Dieser Erkenntnis folgend, haben wir nur drei Bedingungen festgelegt, ohne die Kinder vorher zu befragen:

- Es sollte kein abgelegener Raum sein, um den Kindern jederzeit den Zugang zu ermöglichen.
- Ein Wasseranschluss sollte in der Nähe sein.
- Fertige Arbeiten sollten in Ruhe trocknen können, ohne dass neugierige Hände sie würden „begreifen" können.

Der Vorraum zu den Gruppenräumen, der früher als Garderobe genutzt wurde, jetzt aber ohne Funktion war, schien uns ideal. Die Kinder waren begeistert, auch davon, dass jetzt Umräumen angesagt war: Regale wurden als Raumteiler aufgebaut, zwei Tische und einige Stühle geholt, und schon war die Werkstatt eingerichtet. Jeden Donnerstag sollten die Kinder darin arbeiten können. Zwei Erzieherinnen übernahmen die Verantwortung dafür, dass die Werkstatt „läuft". Wir haben bewusst wenig Material bereit gestellt:

- etwa 25 kg Ton
- zwei Nudelhölzer
- Faden zum Schneiden des Tons
- Papier

Als es darum ging, in die konkrete Arbeit mit den Kindern einzusteigen, fiel uns der Verzicht auf die Festlegung von Regeln für die Arbeit in der Werkstatt und den Umgang mit dem Material, das für die meisten Kinder neu war, einigermaßen schwer. Wir alle hatten schließlich den Kopf voller Ideen, guter Ratschläge und Vorstellungen davon, wie man am besten in einer Werkstatt arbeitet. Es gelang uns aber weitgehend, Vertrauen in die Kinder zu setzen, ihnen das Wort zu geben und uns auf ihren freien Ausdruck einzulassen.

## Der erste Tag in der Tonwerkstatt

Erwartungsvoll sitzen etwa zwölf Kinder bei mir am Tisch und wollen wissen: Wie wird getöpfert? Ich teile den Ton in Stücke und gebe diese den Kindern. *„Ich warte erst mal!"*, ist die Reaktion der Kinder. Bereits jetzt muss ich das Signal geben, dass sie den Prozess steuern. „Ich warte mit.", ist meine Antwort auf die fragenden Augen der Kinder. Ich will keine Vorgaben machen für die Arbeit mit dem Ton. Darüber hinaus ist es mir wichtig, die Lernprozesse der Kinder zu beobachten und festzuhalten. Ganz ohne Anleitung beginnen die Kinder bald zu arbeiten:

Dennis, sechs Jahre, fängt an, einen Vogel zu formen – er ist bald völlig in seiner Arbeit versunken und hat die Welt um sich herum vergessen. Axel, fünf Jahre, schlägt ganz fachmännisch den Ton – er kennt das vom Töpfern mit seiner Mutter. Alle Kinder, außer Dennis, schlagen mit Begeisterung den Ton und sind schnell vertieft in ihre Entdeckungen, die sie bei der Arbeit mit dem neuen Material machen. Neue „Techniken" wie Streichen, Bohren, Drücken und Formen werden ausprobiert. Es entstehen Kugeln, Schneemänner, Eistüten. Auch das „Abgucken" spielt eine Rolle und scheint einigen Kindern noch die nötige Sicherheit zu geben. Ich bringe Nudelhölzer und sofort wird gerollt, aber leider sind die Wartezeiten zu lang, weil es nur zwei Nudelhölzer gibt. Axel erkennt die Situation und stellt sofort ein weiteres Nudelholz her – aus Ton. Aron (5) ist sehr konzentriert: Er streichelt, bohrt und drückt auf ganz unterschiedliche Weise. Franziska (5) erkennt: *„Die Knete geht gut!"* Axel erklärt ihr: *„Es ist keine Knete, das ist Ton! Das fühlt sich nur an wie Knete, aber von Knete bekommt man keine weißen Hände!"* Als der Ton am Tisch festklebt, legen die Kinder ganz selbstverständlich das Papier unter, ich brauche sie nicht darauf hinweisen. Bald stehen die ersten Arbeiten im Regal. Ein Zettel, der jeweils daneben liegt, informiert den Betrachter, was sie darstellen, und wer sie gemacht hat.

Kelly, vier Jahre, schneidet schon seit 15 Minuten den Ton mit dem Faden. Als der Faden reißt, will sie ihn verstecken. Axel (5) macht ihr einen Knoten, damit sie den Faden weiter benutzen kann. Sofort nimmt sie das Schneiden wieder auf und ist lange Zeit sehr konzentriert. Nach ca. 45 Minuten haben bis auf drei Kinder alle ihre Arbeit beendet, das Papier weggeräumt, sich gewaschen und sind in ihre Gruppen gegangen. Dennis ist immer noch konzentriert bei der Sache. Er will eine Teekanne formen, muss aber feststellen: *„Da kann gar kein Tee rein!"*, denn die Kanne ist nicht hohl. Doch er findet eine Lösung, mit der er zufrieden ist. Er fängt von neuem an, hebt den Deckel der ersten Kanne aber sorgfältig auf. Die neue Kanne höhlt er aus und stellt eine Verbindung zum „Schnäuzchen" her, jetzt kann Tee rein und wieder raus. Den Deckel setzt er vorsichtig darauf und passt ihn der neuen Öffnung an. Aron stellt fest: *„Beim Töpfern kann ich besser stehen."* Xenia, fünf Jahre, bemerkt: *„Wir brauchen Kittel, unsere Sachen werden weiß."* Dennis findet, wir könnten Messer gut gebrauchen und verspricht, welche mitzubringen: *„Bei uns zu Hause sind alle Messer stumpf."* Denkt er, dass sich die Kinder dann nicht verletzen können, wenn die Messer stumpf sind? Welches Verantwortungsbewusstsein kommt da zum Ausdruck!

Alle sind mit ihrer Arbeit zufrieden, und das Regal ist gefüllt mit tollen Produkten, die den freien Ausdruck der Kinder widerspiegeln. Ich war sehr froh, dass es mir gelungen ist, mich zurückzuhalten mit Ratschlägen, dass ich abwarten konnte, was passiert, wenn es keine vorher abgesprochenen Regeln gibt. Jetzt stand ich fasziniert vor den Leistungen der Kinder und staunte darüber, wie sie selbstständig Lösungen für ihre Probleme fanden. Mit welcher Konzentration und Ausdauer waren sie am Werk! Noch nie hatte ich erlebt, wie es ist, wenn Kinder frei experimentieren können. Denn bisher wurde vorher festgelegt, was und wie die Kinder zu arbeiten hatten. Dass es wirklich anders funktionieren kann, habe ich nun mit eigenen Augen gesehen. Mein Vertrauen in die Fähigkeit der Kinder hat sich ausgezahlt, und ich bin darin sehr bestärkt worden.

Nun wollten wir jeden Donnerstag die Werkstatt öffnen. Mein Interesse ist es vor allem, zu beobachten, wie sich die Werkstattarbeit ohne von Erwachsenen einseitig festgelegte Regeln und ohne direkte Anleitung gestaltet. Die Neugier der Kinder ist so groß, dass die vorhandenen Arbeitsplätze nicht ausreichen. Sollen wir die Anzahl der Kinder begrenzen oder weitere Arbeitsplätze schaffen? Wird es dann nicht zu eng? Ich biete eine Decke an – und schon finden einige Kinder einen Arbeitsplatz im Waschraum, Holzklötze werden zu Arbeitsunterlagen. Wieder sind die Kinder sehr konzentriert bei der Arbeit, ganz ohne Belehrungen über Technik, Material oder das gemeinsame Tun.

## „Kann man den Zement auch backen?"

Einige Beobachtungen, denen ich ein Zitat von Freinet voranstellen möchte: „Schaut den Kindern bei diesen Spielen zu und ihr werdet feststellen, dass sie ganz von ihrer Arbeit gepackt sind, dass sie in einer ihren Bedürfnissen und ihrem Rhythmus angepassten Eigenwelt leben. Mischen sich jedoch Erwachsene ein, so ist ihr ganzer Zauber zerstört."[2]

Juliane, fünf Jahre: *„Die Knete ist eklig!"* – *„Das ist keine Knete, das ist Ton"*, erklärt ihr Dennis (6). Diese Antwort scheint sie zu beruhigen, denn sie beginnt nun, gezielt den Ton zu formen. Es entsteht ein Bad mit einer kleinen Robbe. Christian, sechs Jahre, ist von Anfang an vom Material begeistert. Er formt einen Tierpark. Auf der Tischplatte setzt er kleine Tonteilchen zusammen. Als er bemerkt, dass der Ton am Tisch festklebt, schaut er sich um und sieht, dass manche Kinder ein Holz-

„DIE KNETE GEHT GUT!"

brett als Unterlage benutzen. Er holt sich ebenfalls ein Brett und beginnt von Neuem. Ganz gezielt entsteht sein Werk. Es wird immer größer, und der Ton ist schnell verbraucht. *„Kann ich noch mehr Zement haben?"* bittet er. Die Kinder erklären ihm: *„Das ist Ton."* Diesen Begriff kann er sich schwer merken, denn immer wieder braucht er noch mehr „Zement". Als nach etwa 45 Minuten seine Arbeit beendet ist, macht er den Vorschlag, den Tierpark zu backen, um ihn dann gemeinsam mit den Kindern zu essen. Ich schlage ihm vor, den Ton zu kosten, um den Geschmack zu testen. Das fand er gut, und Tongeschmack hat ihn überzeugt. Leider war ich zu schnell mit meiner Meinung, dass mir der Ton überhaupt nicht schmeckt. Das war für ihn aber kein Problem: Wir könnten beim nächsten Mal ja Teig nehmen, der auch mir schmeckt.

Andrea (3) und Theresa (2), sind in ihre Arbeit vertieft, sie wiederholen ständig das Streichen und Drücken mit den Fingern. Als Stäbchen ins Spiel kommen, beginnen sie, Löcher in verschiedenen Größen zu bohren, um sie anschließend wieder zu verschließen. Nach rund 40 Minuten beenden sie zufrieden ihre Arbeit. Niemand hat sie darauf hingewiesen, dass sie doch bitte etwas „Vernünftiges" herstellen sollen und nicht einfach nur Löcher bohren und wieder verschließen … Welch ein Glück für sie!

## „Das Auto muss mit!"

Kathleen (4) kommt mit einem Auto in der Hand in die Werkstatt. Ihre Erzieherin hat mit Engelszungen auf sie eingeredet, das Auto doch im Gruppenraum zu lassen. Doch sie lässt sich nicht überzeugen, das Auto muss mit! Zehn bis 15 Minuten lang bearbeitet sie den Ton mit der linken Hand. Dann legt sie das Auto liebevoll zur Seite und hat beide Hände frei, mit denen sie jetzt lustvoll den Ton knetet. Wie schade wäre es gewesen, wenn sie diese Entscheidung nicht selbst hätte treffen dürfen: Sie hätte zum Beispiel nicht den Unterschied zwischen einhändigem und beidhändigem Kneten feststellen können.

Bald sind unsere Ton-Vorräte aufgebraucht. Ich schlage den Kindern vor, einige Werkstücke einzuweichen. Ich bin gespannt, wie die Kinder den Vorschlag aufnehmen. Wird es eine schwere Entscheidung? Jedenfalls lassen sie sich darauf ein. Gemeinsam sammeln wir abgebrochene Tonstücke ein und wickeln sie in nasse Lappen. Am Nachmittag sind die Kinder begeistert: *„Das Einweichen funktioniert!"* Axel, fünf Jahre,

85

**Gedanken der Kinder während der Werkstattarbeit:**

Arthur (5) ist seit vier Tagen in der Einrichtung und besucht die Werkstatt zum ersten Mal: „Ich kann alles machen, Bäume und Blumen. Ich komme morgen wieder."

Theresa (3) sieht oft zu, macht manchmal mit, ist eine gute Beobachterin: „Wenn ich Lust habe, gehe ich mit Oli und mache Brot."

Michelle (5) kommt oft für kurze Zeit, arbeitet gern unbeobachtet und ist dabei sehr konzentriert: „Ich kann allein, ohne Erzieherin arbeiten. Am liebsten rolle ich Blätter auf Ton. An den Händen ist Ton gruselig und eklig. Aber ich mache es gern."

Sina (6) kommt regelmäßig und ist ausdauernd. Sie braucht eine Anregung für ihre Arbeit, beobachtet genau, was andere ausprobieren, und geht dann ihren eigenen Weg. „Ich brauche noch Hilfe." „Du hast doch mich", wirft ihr jüngerer Bruder Tobias ein. „Ich baue am liebsten. Der Matschtisch ist schön. Ich mag Anett."

Tobias (4) kommt gern: „Blätterrollen ist schön. Ich töpfere gern. Ich brauche dich."

Christiane (6) kommt gern und arbeitet mit viel Lust. Sie probiert viel aus: „Alles ist schön. Ich weiß nicht, ob es das in der Schule gibt. An den Händen ist es eklig, aber schön. Aufräumen ist toll."

hat eine gute Idee: *„Wenn wir neue Arbeiten einweichen, dann dauert es nicht so lange mit dem Einweichen, denn die sind noch nicht so hart."* Auch das kann man also beim Töpfern lernen: genaues Beobachten, nämlich, dass Ton umso härter wird, je länger er der Luft ausgesetzt ist. Und logisches Schlussfolgern, dass das Einweichen schneller geht, wenn der Ton noch nicht so hart ist. Trauen wir das normalerweise einem Fünfjährigen zu? Auch hier tat sich ein weites „Erkenntnis-Feld" für uns Erwachsene auf.

Irgendwann wünschen wir uns noch mehr zusätzliches Material, das gut überschaubar für die Kinder zugänglich sein soll. Wir durchstöbern alte Kellerräume und finden einen Hängeschrank, der sich für unseren Zweck sehr gut eignet. In einer Gemeinschaftsaktion wird er gereinigt, aufgehängt und eingeräumt. T-Shirts dienen als Kittelersatz, sie werden mit großen Aufhängern versehen und können auch schon von kleinen Kindern problemlos aufgehängt werden.

Uns Erwachsene beschäftigen nun sehr die Fragen: Welche Bedeutung haben die Arbeiten für die Kinder? Dürfen sie von anderen ange-
fasst werden? Wie werden die Eltern auf unsere „moderne Kunst" des
freien Ausdrucks reagieren? Kinder, Eltern und Kolleginnen zeigten reges Interesse an allem, was in unserer Werkstatt passiert. Rasch füllte
sich das Material-Regal mit einer Fülle von Dingen, die zum Kreativ-
sein anregen und in die Töpferarbeit einbezogen werden. Neben Naturmaterialien wie Steine, Gräser, Hölzer, Blumen und Samen finden
sich Knöpfe, Stoffspitze, Stäbchen, Messer und Teller. Als ich mehr Wasser ins Spiel bringe, gehen wir auf die Suche nach Schüsseln, um unserem „Matsch-Bedürfnis" nachgehen zu können. Neben der Gießkanne
und dem Wassereimer erweisen sich Sprühflaschen als sehr nützliche
Arbeitsinstrumente. Wieder erlebe ich, dass es für mich nicht gerade
leicht ist, mich zurückzunehmen, nicht von mir aus Regeln aufzustellen. Doch es zeigt sich auch: Ich habe durch meine Zurückhaltung Zeit,
die aktive Entdeckerfreude der Kinder zu beobachten, mich mit ihnen
über Gelingendes zu freuen, die Tätigkeit selbst und nicht nur das End-
produkt zu bewundern und zu würdigen. Das ist wunderbar und befriedigend!

## Ohne Regeln von „oben" –
## die Werkstatt in Eigenregie der Kinder

Zeit! Bald stellte sich heraus, dass uns die Zeit fehlen würde, um die
Werkstatt öfter als ein Mal pro Woche zu öffnen. So blieb sie zu oft un-
genutzt. Wir bedauerten das sehr und überlegten, wie wir es ändern
könnten: Das war die Gelegenheit, den Kindern die Werkstatt in Ei-
genregie zu übergeben. Das heißt, dass sie ohne die Begleitung Erwachsener in der Werkstatt arbeiten durften. Würden sich die Kinder
unseres Vertrauens würdig zeigen?
  Ich staune, mit wie viel Umsicht die Kinder an die Arbeit gehen. Sie
regeln selbstständig das Tragen der Kittel und beginnen ihre Arbeit am
Tisch oder auf dem Fußboden ohne jedes Gerangel um die besten Plät-
ze oder das Material. Die Kinder sind mit auffallend viel Spaß, Kreativität und Ausdauer am Werk, auch die, die noch keine Erfahrung mit
der Werkstattarbeit hatten. Sie schauen sich das, was sie an Techniken
brauchen, von anderen Kindern ab und arbeiten völlig selbstständig
mit dem Ton – alles ganz ohne Regeln von „oben".

Freinets Erfahrungen finde ich voll und ganz bestätigt: „Das Kind, dem man Aktivitäten anbietet, die seinen physischen und psychischen Bedürfnissen entsprechen, ist immer diszipliniert, d. h. es hat weder Regeln noch äußere Verpflichtungen nötig, um allein oder in Kooperation mit anderen auch einer anstrengenden Arbeit nachzugehen."[3]

Um alle an der Werkstattarbeit teilhaben zu lassen, gestalten wir eine ständige Ausstellung im Eingangsbereich der Einrichtung. Die Kinder teilen meine Befürchtungen, dass die „Kunstwerke" vielleicht kaputtgehen können, wenn sie allzu intensiv begutachtet werden, nicht. Es stört sie kaum, wenn etwas zerbricht, denn es kann ja wieder eingeweicht und neu geformt werden. Sie finden ihre Ausstellung toll und freuen sich sehr, wenn sich jemand dafür interessiert. Gern erzählen sie den Betrachtern etwas über ihre Werke, wie sie entstanden sind und was sie für sie bedeuten. Und natürlich sind sie stolz, wenn sie auf echtes Interesse und Bewunderung stoßen, denn auch „freier Ausdruck" braucht Resonanz.

Wir wollen uns einen Brennofen ansehen und uns über das Brennen und Glasieren informieren. Ich bin gespannt auf die Fragen der Kinder. Ich stelle mir die Frage, ob es für sie von Bedeutung sein wird, ihre Arbeiten durch eine Glasur „unvergänglich" zu machen. Werden sie sich nach der langen Zeit, die Brennen und Glasieren nun mal dauern, noch für ihr Produkt interessieren. Was werden sie mit ihren kleinen Kunstwerken machen? Werden wir einen Ausflug in eine echte Töpferwerkstatt unternehmen? Viele Fragen, auf die wir noch keine Antwort haben, und die Aussicht auf einen spannenden Prozess.

**Diana Schuricht** hat seit 1974 den pädagogischen Fachabschluss als Kindergärtnerin und war langjährig Kindergärtnerin und Leiterin. Sie ist Fachkraft für Kindzentrierung/Freinet-Pädagogik und arbeitet als Horterzieherin in Rochlitz/Sachsen.

**Anmerkungen**

[1]  Freinet, Célestin: La Méthode naturelle. L'Apprentissage de la Langue. Verviers 1975, S. 12; zitiert nach Baillet, D.: Freinet – praktisch. Beispiele und Berichte aus Grundschule und Sekundarstufe. 1995, S. 20

[2]  Freinet, Célestin: L'Education du travail. 1960; zitiert nach Freinet, Célestin: Die moderne französische Schule. Paderborn 1979, S. 137

[3]  Freinet, Célestin: Den Machtkampf vermeiden. In: Hering/Hövel (Hrsg.): Immer noch der Zeit voraus. 1996, S. 279 ff.

88

Heinz Kemper

# Wie sich die Rampe öffnen kann, damit die Autos auf die Fähre kommen

## Kindzentrierte Praxis kann sich auch beim Basteln entwickeln

Ich arbeite als Erzieher in einer DRK-Kindertagesstätte. Um mich herum steht lauter „Gebasteltes", nichts Aufsehen Erregendes, jedenfalls nicht auf den ersten Blick. Ich gestalte einen Alltag mit Kindern, der ihnen die Regie über ihr eigenes Lernen lässt. Nicht in atemberaubenden umfangreichen Projekten, an ganz alltäglichen Dingen werden die Kinder als ernsthafte Forscher, Entdecker und Arbeiter behandelt.

## Konstruieren in der Tätigkeit

Spannend ist z. B. die Geschichte einer Auto-Fähre. Die Kinder haben aus Pappe eine ziemlich große Autofähre gebastelt: vorne spitz, mit Schornsteinen und einer Öffnung hinten, damit die Autos auf die Fähre fahren können. Da gab es ein Problem: Die Kinder wissen, dass sich die Öffnung schließen muss, wenn das Schiff ablegt und über das Meer fährt, damit kein Wasser eindringt. Die Luke geht zwar nach außen auf, sie wird einfach hinunter gelassen, eine Vorrichtung aber, wie man sie wieder nach oben ziehen und schließen kann, haben die Kinder noch nicht erfunden. Was also tun? Ich halte mich heraus, es gibt keine voreiligen Tipps und Ratschläge.

Nach langem Hin und Her haben die Kinder schließlich eine Idee. Damit sich die Luke schließen lässt, werden an der Außenseite zwei Korken so angebracht, dass sie die Luke in der Senkrechte halten. Das funktioniert. Doch schon entsteht eine neue Frage: Wie lässt sie sich jetzt wieder öffnen? Kein Problem meinen die Kinder: *„Wir öffnen sie eben nach innen und die Autos fahren eben über einen kleinen Hubbel."*

Ich staune beeindruckt: „Auf solch eine kluge Idee wäre ich selbst niemals gekommen!" Auch eine andere Schwierigkeit: „Wie bringen wir Rettungsboote an?", lösen die Kinder bravourös. Zwischen den

Schornsteinen werden Leinen gezogen und daran werden die Boote aufgehängt. An der Folgefrage *„Was machen wir, damit die Leute da nicht rausfallen?"* knabbern die Kinder heute noch. Zwischendurch bauen sie zusätzliche Schlepperboote und auch der Wind wird „gebaut".

## Große Ideen sind meist im Alltag verborgen

Die Ideen dazu sind einfach im Alltag entstanden, stammen aus den Geschichten und den tastenden Versuchen der Kinder. Ich ermutige sie bloß und bezeichne mich selbst als „Handlanger der Kinder". Das heißt, ich erfülle Aufgaben im Auftrag der Kinder, z. B. die Benutzung der Klebepistole. Die Kinder selbst aber sind die Baumeister, die Regisseure, die Planer und Umsetzer. Auf die gleiche Weise sind inzwischen viele Erfindungen entstanden: Riesenraketen, bei denen das Problem der Haltbarkeit von Dingen dieser Größe ebenso erforscht wird, wie die Frage, wie man die Spitze „da drauf kriegt" oder sie stabilisiert, „damit sie auch richtig abheben können". Beim Bau einer Ritterburg knobeln die Kinder gemeinsam mit mir noch immer an einer befriedigenden Lösung für die Zugbrücke. Und als das große Parkhaus aus Pappe längst fertig war, entdeckte ein Kind, dass die Autos zwar hinauf, nicht aber wieder herunter fahren konnten. Eine Rampe war vergessen worden und musste noch entwickelt werden. So entsteht aus einzelnen, kleinen, tastenden Schritten nach und nach ein Werk, das ganz und gar von den Kindern durchdacht und ihren Vorstellungen gemäß ausgeführt wird.

Was ich hier ganz nebenbei erzählt und gezeigt bekomme, erinnert mich daran, was ich über das entdeckende Lernen weiß: Am Beginn eines Lernprozesses steht das Staunen, das Sich-Wundern (Weshalb geht die Luke nicht zu?). Dem folgen erste Ideen, erste Versuche (die Korken an der Luke). Dabei entstehen Fragen, die wieder in Versuche münden (die Luke einfach nach innen klappen), präzisiert werden, verändert oder auch ganz neu gestellt (Das Schiff braucht Wind, Schlepper und Rettungsboote, aber wie fallen die Leute da nicht raus?). Lösungen werden über Umwege und experimentelles Versuchen gefunden. Die gewonnenen Erfahrungen werden auf andere Situationen übertragen, neue Fragen, neue Ideen, neue Aufgaben entstehen usw. Aber: Nichts würde passieren, wenn die Akteure nicht *selbst* staunen, fragen und probieren dürften.

## Wie man Kinder beim Forschen unterstützen kann

Wenn ich gefragt werde, wie ich die Kinder konkret ermutige, ihre Ideen zu verfolgen und auszuprobieren, kommt es mir nur auf ein paar Dinge an:

- sich nicht allzu viel einmischen, sondern „zur Hand zu sein", präsent, Resonanz gebend, einfach nur anwesend und Aufmerksamkeit schenkend,
- den Kinder etwas zutrauen, sie „ehrlich" um Rat zu fragen und nicht nur so zu tun, eben *gemeinsam* forschen,
- viel Material und Werkzeug zugänglich zu machen und einfach nur wirken lassen: Irgendetwas werden die Kinder immer damit anfangen.

Manchmal kommt es wirklich nur auf „ganz unwichtige Kleinigkeiten" an, zum Beispiel darauf, wie man die Kinder anspornt. Ich fordere sie z. B. auf folgende Weise zum Selbst-Erforschen auf: „Lasst uns mal überlegen, wie *macht ihr* das?" statt „Wie könnte das gehen". Die Kinder machen ja immer selbst – und das Machen können sie sich gut vorstellen, können sie beschreiben und ausprobieren. Wie etwas *geht*, wissen sie meistens erst danach.

Ich habe meine Art des Forschens und Entdeckens mit Kindern nicht aus Büchern gelernt, auch nicht an der Fachschule oder durch den Bezug auf irgendeinen pädagogischen Ansatz. Ich beobachte die Kinder, höre ihnen einfach zu, spüre Neugierde und Interesse auch bei mir selbst und habe Spaß am Tun. Erst im Laufe der Zeit habe ich erfahren, dass Kinder kompetente Forscher sein können. Am Anfang habe ich noch gedacht, ich müsse den Kindern zeigen, wie etwas geht. Heute kann ich mich ehrlich über die Lösungen freuen, die im entdeckenden Lernen und den tastenden Versuchen der Kinder entstehen.

**Heinz Kemper** ist Erzieher und arbeitete zum Zeitpunkt der Erstellung dieses Artikels in der DRK-Kindertagesstätte Widenest in Berg-Neustadt; heute arbeitet er in der DRK-Kindertagesstätte „Pusteblume" in Gummersbach.

Der Artikel ist die überarbeitete Fassung eines Beitrags von Lothar Klein im TPS-Heft 2/2002.

Gerda Edelmann-Wirth

# Von Saurier- und Rinderknochen und Versteinerungen

## Mit Kindern auf Entdeckungsreise

*„Gerda, wenn man etwas Wertvolles unter der Erde findet, darf man das behalten?"* Gian Luca war es, der mir diese Frage stellte. Ich antwortete: „Soweit ich weiß, muss man alle wertvollen Sachen, die man in der Erde findet, abgeben." – *„Oh, so ein Mist, ich will doch berühmt werden.",* Gian Luca war enttäuscht. „Wertvolle Fundstücke kommen in ein Museum, aber ich könnte mir vorstellen, dass der Name des Finders dazugeschrieben wird.", sagte ich. Und Gian Luca wieder: *„Ach so, weißt du Gerda, ich will Saurier- Forscher werden. Kann ich in deinem Büro forschen?"*

Kinder haben das Recht auf ein eigenes Anliegen! Begriffen, dass das bereits ein Stück Partizipation von Kindern ist, stellte ich mich darauf ein, dass sich mein Büro nun in eine Saurier-Forschungsstätte verwandeln sollte. Zu Gian Luca gesellte sich sein Freund Can. Zuerst studierten sie tagelang Dinosaurierbücher. Zwischendurch unterbrachen sie das Bücherstudium immer wieder, holten Papier und Stifte und malten ihre Gedanken auf. Das Ganze wurde von intensiver Kommunikation untereinander begleitet. Auf meine Nachfrage, ob sie mich brauchen, antworteten sie, sie würden mir schon sagen, wenn sie mich brauchen. Zunächst musste der Posten des Chefs geklärt werden. Hier hat sich Gian Luca durchgesetzt.

Nach einer Woche rief mich der Chef ins Büro und erklärte: *„Ich habe schon mal einen Ausgrabungsplan gemalt, mit Dingen, die wir brauchen. Sag mal, Gerda, haben wir das alles da?",* und er begann aufzuzählen, was er alles gemalt hatte und was sie für ihre Ausgrabungen brauchen würden: Schippen, Spaten, Wannen, Eimer und Absperrband. Ich bestätigte, alles im Haus zu haben. *„Gut, weißt du, wir wollen nach Saurierknochen graben."*

Er holte ein Saurierbuch und schlug eine Seite auf. *„Schau mal, wie viele Dinos es gibt. Ich weiß, die mit den spitzen Zähnen sind die Fleischfresser und die anderen sind Pflanzenfresser. Oh, schau, ein Vulkan, als die Dinos* *gelebt haben, gab es viele Vulkane."* – „Gian Luca, weißt du, dass unser Vogelsberg auch ein erloschener Vulkan ist?", fragte ich. *„Ist da richtige Lava herausgekommen?"*, wollte Gian Luca wissen. „Ja, ich denke, als die Saurier lebten, hat der Vogelsberg auch Lava gespuckt." – *„Gerda kannst du mit uns nach Knochen graben?"*, wollte Gina Luca noch wissen und ich sagte zu.

## Müssen die Kinder nicht aufgeklärt werden?

Kinder haben das Recht auf Bündnis und Resonanz! Wieder so ein Satz, den ich über Partizipation von Kindern im Kopf hatte. Sich als Erwachsener auf *das* beziehen, was Kinder als ihr *eigenes* Anliegen definieren, sie *ihre* Dinge verfolgen lassen, statt sie in unsere Welt hinüber zu ziehen, dieses Bündnis wollte ich mit Gian Luca und Can eingehen.

*„Zuerst muss ich überlegen, wo wir graben.",* sagte er und das dauerte ein paar Tage. Inzwischen hielten sich die Forscher täglich im Büro auf. Schließlich kam Gian Luca, hatte ein Buch aufgeschlagen, in dem eine Dinolandschaft abgebildet war, und zeigte auf eine Buchseite. *„Ich glaube, auf unserer Kindergartenwiese haben Dinosaurier gelebt. Da im Buch ist auch so eine Wiese. Da sind Hügel und der Vogelsberg war ein Vulkan. Es ist genau wie in dem Buch."*

Mir schossen natürlich Gedanken durch den Kopf wie: „Hier werden sie doch sicher keinen Saurier-Knochen finden. Müsste ich ihnen das nicht sagen? Ist das, was ich hier treibe, nicht bloß ein scheinbares Sich-Einlassen? Weiß ich es eigentlich nicht besser?" usw. Ungläubig, aber auch neugierig, ob wir nicht vielleicht doch *irgendetwas* finden, vor allem aber neugierig darauf, wie die Kinder vorgehen würden, wie sie mit ihren Funden oder der Tatsache, dass sie nichts finden, umgehen würden, konnte ich mich dann doch ernsthaft auf die „Ausgrabung" einlassen.

An einem der darauf folgenden Nachmittage haben wir auf der Kindergartenwiese mit allen Gerätschaften vom Ausgrabungsplan der beiden Forscher ein Loch gegraben. Ein paar Kinder wollten mithelfen. Sie wurden als „Arbeiter" angestellt. Die einen gruben mit mir zusammen ein Loch, andere karrten die Erde weg. Der Chef stand an der Seite und überwachte das Ganze. Wenn unsere Schippen auf etwas Hartes stießen, stieg er in das Loch und buddelte selbst weiter, wie ein echter Ausgräber eben. Unsere Grabung brachte fünf Steine zu Tage und die Enttäu-

schung stand Gian Luca im Gesicht: *„Nur Steine!"* Er wusch sie dennoch und beschloss, sie mit ins Büro zu nehmen. Am nächsten Morgen kam Gian Luca und teilte mir mit: *„Gerda, jetzt weiß ich's. Was wir gefunden haben, könnten doch auch Versteinerungen sein."*

Paul Le Bohec, ein französischer Grundschullehrer, beschreibt, wie sich Erwachsene in einer solchen Situation verhalten könnten, mit den folgenden Worten: „Nach meiner Meinung besteht die Rolle des Lehrers darin, so lange wie möglich zu schweigen … Jeder Schritt vorwärts, den der Lehrer (dann doch) vorschlägt, muss ein sehr vorsichtiger sein, weil er genau weiß, dass er – wenn er zu forsch vorangeht – die Kinder in ‚seine' Welt hinüberzieht und sie gefangen nimmt. Er lenkt sie von ihren eigenen Wegen ab. Dann geht es nicht mehr um die Angelegenheiten der Kinder, sondern um seine. Er enteignet sie sozusagen und betrachtet sie als sein Eigentum. Also, anstatt die Kinder auf seine Gebiete zu drängen, ist es besser, sie ihre eigenen erforschen zu lassen, da sie ihrer Realität mehr entsprechen."[1]

Ich war mir sicher, dass Gian Luca sehr wohl zwischen Steinen und Versteinerungen zu unterscheiden wusste, aber sein aktuelles Forschungsgebiet waren nun mal Versteinerungen. „Ja, es könnten auch Versteinerungen sein.", antwortete ich also. Die Jungen vertieften sich wieder im Bücherstudium. Dann rief mich Gian Luca ins Büro und verkündete: *„Schau mal, jetzt weiß ich, zu welchen Sauriern die Versteinerungen gehören."* Er hatte Zeichnungen von den unterschiedlichsten Dinosauriern angefertigt und die Steine Körperteilen zu geordnet. Er hatte sich ganz genau die Steinformen angeschaut und dann so lange in den Büchern gesucht und geschaut bis er die Steinform einen Saurierkörperteil zuordnen konnte. Was sollte ich da noch sagen? Es abstreiten? Ihn in eine Diskussion hineinzuziehen? Ich war zunächst erst einmal von seiner Logik und seinem Eifer beeindruckt. Ich beließ es also dabei und ließ mich weiterhin auf die Nachforschungen der Kinder ein.

Nun wurde ich zu Gian Lucas „Schreiberin". *„Gerda schreib: ‚Das ist eine versteinerte Rückenflosse', schreib: ‚Das ist ein versteinerter Zahn.'"* Auf diese Weise wurden alle Steine zugeordnet. Nun sollte das Büro ein Museum werden, deshalb erfolgte Gian Lucas Aufforderung: *„Schreibe ein*

*Schild* ZUR SAURIER-AUSSTELLUNG." Gesagt, getan, das Schild wurde aufgehängt, und im Büro auf einem niedrigen Schrank wurden die Zeichnungen ausgelegt.

## Das Interesse greift um sich

Durch die Ausstellung waren nun auch andere Kinder aufmerksam geworden. Ein reger Besuch des Büros und der Ausstellung setzte ein. Gian Luca und Can erzählten den Kindern anhand der Bücher, was sie über Saurier wussten. *„Fleischfresser haben spitze Zähne und Pflanzenfresser haben stumpfe Zähne. Sie lebten vor hundert Millionen Jahren und da gab es noch keine Menschen, sondern nur Vulkane."* Sie hatten gute und interessierte Zuhörer. Yannis, Tim, Sina und Nico waren ganz gefangen von den Erzählungen, gesellten sich dazu und wurden auch zu Saurierforschern.

An einem Morgen arbeitete ich im Büro am Schreibtisch. Gian Luca forschte in der Besucherecke. Da kam Tim K. herein gestürmt und beugte sich über die Saurierbücher. Gian Luca stellte seine obligatorische Frage: *„Tim, soll ich dir was von den Sauriern erzählen?"* Tim schaute ihn an, schaute auf das Buch, beugte sich darüber und las eine halbe Seite aus dem Buch, was da über die Tiere geschrieben stand.

Gian Luca schaute Tim mit großen Augen und offenem Mund an, unglaubliches Staunen war in seinem Gesicht zu lesen. Immer wieder erfasste er mit seinen Augen Tims Gestalt. Er sagte kein Wort. Tim hörte auf zu lesen, drehte sich um und verschwand aus dem Büro. Stumm blieb Gian Lucca zurück. Nach einiger Zeit betrat Yannis das Büro. *„Soll ich dir etwas vorlesen?"*, fragte ihn Gian Luca. *„Oh ja!"*, sagte Yannis und setzte sich auf die Couch. Gian Luca stand auf und holte das Struwwelpeter-Buch. Er setzte sich neben Yannis und begann: *„Der Friederich, der Friederich, das war ein arger Böserich. Er zog den Fliegen in der Stube die Flügel aus. Er schlug die Vögel und schlug die Stühle. Die Katzen litten große Not. Der rannte er mit der Peitsche weg. Beim Arzt muss er bittere Arznei schlucken. Der Hund saß am Tische, aß die gute Wurst, den Kuchen und den Wein."* – *„Das war schön, mach weiter."*, sagte Yannis. *„Na gut."*, sagte der Vorleser, der noch gar nicht lesen kann, und erzählte weiter: *„Ich zünde mir ein Hölzchen an, wie die Mutter es gemacht hat. Miau, miau, die Katzen drohen mit den Pfoten. Der Vater hat's verboten. Es flackert und es knistert schön …*Und er „las" die ganze Geschichte vom Jäger und der Flinte und der Jägersfrau, der der Kaffee aus der Hand fiel. Yannis zog beglückt von dannen. Gian Luca legte das Buch in das Regal zurück und wandte sich wieder seinen Studien zu.

## Kinder nicht vor Fehlschlägen bewahren

„Bei Kindern kann man von Selbstverwirklichung durch Arbeit sprechen, da sie ja noch nicht einem Zwang zur Herstellung perfekter Produkte unterliegen. Ihre Arbeit hat immer etwas mit dem Streben danach zu tun, sich selbst zu veräußerlichen, etwas von sich selbst im Prozess der Arbeit zu verwirklichen, also in die reale Wirklichkeit zu bringen.", hatte ich irgendwo gelesen. Und so ordnete ich das, was hier vor meinen Augen geschah, als echte Arbeit ein, als ein Versuch, die eigene Wirklichkeit handelnd zu gestalten und dabei alle Fähigkeiten und Erfahrungen einzusetzen.

Die Saurierforschung war und blieb auch weiterhin das Thema der Kinder. Es gab Wochen, da waren sie täglich im Büro und forschten, dann waren sie wieder mit anderen wichtigen Dingen beschäftigt. Ich staunte, wie lange das Thema für sie alle aktuell blieb. Sie malten viele Saurierbilder. Can und Sina entwickelten mit der Zeit eine richtige Perfektion in ihren Bildern. Tim, Nico und Andrea studierten lieber Bücher. Wenn ich die Kindergruppe bei ihrer Arbeit beobachtete, war ich immer wieder fasziniert von dem tiefen Ernst, der Ausdauer und Konzentration, aber auch von ihrer Fachsimpelei. Durch die gemeinsame Arbeit haben sie sich enorm weitergebildet. Sie haben nicht nur ihr Wissen erweitert, sie haben sich in Kooperation Arbeitsteilung und Umgang mit Materialien geübt. Sie haben ihre Fähigkeiten erprobt, ihre Grenzen erfahren, sich aber auch in Kommunikation und Wortschatzerweiterung geübt. Ganz stark haben sie sich mit Hierarchien und Macht auseinander gesetzt. Gian Luca, der Chef, hat bestimmen wollen, und alle sollten immer machen, was er sagt. Darüber gab es oft heftige Auseinandersetzungen, Diskussionen, auch klare Abgrenzungen und Verweigerungen. „Durch Selbsttätigkeit wird aller Bildungserwerb erzielt"[2], schreibt Célestin Freinet.

Sehr viel später kommt eines Morgens Gian Luca ganz traurig zu mir und sagt: *„Weißt du Gerda, die Versteinerungen sind nichts anderes als ganz blöde, doofe Steine. Ich möchte einen richtigen Saurierknochen finden. Kannst du nicht mit mir nach Afrika fahren und dort graben?"* In einem der Saurierbücher hatte er ein Bild gefunden, das ein Grabungscamp in sandiger Landschaft zeigt.

„Oh, je, was sage ich jetzt?", schoss es mir durch den Kopf. „Du sagst, es sind nur blöde Steine, die hast du aber den verschiedenen Sauriern so zugeordnet, wie sie passen könnten. Die Ausstellung beeindruckt die anderen Kinder. Einen echten Knochen beim Graben zu finden, das wird dir hier wohl nicht gelingen. Aber wir könnten nach Frankfurt fahren und uns im Senckenbergmuseum echte Saurierskelette anschauen.", versuchte ich es mit Komplimenten und Ideen. *„Nein, das will ich nicht."* Er blieb er bei seiner Afrika-Idee und verließ den Raum.

Nun stand ich da mit meinen Vorschlägen und guten Ideen. Beides musste ich „suspendieren", zurückstellen. Was sollte ich tun? Zu gerne hätte ich, wie immer, geholfen, ermutigt, Probleme abgenommen, getröstet usw. Ich überlegte sogar, ob ich nicht einen Knochen vergraben sollte, den wir dann wieder ausgraben würden. Diese Idee verwarf ich aber ganz schnell wieder – schummeln wollte ich nicht. Schließlich müssen auch Kinder die Erfahrung machen können, dass nicht alle tollen Ideen umsetzbar sind. Außerdem, wenn Lernen etwas mit dem Leben zu tun haben soll, gehören auch die Schwierigkeiten, Umwege und Fehlschläge dazu! Gian Lua und Can davon fernzuhalten, hätte bedeutet, sie nicht zu achten und wie infantile Blödiane zu behandeln.

Ich erzählte trotzdem einer Kollegin davon. Sie bot an, beim Metzger nach einem großen Knochen fragen. Wir hatten Folgendes vor: Wir wollten Gian-Luca ermöglichen, einen richtigen und großen Tierknochen zu untersuchen, wollten ihn aber nicht für dumm verkaufen und den Knochen vergraben, also zu tun als ob. Nach ein paar Tagen brachte die Kollegin also einen Ochsenoberschenkelknochen mit. Gian Lucas Knocheninteresse war aber inzwischen merklich abgekühlt. So wanderte der Knochen erst einmal in die Gefriertruhe.

In der Zwischenzeit entwickelten die Kinder eine Reihe anderer Ideen. Sie bauten selbst einen riesengroßen Dinosaurier. An Weihnachten bekamen sie kleine Spiel-Dinos geschenkt, die auch ihren Platz im Büro fanden. Dann entstand eine Dino-Landschaft mit Vulkan, Wasser, Sand und Palmen. Es war faszinierend zu erleben, welches Organisationstalent Kinder haben, und wie sie die Aufgaben verteilten, das jeder seine Fähigkeiten einbringen kann. Vier Monate waren die Kinder nun schon an dieser Projektarbeit und ihr Interesse war ungetrübt. Gian Luca hatte schließlich an einem Nachmittag den totalen Zusammenbruch. Mitten im Spiel schrie er, es sei alles doof und blöd, er wolle einen echten Knochen und nicht das hier alles haben. Er schaute mich an, brüllte und weinte zur gleichen Zeit und schrie: *„Du fährst auch nicht mit mir nach Afrika, es macht alles keinen Spaß!"*

Und wieder fiel mir ein, was ich irgendwo gelesen hatte: „Ihre Arbeit hat immer etwas mit dem Streben danach zu tun, sich selbst zu veräußerlichen, etwas von sich selbst im Prozess der Arbeit zu verwirklichen, also die reale Wirklichkeit zu bringen.", deshalb antwortete ich: „Gian Luca, ich weiß, es ist dein größter Wunsch, nach Afrika zu fahren, aber ich kann ihn dir nicht erfüllen. Einen echten Saurierknochen habe ich auch nicht. Aber einen Stierknochen habe ich inzwischen besorgt." Nun wurde der Stierknochen aus der Gefriertruhe geholt wurde und hielt Einzug in mein Büro. Ein wenig zumindest hat er Gian Luca getröstet.

## Man kann Kindern eine Menge zutrauen

Als Projektbegleiterin war ich neugierig und wollte wissen, welche Erkenntnisse und welches Wissen die Kinder bei ihren Forschungen gewonnen haben. Also fragte ich nach. Hier die Antworten der Kinder:

*„Die Saurier sind strohdumm. Die Saurier hatten ein Gehirn so groß wie ein Ball. Und weil sie so groß waren, war das Gehirn ja sehr klein, und deswegen waren sie so dumm. Weil das Gehirn für die großen Tiere zu klein war."* – *„Saurier sind ausgestorben, weil ein Meteorit auf die Erde geknallt ist, da sind die Vulkane ausgebrochen und ein riesiger Feuerball hat alles kaputt gemacht."* – *„Flugsaurier haben eine lange Kralle an den Flügeln."* – *„Fischsaurier haben scharfe Zähne und essen Fleisch."* – *„Dickkopfsaurier haben miteinander gekämpft."* – *„Zweibeinsaurier waren Pflanzenfresser und die hatten lange Krallen, um die Pflanzen von den Bäumen zu reißen."* – *„Der Stegosaurus hatte große Rückenplatten."* – *„Flugsaurier waren Flugvögel und haben Fische gegessen."* – *„Der Langhals war so groß wie ein Hochhaus."* – *„Panzersaurier hatten einen Kolbenschwanz zur Verteidigung."*

Im Gespräch sagten sie auch, dass das Büro der richtige Ort für ihre Forschung ist. *„Zum Forschen braucht man Ruhe. und man darf nicht gestört werden. Hier können wir auch in Ruhe malen."* Auch die Probleme, die sie mit der Hierarchie hatten, konnten sie mitteilen: *„Gian Luca will immer der Chef sein, das nervt gewaltig. Doch wenn der nicht da ist, dann sind wir die Chefs."*

Die ganze Zeit über war ich trotz aller Einsicht immer wieder neu am Zweifeln: Muss ich mich nicht doch stärker einbringen, den Kindern mehr Wissen vermitteln, sie stärker unterstützen? Immer wieder neu befand ich mich in diesem inneren Konflikt. Dass Kinder handelnde Subjekte sind, dass sie die Akteure ihrer eigenen Bildungsprozesse sind und die Erzieherin sie dabei nur begleitet, ermöglicht und zulässt, selbst neugierig wird, an eigenen Sachen arbeitet, dann und wann den Blick über die Mauer wirft, aber auch den „richtigen Moment" abwarten kann, das hatte ich alles im *Kopf*. Dass Kopf und Bauch das Gleiche wollten, das dauerte und brauchte erst die Erfahrung, dass man Kindern etwas zutrauen kann.

Als ich mir das alles nun nochmals klar gemacht hatte, hatte ich auch meinen Platz gefunden. Jetzt fühlte ich in mir eine neue, noch ungewohnte Gelassenheit. Entspannt konnte ich die Kinder bei ihrem Tun beobachten und sah, was für Fähigkeiten die „Forscher" hatten oder entwickelten. Ich war von ihrem Können und Tun immer wieder beeindruckt, hatte Achtung vor ihren Leistungen und begegnete ihnen mit Wertschätzung.

Der Gedanke, eine dienende Haltung Kindern gegenüber angenommen zu haben, war für mich im ersten Moment erschreckend. Unter dienen verstehe ich nicht *bedienen*. Dienen heißt für mich, *mich* einordnen, *den* Platz annehmen, den Kinder *mir* zuteilen. Ich unterstütze ihre Neugier und ihr entdeckendes Lernen und bin verlässlicher Partner. Hinhören, spüren was sie brauchen, sie mit Futter zu versorgen, damit ihre Selbstbildung weitergehen kann. Zuletzt fühlte ich mich auch selbst als Lernende, und wenn nur darin, dass ich gelernt habe, dass Kinder nicht alles annehmen und für gut befinden, was ich als Futter anbiete. Schön ist es ja nicht, wenn man hört, das sei ja eine ganz doofe Idee. Ganz klar, dass ich diesen hohen Anspruch im Alltag nicht durchgängig leben kann. Immer wieder erlebe ich mich dann doch als Besserwisserin. Was mich entlastet: die Fehlerfreundlichkeit, die sich im Forschen mit Kindern langsam einstellt. Nicht perfekt sein zu müssen, das entlastet!

**Gerda Edelmann-Wirth** ist Erzieherin, Fachkraft für Kindzentrierung/Freinet-Pädagogik und Leiterin der Kindertagesstätte „Regenbogen" in Nidda (Hessen).

**Anmerkung**

[1] Paul le Bohec: Verstehen heißt wieder erfinden. Bremen 1995

Andrea Rindfleisch

# Wie ein Hügel zum Arbeitsplatz wird

## Wenn Kinder „richtig" arbeiten wollen

Maximilian, Yannick, Florian und Vinzenz, alle fünf Jahre alt, verlangen
eine Schaufel von mir. Es sind noch zwei Sandschaufeln da, mit denen
sie zufrieden abziehen. Ich nehme wie sonst an, dass sie damit im Sandkasten spielen wollen. Als ich nach einiger Zeit nach draußen komme,
sehe ich, wie sie auf dem Hügel stehen und mit den Schaufeln im fest-
gestampften Lehm graben. Sie sind völlig in ihre Arbeit vertieft, wechseln sich ohne Streiterei mit den Schaufeln ab und haben anscheinend
die Welt um sich vergessen. Nach mehr als 1 $^1/_2$ Stunden haben sie ein
sehr tiefes Loch gegraben und festgestellt, dass viele Steine im Lehm
eingeschlossen sind. Ich gebe ihnen die Erlaubnis, weiterzugraben und
nachzusehen, ob noch mehr Steine darin sind. Bald haben sie einen
ganzen Haufen Steine ausgegraben. Glücklich und zufrieden fragen sie
nach einer Schüssel, in der sie die Steine waschen können. Als die Steine vom Lehm befreit sind, bringen die Kinder sie mit in den Stuhlkreis.
Sie werden herumgereicht, Form und Farbe begutachtet und vorsichtig
befühlt. Bald unterhalten sich die Kinder darüber, wie die Steine sich
anfühlen, welche der schönste ist, und hat da nicht sogar einer richtig
geleuchtet? Es scheint, als seien daraus Edelsteine geworden …

Ein paar Wochen später bekommen die vier Jungen Vorwürfe, weil
sie über den Zaun gestiegen sind, der das Außengelände zu einem Bach
hin begrenzt, und das ist streng verboten. Bei genauerem Hinsehen zeigt
sich, dass sie gar nicht umhin konnten, über den Zaun zu klettern, denn
das hätte sie in ihrer Arbeit behindert. Sie haben nämlich einen Gang
vom Hügel zum Bach gebaut und mit Stroh ausgepolstert, für ein Tier,
das „unterirdisch lebt". *„Damit es weich darauf laufen kann, wenn es zum
Trinken an den Bach geht."* Der Gang musste also unter dem Zaun hindurch geführt werden, weil er ja sonst nicht hätte bis zum Bach gegraben werden können. Auch in dieser Situation waren die Kinder wieder
ganz konzentriert bei ihrer Arbeit und durch nichts abzulenken. Es
machte ihnen sichtlich Spaß, richtig schwer zu schuften. Das Graben
im harten Lehm schien eine echte Aufgabe für sie zu bedeuten, nicht

Moritz, Emil, Christoph, Alex, Nora und Marius haben sich eine eigene Abmeldetafel gemacht:
Auf einem großen Blatt befindet sich ein Grundriss des Hauses. Wenn man irgendwo dort hingeht, hängt man sein Namensschild auf den entsprechenden Teil des Grundrisses.

Aus dem Kinderhaus „Bernhard von Baden" in Freiburg

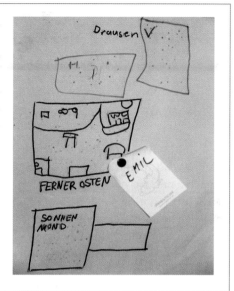

zu vergleichen mit dem „Spielen" im Sandkasten. (Und ich bin mir ganz sicher, dass sie dabei den Zaun überstiegen haben, ohne das Verbot bewusst zu missachten.)

Im Alltag zeigt sich häufig, dass Kinder sich nicht mit dem zufrieden geben, was die Erwachsenen ihnen als Spielmöglichkeit anbieten. Sie suchen nach Möglichkeiten, „richtig" zu arbeiten, das heißt auch, sich anzustrengen und abzumühen. Was manchem Erwachsenen sinnlos erscheint, zum Beispiel das unentwegte Auf- und Abladen schwerer Holzstämme und Steine auf einen Bollerwagen und das Manövrieren mit dem schwer beladenen Wagen über den Hügel hin und zurück, wobei der Wagen gut ausgebremst werden muss, damit er sich nicht selbstständig macht und davon schießt, all das erfüllt die Kinder mit tiefer Zufriedenheit. Sie selbst sprechen dabei von „Arbeiten" und sind voller Ernst bei der Sache. Dabei scheint es nicht unbedingt um das Ergebnis ihrer Mühe zu gehen, sondern der Arbeitsprozess selbst ist entscheidend.

**Andrea Rindfleisch** ist im zweiten Beruf Erzieherin und Fachkraft für Kindzentrierung/Freinet-Pädagogik. Zurzeit arbeitet sie im Elementarbereich einer integrativen Kindertagesstätte in Wiesbaden.

Helke Klein

# „Ich habe doch einen Zettel geschreibt."

## Tastende Versuche mit der Schrift

Wann und wie lernen Kinder schreiben? Sollen sich Kinder schon vor der Einschulung mit Schrift beschäftigen? Und wenn ja, wie können die Erwachsenen sie dabei unterstützen? Fragen, die sich Erzieherinnen (und Eltern) häufig stellen, denn es gibt viel Unsicherheit, wenn es um das Lesen und Schreiben geht. Bis das Kind von seinen physischen Voraussetzungen zum Schreiben bereit ist, muss es eine gute Augen-Hand-koordination entwickelt haben und seine Feinmotorik muss entsprechend ausgebildet sein. Das kann im Alltag auf vielfältige Weise geübt werden: Dinge greifen, mit Stiften und Pinseln malen, großflächig und kleinräumig, Schleifen binden, Knoten machen, Teig rühren und kneten, Plätzchen ausstechen, Spaziergänge im Wald machen und Blätter, Eicheln, Kastanien sammeln, Schrauben drehen und Nägel einschlagen, mit Stöckchen im Sand und Schnee zeichnen oder in der Luft, mit Matsch spielen, Autos auf der Rennbahn und Murmeln auf der Murmelbahn sausen lassen, Puppen an- und ausziehen, Brot mit Butter und Marmelade bestreichen und in kleine „Reiterchen" schneiden, Tee eingießen, Perlen auffädeln …

Doch all das allein wird nicht dazu führen, dass ein Kind zu schreiben beginnt. Schreiben ist zunächst kein spontanes Bedürfnis, denn wie L. S. Wygotski[1] feststellt, fordert das Erlernen der Schriftsprache vom Kind „… eine doppelte Abstraktion, die von der lautlichen Seite der Sprache und die vom Gesprächspartner". Die schriftliche Sprache „… ist eine Sprache ohne Intonation, ohne das Musische, Expressive, überhaupt ohne ihre lautliche Seite. Sie ist eine Sprache im Denken," und sie ist eine „Monologsprache", hat also keinen direkten Gesprächspartner. Die Hauptschwierigkeit besteht demnach nicht in ungenügend entwickelter Feinmotorik, sondern darin, dass das Kind nicht Wörter, sondern die Vorstellung von Wörtern benutzen soll.

Doch in einer von Schrift geprägten Kultur wie der unseren beginnen Kinder sich fast zwangsläufig für die geheimnisvollen Zeichen der Schrift zu interessieren, so wie sie alles, was in ihrer Umgebung passiert, neugierig erforschen. Der Schriftspracherwerb beginnt also schon sehr früh, wird aber von Erwachsenen häufig gar nicht als solcher erkannt. Denn wer kann schon unterscheiden, ob ein Kind malt oder anfängt zu schreiben? Bei genauerer Beobachtung und einem ständigen Dialog mit den Kindern wird deutlich, dass sie – individuell sehr verschieden – in der Regel schon ab ca. zwei Jahren beginnen, mit Schrift zu experimentieren: Sie malen buchstabenähnliche Zeichen, bauen sie in Bilder ein oder „kritzeln" schriftähnliche Zeilen. Wenn man sie danach fragt, wissen sie genau, dass sie jetzt schreiben.

Leider reduzieren Erzieherinnen und Eltern das Schreibenlernen noch sehr oft vereinfachend auf das Beherrschen einer eher „handwerklichen" Technik. Schreiben wird nicht als der komplexe Lernprozess erkannt, der es nun mal ist. Gerade beim Schreiben gilt, dass es für ein Kind Sinn machen muss, sich dem mühevollen Beschäftigen mit zunächst unverständlichen Zeichen zu unterziehen. Wie also kann ein Kind im Schreiben einen Sinn für sich entdecken und damit erst ein Motiv, seine Hand für den noch mühsamen Schreibvorgang einzusetzen?

## „Und wo muss ich unterschreiben?"

Die Kinder erkennen schnell die Bedeutung von Schrift für sich selber. Welches Wunder ist doch auch die Schrift! Und was kann man alles damit machen: Zum Beispiel etwas Wichtiges aufschreiben, damit es nicht vergessen wird, nämlich, dass Tayeb nach dem Frühstück mit Eike in die Töpferei geht. Oder einen Merkzettel schreiben, wie Deniz, vier Jahre alt. Darauf steht, dass er wegen der Flurrenovierung einen anderen als den gewohnten Eingang benutzen muss. Damit er das nicht vergisst, soll der Merkzettel im Flur an einer ganz bestimmten Stelle aufgehängt werden.

Da gibt es die Geschichte von Max, knapp drei Jahre alt, der auf die Frage seiner Erzieherin, wo er denn ganz alleine so lange war, ohne sich abzumelden, antwortet: *„Auf der Wiese. Ich habe einen Zettel geschreibt, einen orangenen."* Schließlich hat er schon oft beobachtet, dass ältere Kinder oder die Erzieherinnen sich auf diese Weise abmelden. Wie gut, dass seine Erzieherin trotz der Sorge um ihn die große Leistung sehen und würdigen konnte, die er vollbracht hat: nämlich sich schriftlich abzumelden wie die Großen.

Die zweijährige Mara, die gern vorn auf dem Teewagen mitfahren will, aber erlebt, dass Sophie heute ihren Lieblingsplatz besetzt hat, sagt zu ihrer Erzieherin: *„Du musst für mich aufschreiben: Ich will morgen vorn auf den Teewagen."* Wünsche, die nicht sofort zu erfüllen sind, schreibt man besser auf! Beim Unterschreiben des Zettels sagt sie: *„Ich brauch' Platz für meine Kreise"*, ihre Buchstaben.

Leonie, drei Jahre, ist traurig, wütend, schlecht gelaunt – alles zusammen. Sie glaubt, dass ihre Mama sich heute nicht richtig von ihr verabschiedet hat. Erst als sie ihre Erzieherin gebeten hat, das aufzuschreiben, *„dass die Mama einfach gegangen ist"*, geht es ihr wieder gut. Den Zettel will sie am Abend ihrer Mama geben: *„... dass die das weiß."* Schreiben als Entlastung und als Mittel, etwas über die eigenen Gefühle mitzuteilen.

Yannick ist zwei und geht mit seinen Eltern Reisepässe abholen. Als er sieht, dass sein Vater den Reisepass unterschreibt, fragt er, wo denn sein Pass sei. Die Beamtin zeigt ihm seinen Kinderausweis und er fragt ganz selbstverständlich: *„Und wo muss ich unterschreiben?"* Schließlich

weiß er aus seinem Kindergarten, dass Unterschreiben etwas Wichtiges ist. Er bekommt einen Extrazettel, auf dem er unterschreibt.

Luise, gerade drei Jahre alt, hat die „Anlaut-Tabelle"[2] der Regebogen-Lesekiste für sich entdeckt. In kürzester Zeit weiß sie, dass ihr Name wie der Löwe auf der Tabelle anfängt, dass sich ihre Mama Ulrike am Anfang gleich anhört wie Uroma und beides wie der Uhu, und dass der Papa Stefan beginnt wie der Star.

Melvyn, vier Jahre, kommt mit einem Zettel zu mir und sagt freudestrahlend:

*„Da, das ist für dich. Da steht dein Name drauf."* Den Namen „Helke" kann er noch nicht schreiben, das „H" aber schon, es ist deutlich zu erkennen.

Auch die dreijährige Amira interessiert sich schon sehr für alles, was mit Schrift zu tun hat. Vor allem das „A" aus ihrem Namen erkennt sie in allen Variationen und Kombinationen. Als Ann-Katrin, sechs Jahre, ihren Namen schreibt, sagt Amira: *„Das ist wie bei mir und bei Angela."* Angela ist Erzieherin in der Nachbargruppe. *„Und der Tayeb hat auch so eins."* Tayeb ist ihr kleiner Bruder.

## Schreibversuche so ernst nehmen wie Geh- und Sprechversuche

Wie sollen Erwachsene mit den Schreibversuchen umgehen? Unterstützen ja, aber wie? Können sich Rechtschreibfehler „einschleifen" und bekommt das Kind dann Probleme in der Schule? Soll es mit dem Schreibenlernen nicht lieber bis zur Einschulung warten? Entscheidend ist, dass das Schreibenlernen so ernst genommen wird wie das Gehen- und Sprechenlernen, Lernprozesse, die wir Erwachsene in der Regel ohne ständige Bewertung liebevoll begleiten und dabei ganz selbstverständlich akzeptieren, dass ein Kind, das sprechen lernt, nicht sofort perfekt sprechen kann. Dazu aus dem Brief einer Lehrerin aus Nordrhein-Westfalen, in dem sie den Eltern künftiger Erstklässler ihre Vorgehensweise beim Schriftspracherwerb erklärt: „Ich möchte mich beim Lesen- und Schreibenlernen Ihrer Kinder so geschickt verhalten, wie Sie dies getan haben, als Ihr Kind sprechen lernte. Schon wenn das Einjährige sein erstes ‚baba' stammelte, bemerkten Sie als Vater oder Mutter begeistert: ‚Es hat Papa gesagt.' Und wenn das Eineinhalbjährige ‚auto put' sagt, bemühen wir Erwachsenen uns, dies zu verstehen und reparieren das Spielzeugauto sogar."[3]

Das heißt für den Schriftspracherwerb: zu verstehen, dass die Kinder Schreiben erst *lernen* und „Fehler" tastende Versuche sind, die es zu würdigen gilt – als Lösungsversuche auf dem Weg zum orthografisch „richtigen" Schreiben. Keiner von uns käme auf die Idee einem Kind zu sagen: „Hör mal zu, du darfst erst dann ganze Sätze sagen, wenn du die Wörter richtig aussprechen kannst und die Grammatik perfekt beherrschst." Übertragen auf das Schreibenlernen gibt es diese Vorstellung aber leider noch allzu oft.

Beim Schreibenlernen, das zumeist vor dem Lesenlernen beginnt, ist von entscheidender Bedeutung, dass die Kinder ohne jede Bewertung den Umgang mit Schreibgerät und Papier tausendfach üben können. Wer Kinder beim Schreibenlernen beobachtet, stellt fest, dass sie fast immer als Erstes ihren eigenen Namen schreiben:

Phillipp war etwa 3 $\frac{1}{2}$ Jahre alt und seine Feinmotorik noch nicht soweit entwickelt, dass er gut mit Stift und Papier umgehen konnte, aber er hatte bei jeder Gelegenheit einen langen Stock dabei, mit dem er, wo immer es möglich war, seinen schwierigen Namen in Sand, Matsch oder Schnee ritzte, so als würde er sagen wollen: Seht her, ich, Phillipp, war hier.

Das Namen-Schreiben ist ein Hinweis darauf, dass Schrift von Anfang an „Bedeutungsträger" ist, ein Mittel, sich von anderen zu unterscheiden, festzuhalten, was einem wichtig ist. Nicht nur der eigene Name ist mit starken Gefühlen belegt, sondern natürlich auch der von Eltern, Geschwistern und Großeltern, aber auch von anderen Bezugspersonen:

Mara, jetzt drei Jahre alt, wollte unbedingt, dass ihr Name wie Eike mit dem „Ei" wie Eidechse (auf der Regenbogen-Anlauttabelle) anfängt. Eike, ihre Erzieherin, hatte die Gruppe verlassen, und Mara hat sehr um sie getrauert. Erst Monate später fand sie es in Ordnung, dass ihr Name mit „M" wie Maus beginnt und wie Matthias und Maksude, die beiden anderen Gruppenerzieher. Auch Tiere und andere Objekte der Umwelt besitzen solche „Anmutungsqualitäten"[4] für das Kind. Das Benennen-Können von Personen, Tieren und Gegenständen ist für Kinder bedeutsam. Darin ist ein Akt der „Weltbewältigung", des Besitzergreifens und Verfügbarmachens zu sehen.

Die Bedingungen beim Namenschreiben sind günstig: Die Buchstabenanzahl ist begrenzt, so dass Kinder relativ mühelos ganze Seiten mit Namen beschreiben können – weniger aus Übungsabsicht denn aus Lustgewinn: Es macht Spaß und eine sofortige Rückmeldung durch diejenigen, deren Namen sie schreiben, ist fast immer sicher. Leistung und Person werden direkt bestätigt. Der Übungseffekt ist sozusagen inbegriffen. Es bedarf keiner künstlichen „Schwungübungen" oder anderer sinnentleerter feinmotorischer Übungen. Der persönliche Sinn bewegt die Hand von ganz alleine und lässt sie üben. Das Kind merkt gar nicht, dass es übt. Seine Hand ist einfach ein Werkzeug, das es einsetzt, um etwas Sinnvolles zu tun. Wenn die Buchstaben nicht gelingen, möchte es seine feinmotorischen Fähigkeiten von selbst perfektionieren, wenn der Inhalt seines Geschriebenen nur etwas mit ihm selbst zu tun hat. Und was hat mehr mit einem selbst zu tun, als der eigene Name?

## „SO" kann „Sophie" bedeuten – für einige Zeit

Sophie begann mit drei Jahren, sich für ihren Namen zu interessieren. Dabei spielte vor allem das „O" eine Rolle. Sie schrieb **O**-ähnliche Zeichen und sagte, das heiße Sophie. Die Erzieherinnen bestätigten das. Als Sophie die „Regenbogen-Anlauttabelle" mit Tieren entdeckte, wollte sie wissen, „mit welchem Tier" denn ihr Name anfange. Die größeren Kinder, die den Umgang mit Anlauten schon beherrschten, zeigten ihr das „S – wie Seestern". Bald wusste sie, dass S auch der Anfangsbuchstabe von Sylvia, ihrer Mama, ist. Zum O kam jetzt das S hinzu: „SO" stand nun für Sophie, manchmal auch „OS". Auch das wurde ihr von den Erwachsenen bestätigt. Ab und zu wollte Sophie gern von uns wissen, wie ihr Name geschrieben wird, noch war sie aber damit zufrieden, „SO" zu schreiben. Eine ganze Zeit war dann Schreiben für sie kein Thema mehr. Als sie etwas über vier war, überraschte sie uns damit, dass sie alle Buchstaben ihres Namens schreiben konnte, allerdings war ihr die Reihenfolge noch nicht wichtig und auch nicht die Raumlage der Buchstaben, aber es waren immer die richtigen Buchstaben! Ihre Bilder, die sie oft zu „Briefen" oder „Geschenken" erklärte, hat sie seitdem immer „signiert". Manchmal schreibt sie in Spiegelschrift oder senkrecht von oben nach unten. Inzwischen lässt sie sich von Erwachsenen oder den Schulkindern der Gruppe andere Namen aufschreiben und schreibt sie nach. Über das Üben ihres Namens hat sie Sicherheit im Umgang mit der Schrift gewonnen und kann sich nach und nach in aller Ruhe und in ihrem eigenen Rhythmus andere Buchstaben „erobern". Hier zeigt sich wieder einmal, dass „Fehler" keine Lernhemmer, sondern im Gegenteil „Verbündete" des Lernens sind.

## Entwicklungsförderliches Milieu für das Schreibenlernen

Für das Schreibenlernen brauchen Kinder – wie für alle anderen Lernprozesse auch – Erwachsene, die sie ohne vorauseilendes Eingreifen (Kommentieren, Korrigieren) begleiten sowie ein entwicklungsförderliches Milieu, das ihnen einen individuellen Lernrhythmus ermöglicht. Sehr unterstützend erweist sich dabei eine „Schriftumgebung", in der Schrift allgegenwärtig ist und selbstverständlich zum Alltag gehört. So können unablässig „Schreibanlässe" genutzt werden.

Eine „Schriftumgebung" im Kindergarten könnte so aussehen:

▓ regelmäßiges Vorlesen, auch schon für Krippenkinder, dabei „mitlesen" lassen, um den Zusammenhang zwischen gesprochener und geschriebener Sprache erkennbar zu machen;

▓ eine Auswahl attraktiver Bücher, vor allem Bilderbücher, die für die Kinder frei zugänglich sind;

▓ Spiele, die zum Lesen und Schreiben anregen wie z. B. „Gezinktes Memory" aus der Regenbogen-Lesekiste oder „Erstes Lesen" vom Ravensburger Buch-Verlag;

▓ langsames, wörtliches Aufschreiben der Geschichten, die fast alle Kinder zu ihren selbst gemalten Bildern erzählen;

▓ Schaffung bzw. Nutzung von „Schreibanlässen" aller Art, wobei die Kinder selber schreiben, über die schon genannten hinaus:
 – Schreiben von Einkaufszetteln;
 – „Signieren" von selbstgemalten Bildern oder Werkstattprodukten;
 – Rollenspiele, bei denen geschrieben werden kann: Schule, Friseur (Rechnung), Arzt (Rezept), Restaurant (Speisekarte, Rechnung);
 – Aufschreiben und Lesen von Kochrezepten;
 – Einladungen zu Geburtstagsfeiern;
 – Eintragen in Benutzerbücher usw.;
 – Wunschzettel schreiben
 – Beschriftung von Einrichtungsgegenständen im Gruppenraum (am Fenster klebt ein Zettel „Fenster")

▓ ältere Kinder wirken als Vorbilder;

▓ Bereitstellen von Anlaut-Tabellen, wie sie von Jürgen Reichen für den Grundschulunterricht bzw. von Hans Brügelmann für die „Regenbogen-Lesekiste" entwickelt wurden und inzwischen auch zu vielen Fibeln gehören, z. B. „Lesezauber" von Paul Maar. Auf ihnen können die Kinder nach den „Anlauten" für ihren Namen oder für andere wichtige Wörter suchen. Die „Anlaute" sind mit den passenden Tieren bzw. Gegenständen illustriert, also **A** mit einem Affen, **L** mit einem Löwen oder einer Lampe, **St** mit einem Star oder einem Stern.

▓ eine Schreibecke in jeder Kindergartengruppe, wie sie sich Donata Elschenbroich wünscht, mit „Luftpostpapier, Memos, einem Kalender, einem Rechnungsblock, Grußkarten in verschiedenen Sprachen. Briefumschläge. Schreibgeräte. Schiefertafel und Griffel. Stempel. Federkiel. Marker. Einen Computer."[5]

▓ sich selbst als „Schreibmaschine" zur Verfügung stellen und Schreibaufträge entgegennehmen.

## „Zensurfreie Zone" Schreibwerkstatt

Ganz besonders für die Arbeit mit Schulkindern gilt der Verzicht auf Bewertung und Korrektur. In einer Schreibwerkstatt können sie, aber auch schon Vorschulkinder, nach Herzenslust in einer anregenden Umgebung mit den unterschiedlichsten Mitteln (Druckerei, Schreibmaschine, Stempeln, Federn) und besonders schönen Schreibmaterialien (echte Gänsefedern, Bambusstifte, farbige Tinte, einer Vielfalt von Papieren) ihrem „Schreibdrang" nachgehen und mit Schrift experimentieren. Hier ist auch der Platz, um Schriften und Schreibmaterial aus anderen Kulturen und Epochen kennen zu lernen, zum Beispiel Hieroglyphen, die auf Tontafeln geritzt werden oder eine Schriftrolle, die mit einem Bambusstift beschrieben wird, und, und, und. Heike Tenta gibt in ihrem Buch „Schrift- und Zeichenforscher" dazu eine Reihe wertvoller Anregungen. Die „zensurfreie Zone" Schreibwerkstatt wird auch genutzt, um z. B. Liebesbriefe zu schreiben oder „Beziehungskrisen" mit der Freundin schriftlich zu klären. Es werden Einladungen und Versöhnungsangebote geschrieben oder gedruckt und mit Ornamenten verziert.

**Ein Versöhnungsangebot (originalgetreue Abschrift)**

Für Rebeka von Ann-Katrin
Rebeka ich Habs Nicht so Gemeint und Eigentlich wollte ich dich Nur fragen ob Wir Uns Wider Fer Tragen könen
Wen du Ein ferschtanden bist dan Schreib auf Einen Noien Setel
deine ANN-KATRIN

*Ann-Katrin (7) geht in die 1. Klasse*

Auch den Ärger über die eigenen Erzieherinnen kann man sich da von der Seele schreiben. Zum Beispiel hat Kai, acht Jahre, ein „Flugblatt" mit dem Text gedruckt: „Brigitte ist blöd", um es im Haus zu verteilen (Brigitte ist seine Erzieherin). Weil er nicht mehr so genau wusste, wie das Drucken geht, hat er es sich von mir zeigen lassen. Dass die Kinder keine Angst vor Bewertung haben, zeigt sich daran, dass sie ihre Texte in der Schreibwerkstatt offen liegen lassen. Schreiben erscheint als eine hoch emotionale Angelegenheit und in jedem Fall mehr als die bloße Beherrschung einer Technik. In ihren „Schriftstücken" bringen Kinder zum Ausdruck, welche subjektiven Bedeutungen sie ihrer Umgebung und ihren Erlebnissen verleihen. Darüber hinaus ist Schreiben eine Möglichkeit, Gefühle mitzuteilen und zu bearbeiten. Dafür lohnt es sich dann auch, die Strapazen des Schriftspracherwerbs auf sich zu nehmen.

**Helke Klein** ist Diplom-Bibliothekarin, war bis 2002 pädagogische Fachkraft in einer Wiesbadener Kita und leitet heute eine Stadtteilbibliothek in Wiesbaden.

### Literatur

„Erstes Lesen" (Spiel), Ravensburger Spieleverlag 1994

Heiko Balhorn/Hans Brügelmann (Hrsg.): Welten der Schrift in der Erfahrung der Kinder. Konstanz: Faude 1987

Hans Brügelmann (Hrsg.): ABC und Schriftsprache: Rätsel für Kinder, Lehrer und Forscher. Konstanz: Faude 1986

Hans Brügelmann: Kinder auf dem Weg zur Schrift. Eine Fibel für Lehrer und Laien. Böttighofen: Libelle 1992

Donata Elschenbroich: Weltwissen der Siebenjährigen. München: Kunstmann 2001

Hans Jörg: Mit der natürlichen Methode zum schriftlichen Ausdruck und zum Lesen. (Wie Balouette, die Tochter Freinets, Schreiben und Lesen lernte, wird hier beschrieben.) In: Célestin Freinet: Pädagogische Werke, Bd. 2, S. 358–453. Paderborn u. a.: Schöningh 2000.

Regenbogen-Lesekiste, Hamburg: Verlag für pädagogische Medien, Unnastr. 20, 20253 Hamburg.

Günther Schorch (Hrsg.): Schreibenlernen und Schriftspracherwerb. Bad Heilbrunn: Klinkhardt 1992

Tenta, Heike: Schrift- und Zeichenforscher. München: Don Bosco 2002

L. S. Wygotski: Denken und Sprechen, Frankfurt 1977.

### Anmerkungen

Dieser Beitrag ist die Zusammenfassung zweier TPS-Artikel: „Ich habe doch einen Zettel geschreibt." in Heft 1/2002 und „Erst der persönliche Sinn bewegt die Hand." in Heft 1/2003.

[1] L. S. Wygotski: Denken und Sprechen, Frankfurt 1977, S. 224 ff.

[2] Regenbogen-Lesekiste, hrsg. von Heiko Balhorn u. a. Hamburg: Verlag Pädagogische Medien.

[3] R. Urbanek: Fela mus Mann machen düfn, Schulverwaltung NRW, H. 5/1992, S. 126–128.

[4] Schreibenlernen und Schriftspracherwerb, hrsg. von Günther Schorch, Bad Heilbrunn, 1992, S. 35.

[5] D. Elschenbroich: Weltwissen der Siebenjährigen. München 2001, S. 208

Rosy Henneberg[1]

# „… weil wir da überlegen können, wie Schule geht."

## Wenn Kinder Schule üben wollen

*„Guten Morgen, Frau Henneberg."* – „Guten Morgen, Kinder. Ich freue mich auf eine schöne Schulstunde mit euch." So beginnt nicht etwa der Morgen in der Schule, sondern das regelmäßige Vorschulkinder-Treffen in meiner Gruppe. Dabei ist es nicht mein Anliegen, die Kinder durch ein „Vorschultraining" auf die Schule vorzubereiten, im Gegenteil: Ich bin auf der Suche nach einer kindzentrierten Form der Schulvorbereitung.

Im Gruppenalltag arbeiten unsere Kinder selbstbestimmt und sehr konzentriert. Sie erfinden, experimentieren und forschen entlang ihren eigenen Fragen und Ideen. Sie treffen Entscheidungen, führen Verhandlungen und setzen mit ihren Erfindungen und Entdeckungen oft auch neue Maßstäbe. Sie werden dabei von uns begleitet und unterstützt. Es herrscht eine angstfreie und lustvolle Arbeitsatmosphäre, die uns allen viel Spaß am Lernen ermöglicht.

Damit sind in meinen Augen die Grundlagen für eine gute Schulvorbereitung schon gelegt. Dennoch muss ich mich immer wieder einmal der Frage stellen, ob unsere Kinder den konkreten Übergang, den Wechsel in die völlig andere Welt der Schule mit ihren neuen Herausforderungen, wirklich problemlos meistern werden. Werden sie stillsitzen, zuhören, eigene Ideen zurückstellen können und machen, was die Lehrerin von ihnen erwartet? Ich muss gestehen, dass auch ich mir ein wenig unsicher war, wie sie mit diesen neuen Anforderungen umgehen werden. So begann ein spannender Lernprozess zwischen den Kindern der Roten Gruppe und ihrer Erzieherin Rosy Henneberg.

## Ich hielt die Lehrerinnen-Rolle kaum aus …

Von Anfang an bat ich die Kinder um ihre Hilfe. Meine Idee war, mit ihnen in ein Schul-Spiel einzusteigen, bei dem wir uns für eine bestimmte Zeit in Schüler und Lehrerin verwandeln und dann die „Echt-Situation" Schule ausprobieren können. Die Kinder und ich trafen uns zum ersten

Vorschultreffen vor der Tür eines „fremden" Gruppenraums; der eigene war ja „Kindergarten". Hier sollte in der nächsten Zeit unser „Klassenraum" sein. Bevor wir diesen nun zum ersten Mal betraten, verwandelten wir uns alle: Wir gaben uns vor der Tür die Hand, schlossen die Augen, atmeten tief durch und fühlten uns von nun an für eine bestimmte Zeit wie „echte Schulkinder" bzw. als „echte Lehrerin". Von Beginn an zeigten die Kinder mir, dass sie bereits genaue Vorstellungen davon hatten, wie Schule ist. Schon als ich die Tür öffnen und den Raum betreten wollte, wurde ich von Jana zurückgehalten: *„Nein, so geht das aber nicht. Erst gehen die Kinder rein und du kommst dann und machst erst die Tür auf und wir müssen dann ‚guten Morgen' zu dir sagen. Das ist auch bei meinem Bruder in der Schule so."*

Gesagt, getan. Als ich dann nach den Kindern zur Tür hereinkam, wurde ich mit einem „disziplinierten" *„Guten Morgen, Frau Henneberg …"* begrüßt. Alle Kinder saßen um den Arbeitstisch herum, mit ernsten und gespannten Gesichtern. Auf meine Frage: „Warum sagt ihr ‚Frau Henneberg', so habt ihr mich doch noch nie genannt?" kam als klare Antwort von Sven mit ernstem Gesicht: *„Eben weil du jetzt keine Rosy* *mehr sein kannst.*" Und Nino: *„Du bist doch jetzt eine Lehrerin und die heißen mit ihrem Hinternamen. Also musst du Frau Henneberg heißen."*

Nach der ersten Schulstunde – wir haben uns über Wellensittiche unterhalten und ein Ausmalblatt dazu angemalt – waren die Kinder begeistert und ich schweißgebadet. Als „Lehrerin" war es meine Aufgabe, klare Arbeitsanweisungen zu geben und deren Einhaltung zu begleiten. Immer wieder drohte ich dabei „aus der Rolle zu fallen" und den Kindern mehr Freiräume für eigene Entscheidungen zu öffnen. Ich hielt es kaum aus. Die Kinder aber wachten darüber, dass „in echt" Schule gespielt wird. Und da bestimmt eben fast immer die Lehrerin. Und als die „Lehrerin" am Schluss vergessen hatte, Hausaufgaben aufzugeben, machte Milena sie darauf aufmerksam und alle nahmen schließlich noch ein Ausmalblatt mit nach Hause. Und die Pause nicht zu vergessen, die war Sven wichtig. Denn wenn die Schulstunde zu Ende ist, geht man eben in die Pause. Zuvor erkundigten sie sich, wann wieder „Schule" sei.

Der Anfang war also gemacht. Die Kinder hatten ihre eigenen Vorstellungen von Schule einbringen können. Schule zu spielen, war unser gemeinsames Vorhaben geworden. In den Wochen danach wurden die „Schulstunden" immer wieder von den Kindern eingefordert. *„Frau Henneberg, wann ist endlich wieder Schule?"* Also versuchten wir in der nächsten Zeit, wenigstens einmal wöchentlich „in die Schule zu gehen". Meine anfängliche Frage begann sich zu klären. Es hatte etwas sehr Beruhigendes für mich, meine Kolleginnen und auch für die Eltern, dass wir nun erleichtert sagen konnten: Klar können auch unsere Kinder nach Anweisung von Erwachsenen arbeiteten, Arbeitsblätter ausfüllen, ausmalen und sich mit ihren eigenen Ideen dabei zurücknehmen. Aber eben nur im „Klassenraum". Mit der Arbeit in unserer Gruppe hat das – Gott sei Dank – nichts zu tun. Hier darf man auch als Vorschulkind weiterhin Kind sein, seinen eigenen Ideen nachgehen, seine eigenen Fragen stellen, Dinge ausprobieren, anzweifeln, verändern, entdecken, forschen und selbsttätig lernen. Hier steht wie immer die Kindzentrierung im Vordergrund unseres pädagogischen Handelns.

## Instruktionspädagogik durch die Hintertür?

Das Experiment „Schul-Spiel" hätte aus meiner Sicht hier abgebrochen werden können, wenn nicht die Kinder die Weiterführung der „Schule" eingefordert hätten. Nebenbei bemerkt, kamen mir jetzt ganz andere Fra-

gen. Wie ließ sich diese „neue" Arbeit mit dem Konzept der Kindzentrierung in Einklang bringen, ohne dass ich dabei falsch verstanden würde? Wie könnte ich vor mir selbst und auch vor anderen Pädagogen vertreten, dass ich mit Arbeitsblättern und Arbeitsanweisungen arbeite?
Könnte das Ganze nicht zum Selbstläufer werden und sich bei Außen-
stehenden die Frage aufdrängen: Ist jetzt auch die Rosy Henneberg wieder zur alten Angebots- und Instruktionspädagogik übergegangen?

Die Kinder aber ließen nicht locker und in mir erwachte die Neugier.
Ich wollte nun unbedingt wissen, was sie an unserem „Schul-Spiel" so
faszinierte. Wie immer fragte ich bei ihnen selbst nach: „Warum kommt
ihr eigentlich so gern zum Schulkindertreffen?" Einige Antworten aus
einem langen Katalog:

- *„Weil es voll gut ist;*
- *weil es uns Spaß macht;*
- *weil wir da überlegen können wie Schule geht;*
- *weil ich da meine Farben-Blatt-Idee machen kann;*
- *da kann man was lernen;*
- *wie Kindergarten geht, das wissen wir, und wenn man weiß, wie Schule
  geht, das fühlt sich gut an und einfach schön;*
- *da kann man sich auch richtig benehmen, wie in der Schule;*
- *nicht husten und nicht mit dem Finger schnipsen, damit es keinen stört;*
- *weil ich es mir immer gewünscht habe. Ich habe gedacht das wird schön und
  es ist auch schön;*
- *weil man übt, damit man nicht in der Schule einschläft;*
- *weil man was für die Schule erfinden kann;*
- *man kann probieren, zu müssen und nicht gleich auf die Toilette zu gehen;*
- *weil wir nichts wissen von der Schule, nur vom Kindergarten;*
- *weil wir mal ausprobieren, wie sich in die Schule gehen anfühlt, voll gut
  und ich geh ja auch bald in die Schule;*
- *weil man da auch in die Pause gehen kann;*
- *weil ich´s gut finde und weil ich Lust dazu habe;*
- *weil ich will, ich will doch auch in die Schule gehen;*
- *weil ich da echte Hausaufgaben kriege."*

## Der Bezug zur Kindzentrierung

Kindzentrierung will, dass Kinder sich die ganze Zeit über als selbst-
bewusste, selbstständig handelnde und selbsttätige Forscher an die Welt

herantasten können. Als Grundsatz gilt: Kinder sollen so weit wie möglich ihre eigenen Dinge erforschen können, sollen dabei von Erwachsenen möglichst wenig gestört werden und ihrem eigenen Rhythmus folgen. Erwachsene sehen in den Fragen der Kinder deren persönliche Lernziele. Kinder erwarten auf ihre Fragen von Erwachsenen keine Antworten, sondern Impulse, Resonanz, Interesse, Aufmerksamkeit, Anerkennung und sogar neue, weiterführende Fragen. Vor allem erwarten sie, dass sich Erwachsene ernsthaft auf ihre Forschungen einlassen und sich daran beteiligen.

Die kindzentrierte Haltung der Erwachsenen vertraut dabei auf den Lernwillen und das Lernmotiv jedes Kindes. Sie greift die Ideen auf, lässt sich darauf ein und kann aus dem Geschehen heraus mit eigenen Ideen etwas dazu beitragen. Und genau aus diesem Grund gibt es heute, ein Jahr später, unser „Schulkindertreffen" immer noch. Nur mit dem Unterschied, dass ich mich jetzt mit den Vorschulkindern treffe, weil sie mir gezeigt haben, dass sie einen Platz brauchen, an dem sie überlegen können, wie Schule geht; an dem sie Schule üben können und nicht, weil ich wissen will, ob sie „schulfähig" sind. Sie haben mir gesagt, dass es sich für sie gut anfühlt, etwas über Schule zu wissen und ich nehme es ernst, dass sie ein Übungsfeld für ihr Schulthema wollen. Ich bin begeistert mit welchem Engagement sie dieses Übungsfeld mitgestalten.

## Selbstorganisierte „Schule"

Mittlerweile wird das Vorschulkinder-Treffen in großen Teilen von den Kindern mit organisiert, geplant und inzwischen auch verändert und erweitert. Valentin hat uns vor kurzem einen Stundenplan entworfen und dabei die Idee gehabt, wir sollten jede Woche „ein anderes Unterrichtsfach dran nehmen". Auch Arbeitsblätter werden von interessierten Kindern heute selbst entworfen, so etwa Valentins „Farben-Blatt-Idee" oder „Malen nach Zahlen". Gemeinsam haben wir es für alle kopiert und Valentin hat es selbst in den „Unterricht" eingebracht. Er begleitet auch die Arbeit der anderen Kinder daran, erklärt, gibt Hilfestellung und urteilt „gut gemacht" oder „Das musst du noch anders machen". Er verhandelt mit den Kindern, motiviert zur Weiterarbeit und spart dabei nicht mit kräftigem Lob und Anerkennung. Valentin lernt durch das Lehren. Er probiert aus, wie es ist, anderen etwas „beizubringen." Er setzt dabei aber auch Maßstäbe für die Weiterarbeit im

Schulkinder-Treffen und bekommt Anerkennung. Elena und Jessica übernehmen die Vorbereitung des „Unterrichts" eine Woche später. Elena hält sich dabei an Valentins Vorgabe und entwickelt eine neue Farben-Blatt-Idee. Jessica erfindet etwas ganz Neues, ein „Was-fehlt-denn-hier-Blatt". Beide übernehmen nun abwechselnd die Rolle der Lehrerin. Immer häufiger werde ich als „Lehrerin" zur Zuschauerin. Immer neue Fragen rund um das Thema Schule entstehen. *„Wenn man sich so fühlt wie in der Schule, kriegt man immer neue Fragen im Kopf."*, weiß Sven. Die vielen Fragen der Kinder werden in unseren regelmäßigen Treffen gemeinsam beraten: *„Ich glaube, wenn man Husten hat, darf man in der Schule trotzdem nicht husten, damit es niemanden stört"*, meinte Colin kürzlich. *„Wenn man krank ist, muss man zu Hause bleiben, glaube ich"*, sagte Katharina darauf. *„Aber mit Husten ist man doch nicht krank, man kann doch trotzdem in die Schule"*, meinte Valentin, dessen Mama selbst Lehrerin ist. *„Aber dass man nicht mal husten darf, glaub' ich nicht, wie soll das denn gehen, der Husten kommt doch einfach so raus?"* fragte sich Jessica. *„Wir können höchstens mal Valentins Mama fragen oder meinen Bruder."* – *„Wir können doch auch mal eine echte Lehrerin einladen"* – *„Oder einen Lehrer, der weiß dann auch, ob man in der Schule auch kämpfen darf."* Selten geht es um Fragen der schulischen Leistungsanforderungen. Was die Kinder vor allem interessiert, sind Fragen des Lebens, Fragen danach, wie es ihnen selbst in der noch fremden Umgebung Schule ergehen wird. Arbeiten, lernen, etwas leisten, das wollen sie, aber sie spüren auch ihre Unsicherheit. Unsicherheit entsteht durch Unwissenheit. Wer seine Gedanken, Vorstellungen und auch Ängste in Bezug auf das, was ihn selbst in der Schule konkret erwartet, nicht mit anderen teilen kann, der wird sich nicht sicher sein können, was daran wahr ist und was nicht. Darüber ins Gespräch kommen zu können, es sogar selbst schon einmal, sozusagen zur Probe, erleben zu dürfen, das beruhigt. Das macht sicher. Und Sicherheit macht Mut und Mut tut gut.

## Die Kinder wollen Sicherheit gewinnen

Um Sicherheit zu gewinnen, macht man sich gern bestimmte Vorstellungen über anstehende Veränderungen. Man überlegt sich, wie es danach sein könnte. Und genau das machen unsere Vorschulkinder auch. Wer schon einmal erlebt hat, wie es ist, wenn man still sitzen muss, nicht einfach aufs Klo gehen darf, sondern Bescheid sagen und Dinge tun

muss, zu denen man jetzt vielleicht gerade keine Lust hat usw., der kann sich ein besseres Bild von einer noch ungewissen Zukunft machen.

Wissenserwerb und Lernen vollziehen sich im kindzentrierten Verständnis vor allem im Rahmen von Alltagsvorgängen. Forscherfragen entstehen aus dem Leben, aus dem Alltag heraus. Kinder experimentieren dabei mit dem, was in ihrem Leben für sie bedeutsam ist. Und dazu gehört eindeutig auch der bevorstehende Wechsel vom Kindergarten in die Schule. Sich mit dieser Lebenssituation vertraut machen zu können und dabei etwas über sich selbst zu erfahren, dazu dient unser „Schulspiel". Es ist ein echtes Forschungs- oder Übungsfeld, kein Drill, auch kein Eintrainieren von erwünschtem Verhalten.

Deutlich wurde mir, dass die Kinder die mit dem Wechsel in die Schule zusammenhängenden Ängste und Unsicherheiten der Erwachsenen spüren. Auch deshalb wollen sie wissen, ob man überhaupt Angst haben muss. Sie wollen wissen, was Schule fordert, was man schon kann und was man eventuell noch üben muss, um es zu schaffen. Sie legen dabei großen Wert auf die „Echtheit" der Situation, denn nur dann kann man auch „echt fühlen, wie Schule ist". Arbeitsblätter, Ausmalvorlagen und genaue Arbeitsanleitungen gehören für sie dabei genauso zum „Schulalltag" im Kindergarten, wie freies Arbeiten im Klassenzimmer, Basteln, Nacherzählen von Geschichten, themenzentrierte Aufgaben, Hausaufgaben und natürlich die Pause. Alles muss seinen Platz haben und alles muss in den Augen der Kinder stimmig sein. Bis hin zum Stempel, den sie von der Lehrerin als Auszeichnung für gutes Arbeiten bekommen. Über alles muss aber auch jederzeit neu verhandelt und gesprochen werden dürfen, damit sich Unterschiede herausarbeiten und Dinge neu ausprobieren lassen. Die Kinder können dabei zwischen den unterschiedlichen Möglichkeiten im Kindergarten und den Anforderungen im „Schul-Spiel" sehr gut trennen. Was sie mir bewiesen haben, ist vielleicht vor allem, dass sie sich auf *beides nebeneinander* einlassen können.

Die Freiwilligkeit der Teilnahme an diesen Treffen war für mich bis jetzt noch kein Thema. Alle Schulkinder haben sich für die Weiterführung des Schulkindertreffens entschieden und sind nach wie vor sehr interessiert, sofern sie nicht gerade eine wichtige andere Arbeit zu Ende bringen wollen. Darauf kann jederzeit Rücksicht genommen werden. Die kindzentrierte Vorbereitung auf den Übergang in die Schule bedeutet für mich, das Bedürfnis der Kinder nach Sicherheit, Wissen und Erfahrung ernst zu nehmen. Was ich dabei gelernt habe, ist vor allem, dass sich Kinder auch etwas zumuten wollen. Sie wollen überhaupt nicht vom so genannten Ernst des Lebens ferngehalten werden. Sie wollen ihn aktiv ausprobieren und sich darin üben. Insofern bedeutet Kindzentrierung auch, ihnen meine Bereitschaft dazu zu signalisieren. Es bedeutet, die Fragen und Themen der Kinder wie immer sehr ernst zu nehmen und mich mit ihnen gemeinsam dem Forschungsauftrag „… weil wir überlegen wollen, wie Schule geht" zu widmen.

**Rosy Henneberg** ist Erzieherin und Fachkraft für Kindzentrierung/Freinet-Pädagogik und arbeitet in der Roten Gruppe des Kindergartens am Stadtpark in Reinheim/Odenwald.

**Anmerkungen**

Dieser Beitrag erschien zuerst in TPS Heft 2/2004 „Fördern – fordern – üben".

[1]  Zur Entstehung dieses Artikels haben die Vorschulkinder Katharina, Jessica, Sven, Zamir, Colin, Onur, Attila, Valentin und Elena der Roten Gruppe in hohem Maße beigetragen. Nur gemeinsam mit ihnen konnte ich herausfinden, was ihnen wirklich wichtig ist und warum sie Schule „üben" wollen.

Simone Brunnenkant, Christina Haas, Cony Hartlaub-Klein, Claudia Schell

# „Hausaufgaben mach' ich, wann ich will."

## Vom selbstbestimmten Umgang mit einer lästigen Pflicht

Die Kita Nr. 6 in Offenbach, ein reiner Hort, liegt mitten in der Stadt und direkt neben der Grundschule unseres Einzugsbereichs. Alle Probleme, die mit einem solchen Standort verbunden sein können, sind in unserem Hort wiederzufinden. Natürlich gehören die lästigen Hausaufgaben dazu. Hausaufgaben und vor allem die Art, wie die meisten Schulen sie erteilen, entspringen keinem kindzentrierten Denken. Wenn sie als Anforderung schon fremdbestimmt sind und in der Regel nichts mit dem wirklichen Leben der Kinder zu tun haben, sollen die Kinder wenigstens so selbstbestimmt wie möglich damit umgehen können.

Schon im ersten Kontakt mit den Eltern, beim Einführungsgespräch, kommt das Thema „Hausaufgaben" auf den Plan. Die Eltern treffen nämlich die grundsätzliche Entscheidung, ob ihr Kind bei den Hausaufgaben im Hort ein „F"- oder ein „M-Kind" wird. „F" heißt „freiwillig" und bedeutet, dass das Kind jeden Tag neu entscheiden kann, ob es die Hausaufgaben ganz oder teilweise und im Hort oder zu Hause erledigen möchte. Ein „M" bedeutet „muss", die Eltern wünschen also, dass ihre Kinder die Hausaufgaben im Hort fertigstellen.

### Mithilfe von Symbolen die Zeit selbst einteilen

Im 2. Obergeschoss unserer Kita befindet sich der Hausaufgabenraum mit maximal 18 Plätzen. Die Hausaufgabenbetreuung beginnt um 11.30 Uhr und endet um 16.30 Uhr. Zur Begleitung der Hausaufgaben stehen zwei Mitarbeiterinnen zur Verfügung. Die Kinder bestimmen grundsätzlich den Zeitpunkt, wann sie mit ihrer Arbeit beginnen wollen, selbst. Dabei lernen sie, ihren eigenen Arbeitsrhythmus zu entwickeln und ihre unterschiedlichen Bedürfnisse – trotz der notwendigen Erfüllung der

# Klasse 1

| Name | ⏱ | Was | ge-zeigt | Unter-schrift |
|---|---|---|---|---|
| Tyrone (M) | | ab schult | | |
| Jonas (F) | X | Reim Pfoterk | | |
| Yasmine (F) | 2.h | | | |
| Salih (M) | | MS | | |
| Saskia (M) | | | | |
| Mauricio (M) | X | SCHREIBEN | ✓ | ✓ |
| Angelo (M) | A | AB M | ✓ | ✓ |

„lästigen Pflicht" – so zu regulieren, dass sie beides auf die Reihe bekommen.

Praktisch sieht das so aus: Für jeden Tag werden neue Hausaufgabenzettel im Hausaufgaben-Raum ausgehängt. Jedes Kind trägt bei der „Uhr" eine Zeit ein. Ein „X" bedeutet: Ich bleibe sofort da. Ein „O" als Symbol für einen Teller bedeutet: Ich komme nach dem Essen. Eine Zahl markiert die Uhrzeit 1, 2, oder 3 Uhr, eine durchgestrichene, also halbierte Zahl, die halbe Stunde; „3", heißt also „halb drei". Bei den älteren Kindern ist es einfacher. Sie schreiben 14.20 Uhr, 15.15 Uhr usw. Die Vorklasse und die 1. Klasse denken sich oft eigene Symbole aus. Manchmal müssen auch die Erzieherinnen erst einmal fragen, was sie bedeuten. Unsere Aufgabe ist es, die Kinder bei der Einhaltung der eingetragenen Zeit zu unterstützen und sie an diese Zeit zu erinnern. Die Eintragung auf dem Hausaufgabenzettel wird von den Kindern täg-

# Klasse 2

| Name | ⏰ | Was | ge-zeigt | Unter-schrift |
|---|---|---|---|---|
| Altaira (M) | 8 | M + 6 | ✓ | C. |
| Selena (M) | 7 | M + S | ✓ | C |
| Samuel (M) | 3 6 | M S | ✓ | C |
| Golschan (M) | ✗ | D: R: | ✓ | Corn |
| Teresa  (M) | ✗ | | ✓ | |
| Marko (M) | 3 | R | ✓ | Corn |
| Fabio (M) | 0 | Sch | ✓ | C. |
| Vanessa (M) | ✗ | ReL+Sch | ✓ | |
| Antonia (M) | ✗ | ReL+Schwre | | |

lich neu gewählt und ist dann verbindlich. Zeitliche Veränderungen
können natürlich mit den Erzieherinnen ausgehandelt werden.

Es ist erstaunlich, dass bereits diese kleine Freiheit bei unseren Kindern zu größerer Gelassenheit im Umgang mit ihren Hausaufgaben
führt. Der Ort, an dem die Hausaufgabenzettel hängen, ist gleichzeitig
ein Treffpunkt, an dem schon mal ausgetauscht wird, wer was auf hat,
wer heute was unternehmen möchte, wer wie viel Lust mitbringt oder
was heute so „in der Luft liegt". Die Zettel sind häufig der erste Anlaufpunkt im Hort.

Auch wie die Hausaufgaben erledigt werden, entscheiden die Kinder selbst. Sie machen ihre Hausaufgaben allein, Ältere helfen Jüngeren und umgekehrt, oder sie finden sich in Kleingruppen zusammen.
Die Erzieherinnen sind für die Kinder da, wenn sie Hilfestellungen brauchen oder Fragen haben. Sind die Hausaufgaben erledigt, tragen die

Kinder in die Liste ein, was sie gemacht haben. Da die Lehrerinnen und Lehrer der Schule sehr unterschiedlich zur Erledigung der Hausaufgaben stehen, sind die Erwartungen der Kinder an uns ebenso verschieden. Manche Kinder zeigen uns ihre Hausaufgaben gar nicht, weil die Fehler in der Schule gemeinsam gesucht und korrigiert werden, andere legen Wert auf fehlerfreie Hausaufgaben, weil die Lehrerin die Hausaufgaben einsammelt und bewertet. Grundsätzlich vertrauen wir den Kindern, dass sie ihre Arbeit so erledigen.

## Druck und Auseinandersetzungen reduziert

Die freie Einteilung der Hausaufgabenzeit gibt den Kindern die Möglichkeit auszuprobieren, wann ihre persönlich beste Zeit ist, sich auf die Hausaufgaben zu konzentrieren. Das hängt ganz vom Temperament, dem Alter, der Entwicklung, persönlichen Gewohnheiten und auch der Tagesform des einzelnen Kindes ab. Manche Kinder kommen von der Schule und beginnen direkt, noch vor dem Essen mit den Hausaufgaben, um den Nachmittag frei zu haben. Andere wiederum brauchen erst einmal Abstand und wenden sich erst gegen 15.30 Uhr ihren Hausaufgaben zu. Wieder andere, meist ältere Kinder, planen ihren Nachmittag gezielt durch: Wann treffe ich mich mit Freunden? Ich möchte heute noch in die Turnhalle. Diese Woche bin ich in der Bistrokommission.

Im Laufe der Hortzeit haben viele „M-Kinder" den Wunsch, „F-Kinder" zu werden und damit täglich entscheiden zu können, ob sie die Hausaufgaben im Hort oder zu Hause erledigen. Wir unterstützen die Kinder dann bei diesem Wunsch und den Verhandlungen mit den Eltern.

Seit acht Jahren hat sich das System nun schon bewährt. Rückblickend können wir vor allem feststellen, dass von den Kindern ein wenig vom bisweilen irrationalen Druck abgefallen ist, den das Hausaufgabensystem in Schulen so manchem Kind auflastet. Deutlich erkennbar ist das an den geringeren Auseinandersetzungen, die es unter den Kindern bei uns rund um die Hausaufgaben gibt.

**Simone Brunnenkant** und **Christina Haas** sind Erzieherinnen, **Cony Hartlaub-Klein** ist Sozialarbeiterin und **Claudia Schell** ist Erzieherin und Leiterin. Alle arbeiten in der Kita 6 in Offenbach.

# Regeln, Partizipation, Selbstbestimmung

**„Ich bestimme auf
meine Sachen und du bestimmst
auf deine Sachen."**

*(Mara, 3)*

Christa Roser, Lothar Klein

# Warum es sinnvoll ist, in der Kuschelecke keinen Knaller zu zünden

## Vom Sinn kindlichen Handelns und wie man lernen kann, ihn wahrzunehmen

Stellen Sie sich einmal vor, Sie würden ohne Vorinformationen das Kinderhaus „Bernhard von Baden" in Freiburg besuchen. Sie kommen in einen Gruppenraum und entdecken in einer kleinen Kuschelecke fein säuberlich aufgeschrieben ca. 120 Regeln an der Wand. Was würden Sie im ersten Moment denken? Sie würden die Erwachsenen, die so etwas tun, für, sagen wir einmal, „etwas daneben" halten? Oder fänden das schlicht und einfach „unmöglich"? Auf jeden Fall würden Sie wohl die Kinder bedauern, die sich ständig diesen 120 Regeln zu unterwerfen hätten. „Wie soll man da noch spielen?", würden Sie sich wohl fragen. Das Kinderhaus „Bernhard von Baden" in Freiburg wäre für Sie wohl spätestens jetzt kein Anlaufpunkt mehr für eine weitere Hospitation.

Stellen Sie sich weiter vor, sie sehen sich die Regeln genauer an und entdecken welche wie:
– *Man darf nicht Zigaretten rauchen.*
– *Man darf nicht Stifte spitzen.*
– *Man darf nicht einen Knaller loslassen.*
– *Man darf hier drin keine Fußballsticker tauschen.*
– *Man darf nicht an der Lampe hochklettern.*
– *Man darf hier nicht mit einem Elefant rein.*
Schütteln Sie jetzt vielleicht nur noch den Kopf, drehen sich um und gehen oder fragen Sie die Erzieherin vielleicht etwas pikiert und angesäuert, wie denn wohl solche Regeln entstanden sind? Wie dem auch sei, Sie tappen gewissermaßen unweigerlich in eine typische Beobachtungsfalle. Fast augenblicklich drängen sich Ihnen Interpretationen und Schlussfolgerungen auf. Sie versuchen, sich ein Bild von dieser Einrichtung und ihrem pädagogischen Konzept zu machen, wobei Sie Ihre Beobachtungen in Ihre eigenen Erfahrungen und Überzeugungen „einzupassen" versuchen. In Sekundenbruchteilen steigen Sie gleich mehrmals die so genannte Leiter der Schlussfolgerungen[1] auf und ab.

## Die Leiter der Schlussfolgerungen

Die *unterste Stufe* der Leiter sind Ihre Wahrnehmungen. Aus der Fülle dessen, was sie sehen, hören, fühlen könnten, wählen Sie auf der Grundlage Ihres eigenen Deutungssystems aus, was Sie wahrnehmen. Vielleicht haben Sie in unserem Beispiel gar nicht wahrgenommen, dass sich gerade zwei Kinder in der Ecke herumlümmeln, und dass es ihnen augenscheinlich nicht schlecht geht. Vielleicht ist ihrer Wahrnehmung auch entgangen, welche Anstrengung und Ernsthaftigkeit sich dahinter verbirgt, Regeln für (fast) alle Eventualitäten zu finden. Möglicherweise haben Sie auch nicht entdeckt, dass auch Regeln darunter sind, auf die Sie erst gar nicht gekommen wären. Von dem, was unsere Wahrnehmung auswählt, hängt ab, wie wir eine Situation interpretieren.

Das ist die *zweite Stufe* auf der Leiter: die Interpretation. Wie z. B. kommen Sie eigentlich darauf, die Erwachsenen könnten irgendetwas mit den 120 Regeln zu tun haben? Und was gibt allein vom ersten Augenschein des Regelwerks Anlass zu vermuten, hier würden Kinder gegängelt? Es sind unsere eigenen Erfahrungen, die uns ein Schnippchen schlagen: Wo so viel verregelt ist, da *muss* es sich ja um Gängelung handeln. Und: Regeln machen natürlich die Erwachsenen. Wir sehen also 120 Regeln und interpretieren: Gängelung durch Erwachsene.

Und schon sind Sie auf der *dritten Stufe*: Sie bewerten das Ganze nun. Eine derart horrende, ja offenkundige Bevormundung von Kindern kann man ja wohl nicht gut heißen, oder?

Auf der *vierten Stufe* angekommen, ziehen Sie nun Ihre Schlussfolgerung. Entweder: „Mit diesen Erzieherinnen darüber zu reden, hat wohl wenig Sinn!" oder: „Hier komme ich nicht mehr hin!" oder „Um die Kinder vor so starker Unterdrückung zu schützen, müsste ich das eigentlich an die Öffentlichkeit bringen."

Auf der *fünften Stufe* schließlich handeln Sie entsprechend Ihrer jeweiligen Schlussfolgerung.

Das alles vollzieht sich in rasender Geschwindigkeit. Davor schützen kann sich nur, wer spätestens auf der zweiten Stufe merkt, dass er in seiner eigenen Weltsicht, seiner *persönlichen* Konstruktion von Wirklichkeit gefangen ist und entsprechend interpretiert. Dann kann er zurück steigen und noch einmal genauer hinsehen, hinhören, hinfühlen oder einfach nachfragen. Je weiter wir auf der Stufenleiter unreflektiert nach oben geraten, umso schwieriger ist eine Umkehr. Wer schon Bedeutung hinzugefügt, also die Sache schon bewertet hat, dem fällt es schwer, überhaupt noch etwas anderes wahrzunehmen. Ganz zu schweigen von dem, der schon seine eigene *Wahrheit* gefunden und seine persönlichen Schlussfolgerungen gezogen hat.

## Im Handeln der Kinder steckt immer Sinn

Der persönliche Sinn, die Logik und Folgerichtigkeit, die in den 120 Regeln stecken, erschließen sich erst, wenn wir den Aufstieg von der Wahrnehmung bis zur Schlussfolgerung deutlich verlangsamen, einen Perspektivenwechsel wagen und die Angelegenheit aus dem Blickwinkel der Kinder betrachten. In der Gruppe „Heißer Süden" fehlte im Gruppenzimmer ein Bereich, in den die Kinder sich zurückziehen konnten. Die Erzieherinnen, Susanne und Nora, beobachteten dies und machten es zum Thema in einer Kinderkonferenz. So kam es, dass sie mit den Kindern einen kleinen Teil des Raumes zur Kuschelecke umgestalteten. Dieser Bereich wurde mit Stoffbahnen abgetrennt und innen mit Matratzen und Kissen ausgelegt. Was jetzt noch fehlte, waren die Regeln für die Kuschelecke.

In der Gruppe war es üblich, den Umgang mit neuen Spielen und auch neu eingerichteten Bereichen gemeinsam mit den Kindern zu besprechen. Damit alle Kinder und Erzieherinnen informiert werden konnten, schrieben die Erzieherinnen die ausgehandelten Regeln gewöhnlich auf. Susanne wollte nun mit den daran interessierten Kindern die Regeln für die neue Kuschelecke besprechen, holte schon einmal ein großes Blatt Papier, um sie darauf aufzuschreiben. Sie wurde allerdings, bevor die Besprechung richtig anfangen konnte, durch einen Telefonanruf unterbrochen.

Nach dem Telefonat wollte sie die Kinder wieder um sich sammeln und neu beginnen. Moritz, sechs Jahre alt, wies sie aber darauf hin, dass das nicht mehr nötig war! Ganz selbstverständlich hatten er, Marius und Christoph, beide ebenfalls sechs, die Regeln bereits aufgeschrieben, während sie am Telefon war. Jetzt erst schaute sich Susanne das Blatt überhaupt erst an. Moritz hatte die Regeln darauf aufgemalt. Susanne konnte sie nicht lesen und ließ sie sich von den Jungen vorlesen:
– *Man muss die Hausschuhe ausziehen.*
– *nicht am Vorhang ziehen;*
– *Man darf nicht Schokolade essen.*
– *Man darf die Kissen nicht rauswerfen.*

Susanne hatte sich in einer Situation befunden, in der sonst die Kinder stecken: Sie konnte das Aufgeschriebene nicht lesen. Sie brauchte Hilfe und musste die Kinder darum bitten. Was sie allerdings sofort verstand, war, dass Moritz die Verantwortung für die Regeln einfach selbst übernommen hatte und zusammen mit den beiden anderen die eigenen Regeln formuliert hatte. Gemeinsam hängten sie das Blatt mit den aufgemalten Regeln in der Kuschelecke auf. In der Folgezeit erklärte Moritz immer wieder geduldig anderen Kindern und Erzieherinnen, welche Regeln sie „aufgeschrieben" hatten. Auch die Aufgabe der „Chefs" für die Kuschelecke übernahmen Moritz, Marius und Christoph.

„Chefs" sind Kinder, die einen „Job", für den sie sich selbst entscheiden, übernehmen. Ihre Verantwortung als Chefs endet dann, wenn sie selbst es möchten. Die drei Jungen achteten als „Chefs" auf die Einhaltung der Regeln und sprachen auch Sanktionen aus. Dabei mussten sie sich immer wieder neu auf das passende Strafmaß einigen. Bei jedem Verstoß gab es zu Anfang Kuscheleckenverbot, nur in der Länge variierend. „Wie lange darf dieses Kind oder jene Erzieherin nicht mehr in die Kuschelecke?", ständig beschäftigten sie sich mit dieser Frage. Ihre „Chefposition" verlangte ja nicht nur, Regeln aufzustellen und zu erklären, sie verlangte auch die Verantwortung dafür, dass sie eingehalten werden. Sie hatten Macht, spürten aber auch die damit verbundene Verantwortung, gerecht entscheiden zu müssen. Im Laufe der Zeit begannen sie zu differenzieren und aus Gründen der Gerechtigkeit wurden nicht mehr alle Verstöße gleich geahndet. Die jüngeren Kinder, Dreijährige und noch jüngere, bekamen mildere Strafen als die älteren Kinder oder gar die Erwachsenen. Die Strafen reichten von „Das nächste Mal, wenn du das tust, bekommst du Kuscheleckenverbot" bis hin zu „Drei Wochen Kuscheleckenverbot". Letzteres widerfuhr mir (C. R.), als ich mit dem Hausschuh auf die Matratzen trat.

## 120 wichtige Regeln werden aufgehängt

Moritz, Marius und Christoph beschäftigten sich täglich mit den Regeln der Kuschelecke und bekamen viel Anerkennung. Es dauerte nicht lange, da fielen ihnen noch mehr Regeln ein. Sie benötigten ein weiteres Blatt, um sie aufzumalen. Jetzt ging es ihnen darum, neue Regeln zu erfinden. Dabei entstanden beispielsweise Regeln wie *Man darf nicht*

*an der Lampe ziehen. – Man darf nicht an der Heizung hochklettern." – „Man darf nicht Stifte spitzen." – „Man darf nicht einen Knaller loslassen." – „Man darf hier drin keine Fußballsticker tauschen." – „Man darf nicht an der Lampe hochklettern." – „Man darf nicht Zigaretten rauchen."* oder *„Man darf hier nicht mit einem Elefant rein."*

Für uns Erwachsene schienen viele dieser Regeln unsinnig. Die Erzieherinnen ließen es aber weiterhin in den Händen der Kinder und hängten Blatt für Blatt auf. Irgendwann wurde es den Kindern wichtig, die Regeln zu zählen und zu nummerieren. *„Wie viele haben wir jetzt?"* – *„Wer weiß noch eine?"* – *„Die haben wir doch schon!"* Solche Gespräche fanden fast täglich statt, und die Regelwand wurde ständig erweitert.

Kurz vor der hundertsten Regel kamen selbst die Erfinder bei den Erklärungen manchmal in Schwierigkeiten. Sie suchten nach einer Lösung. Damit sie jederzeit alle Regeln, die sie aufgemalt hatten, anderen mitteilen konnten, brauchten sie die Unterstützung einer Erzieherin. *„Nora, du musst jetzt alle aufschreiben."*

Zusammen mit den drei Jungen ging Nora Regel für Regel durch und schrieb alle für sie auf. Eine lange Liste entstand und die drei waren so begeistert, dass sie noch einmal intensiv nachdachten und tatsächlich weitere Regeln erfanden. Bei 120 war dann endgültig Schluss. Das Ergebnis hing bildlich und schriftlich an der Wand. Damit waren sie zufrieden. Fragte ein Erwachsener nach, welche Regel da aufgemalt ist, verwiesen die Jungen jetzt einfach auf die entsprechende Nummer ihrer Zeichnung: *„Auf dem Blatt daneben kannst du dann nachlesen, wie die Regel heißt."* Die ganze Zeit über haben die Kinder Maßstäbe setzen können. Wie wichtig ihnen unsere Wertschätzung ist, können wir auch daran erkennen, dass die Regeln immer noch ihre Gültigkeit haben. Moritz, Marius und Christoph sind inzwischen Schulkinder, aber immer noch „Chefs" der Kuschelecke.

## Was erst der Perspektivenwechsel zugänglich macht

Erst jetzt entdecken wir etwas vom Sinn des Ganzen: Die Kinder gestalten ihren Alltag kompetent und fachkundig, entdecken Neues und erleben Überraschungen – dass es so viele Möglichkeiten gibt, etwas falsch zu machen – rufen alle ihre Erfahrungen darüber ab, was alles schief gehen könnte, greifen auf bisheriges Wissen und Können zurück – malen und durchstreichen – und finden Lösungen für Probleme wie etwa, dass sie nach und nach den Überblick über ihre 120 Regeln verlieren.

Ganz selbstverständlich machen sie sich zu Regisseuren ihrer eigenen Angelegenheiten. Mir nichts dir nichts übernehmen sie selbst die Verantwortung für die Regeln. Sie verfügen über eine große Fähigkeit, Dinge vorauszusehen und eigenständig Zusammenhänge herzustellen. Dass wahrscheinlich niemand wirklich auf die Idee kommt, in der Kuschelecke einen Knaller zu zünden, ist ganz unerheblich. Die Kinder haben einfach alle Eventualitäten bedacht. Irgendwann werden sie schon noch darangehen, wichtige von weniger wichtigen Dingen zu trennen.

Die Kinder arbeiten ernsthaft an ihren Dingen. Aus Kindersicht betreiben sie ihre Sache mit der ganzen Ernsthaftigkeit eines verantwortungsbewussten Menschen. Sie sind sogar deutlich um Perfektion bemüht! Sie haben einen ganz eigenen Weg entdeckt, den Umgang mit Regeln zu üben. Sie sammeln sie und untersuchen jede einzelne auf ihre Sinnhaftigkeit, wie Wissenschaftler, die ein Problem erst einmal von allen Seiten her einkreisen, um es in seiner ganzen Komplexität erfassen zu können. Was uns schließlich immer wieder von neuem ganz besonders überrascht, ist die ungeheure Konsequenz und Konzentration, die Kinder aufwenden, wenn sie sich einer Sache in eigener Verantwortung widmen.

Das alles nimmt nur wahr, wer eine Begebenheit von vielen Seiten her betrachten und sich vor eigenen Interpretationen, Bewertungen und Schlussfolgerungen schützen kann, wer also den Weg zur Schlussfolgerung verlangsamt! Wem das nicht gelingt, handelt zwar entsprechend seiner eigenen beschränkten Sichtweise logisch, bleibt aber auch darin stecken. Er kann nicht erkennen, dass andere die Angelegenheit anders erleben. Solche Beobachtungen sind nutzlos, weil sie nicht helfen, zu verstehen. Das Bemühen, den subjektiven Sinn kindlichen Handelns zu entschlüsseln, ist aber aus meiner Sicht das eigentliche Ziel einer Beobachtung, die nicht aushorchen, sondern beachten will.

Moritz, Marius und Christoph haben sich an *realen* Lebensaufgaben erprobt, an Echtsituationen. Lernen heißt hier, wirkliche Schwierigkeiten allein durchzustehen und dabei auch die Verantwortung für das eigene Handeln übernehmen zu dürfen. Da braucht es keine geschwollene Rede mehr davon, dass Kinder zur Eigenverantwortlichkeit und Selbstständigkeit erst hingeführt werden müssten.

Für all das finden sich viele weitere Beispiele im Kinderhaus „Bernhard von Baden": Da gibt es Dutzende selbst angefertigter Pokémon-Karten inklusive einer dazugehörigen Sammel-Vorrichtung an der Wand zu bewundern, sehr praktische Listen für die Computer-Benutzung, diverse Ankündigungen, die überall herumhängen, die persönlichen Streitregeln von Lea, Kinder, die sich ihren eigenen Platz für ihre Hausaufgaben suchen, oder ein einzelnes Kind, das sich vollkommen unbeeindruckt vom Treiben um es herum dafür entschieden hat, in Ruhe auf dem Sofa zu sitzen und zu lesen, sogar Elternabende, die von Kindern kompetent und fachkundig vorbereitet werden (siehe den Beitrag von Britta Michel in diesem Buch), bis hin zur eigenen Abmeldetafel, mit der Christoph, Yannik, Alexander, Moritz und Marius aus der Gruppe „Heißer Süden" anderen mitteilen, wo sie sich jeweils aufhalten.

**Christa Roser** ist Erzieherin und Fachkraft für Kindzentrierung/Freinet-Pädagogik im Kinderhaus „Bernhard von Baden" in Freiburg, **Lothar Klein** ist Diplom-Pädagoge und freiberuflicher Fortbildner und Autor.

**Anmerkungen**

Dieser Artikel erschien zuerst in TPS Heft 6/2003.

[1]  M. und J. Hartkemeyer/L. Freeman-Dhority: Miteinander denken. Das Geheimnis des Dialogs. Klett-Cotta 1999, S. 86 ff.

Donate Hupfer

# Der weite Weg zur Cola

## Vom Recht auf das eigene Anliegen

In unserem Kita-Alltag mit fast 90 Kindern im Alter von drei bis zwölf Jahren werden wir mit den verschiedenen Wünschen der Kinder konfrontiert. Im Team überlegten wir, welche Bedingungen Kinder brauchen, um ihre Wünsche und Ideen möglichst selbstständig umzusetzen. Wichtig war uns auch, dass die Kinder folgende Erfahrungen machen:

- selbst aktiv werden und dabei die eigene „Lange-Weile" überwinden,
- Verzögerungen erleben und Geduld aufbringen,
- etwas selbstständig verändern oder verbessern dürfen,
- Zufriedenheit bei erfolgreicher Umsetzung erleben und mit Misserfolg umgehen.

Wir initiierten eine monatliche Hauskonferenz für alle Kinderhauskinder im Wintergarten. Kinder, die etwas besprechen wollen, malen oder schreiben einen Zettel und hängen diesen an die vorgesehene „Zettelwand". Bei jeder Konferenz gibt es verschiedene Jobs für die Kinder: den Drannehmer, den Protokollschreiber/-maler und den Zettelabnehmer. Der Zettelabnehmer legt fest, in welcher Reihenfolge die Zettel aufgehängt und vorgetragen werden. Wir waren vor allem neugierig, was passiert, wenn wir Kindern tatsächlich uneingeschränkt das Wort geben. Wie kommunizieren Kinder untereinander? Was sind ihre Themen? Was interessiert sie wirklich, was ist ihnen wichtig und wie setzen sie sich dafür ein?

Der Wunsch nach Cola steht hier exemplarisch für viele weitere Wünsche und soll den (langen) Weg der Kinder vor der eigenen Idee über die selbstständige Organisation bis zur Umsetzung aufzeigen.

## „Wann gibt es Cola?"

Im Oktober wurde der Zettel mit der Frage *„Wann gibt es Cola?"* aus der Gruppe „Ferner Osten" vorgelesen. Manche Kinder waren entrüstet:

> Ideen findet man im Kopf,
> die gehören dann dir selbst
> und keiner kann sie dir wegnehmen.
> Gell, jeder hat gute Ideen.
>
> Sven, drei Jahre

*„Das ist ungerecht, alle Kinder wollen Cola trinken!"* Die Kinder diskutierten darüber: Wie oft soll es Cola geben? Wie viel Geld kostet das? Dürfen nur die Schulkinder oder auch die Kindergartenkinder Cola trinken? Schließlich beschlossen sie, dass alle Cola trinken dürfen und dass Colakonzentrat für den Sodastreamer gekauft wird, den es im Kinderhaus schon gab. Weiter wurde beschlossen, dass es an einem Tag Cola geben soll, damit alle Kinder wissen, wie es schmeckt. Die Kinder waren von ihrer Idee begeistert. Manche jubelten: *„Ja, es gibt Cola!"*

In der November-Konferenz diskutierten die Kinder über andere Themen. Keiner fragte nach Cola. Erst im Januar hing ein Zettel von Georg (sechs Jahre) an der Wand: *„Was ist mit der Cola?"* Nachdem der Zettel von der Drannehmerin vorgelesen wurde, sagte Georg: *„Wir hatten doch beschlossen, dass es Cola gibt. Weshalb gibt es keine?"* Wir fragten zurück: „Wer kümmert sich darum?" Nach längerer, lautstarker Diskussion stimmten die Kinder ab, dass das Colakonzentrat gekauft wird, wenn der Zivi wieder volle Patronen für den Sodastreamer besorgen muss. Mark (zehn Jahre) müsse aufpassen, wann die Patronen des Sodastreamers leer sind. Er müsse es Georg und Daniel (beide sieben Jahre) berichten, die dann mit dem Zivi Marcel neue Patronen und Colakonzentrat kaufen sollen.

Im Februar gab es wieder einen Zettel: *„Dass es mal Kindercola gibt"* stand darauf. Wir regten an, im Protokoll nachzulesen, was denn das letzte Mal besprochen wurde. *„Ach so, das haben wir vergessen. Können wir es heute erledigen?"* Marcel hatte glücklicherweise Zeit und ging am gleichen Nachmittag mit den beiden Jungen das Colakonzentrat kaufen. Weiter passierte nichts.

Der Besuch im Europapark war großes Thema auf der Konferenz im März. Die Cola wurde mit keinem Wort erwähnt. Aber im April gab es erneut einen Zettel: *„Wann gibt es Cola?"* Das Colakonzentrat stand seit Februar im Kühlschrank. Wir Erwachsenen wussten nicht, wann es Cola geben sollte. Also fragen wir die Kinder. Da montags die meisten Schulkinder da sind, einigten wir uns auf Montag beim Mittagessen. Eine Kollegin wollte wissen, wer die Cola machen sollte. Nach langer Diskussion waren Chris, Robin, Georg und Daniel zuständig. Am darauffolgenden Montag gab es tatsächlich Cola. Chris produzierte es mit dem Sodastreamer und die anderen drei schenkten ein. Die Kinder stellten sich mit ihren Gläsern in einer Reihe auf. Es blieb bei diesem einen Mal. Danach geriet der Rest des Colakonzentrats in Vergessenheit.

## Wichtig ist es, das eigene Anliegen zu verwirklichen

Für uns Erzieherinnen war es nicht immer leicht, abzuwarten, wie lange es dauert, bis die Kinder ihr Anliegen in die Tat umsetzen. Wir mussten lernen, uns zurückzuhalten. Wir waren nicht die Manager der Kinder, sondern erforschten mit ihnen gemeinsam neue Wege. Neugierig und voller Spannung nahmen wir an den Hauskonferenzen teil. Uns wurde klar, dass es den Kindern nicht in erster Linie um die Verwirklichung ihrer Wünsche ging. Sie genossen es, in der großen Runde im Mittelpunkt zu stehen, Resonanz auf ihre Ideen zu bekommen, zu diskutieren, mitzureden und gehört zu werden. Das Forum für ihr Anliegen war ihnen wichtig. Wir dagegen fragen oft, was ins Protokoll zu schreiben wäre, denn uns Erwachsenen war es im Gegensatz zu den Kindern wichtig, des Beschluss festzuhalten. Es irritierte uns, dass die Kinder etwas beschlossen, sich jedoch keiner für die Umsetzung zuständig fühlte.

Immer wieder gibt es in den Kinderkonferenzen Situationen, in denen die Kinder nicht weiter wissen, unsere Meinung hören wollen oder Hilfe in der Moderation benötigen. Wir signalisieren unser Interesse an ihren Ideen und unterstützen sie, ihre eigenen Lösungen zu finden. Letztlich haben die Kinder ihren Colawunsch eigenständig verwirklicht und somit ihr „Ziel" erreicht. Bestimmt ist dies ein Grund dafür, dass die noch vorhandene Cola niemanden mehr interessiert. Aber es kommen neue Ideen, Probleme und Wünsche in den Konferenzen zur Sprache. Wir sind immer wieder gespannt, mit welchen Lösungswegen uns die Kinder überraschen.

**Donate Hupfer** ist Erzieherin, Fachkraft für Kindzentrierung/Freinet-Pädagogik und Fachwirtin für Organisation und Führung. Sie leitet das Kinderhaus „Bernhard von Baden" in Freiburg/Breisgau.

Dieser Artikel erschien zuerst in kindergarten heute Heft 4/2002.

Rosy Henneberg

# „Ich kann mich überall konzentrieren, wenn ich will."

## Erfahrungen mit dem Stuhlkreis und anderen Treffen

„Kinder, es ist halb zwölf, wir räumen auf und machen Stuhlkreis." – *„Aber wir spielen doch gerade noch mit der Eisenbahn. Die kann jetzt hier gleich durch den Tunnel fahren, wir müssen den nur noch schnell bauen."* – „Nein, für heute ist Schluss, jetzt wird aufgeräumt, sonst ist keine Zeit mehr für den Stuhlkreis." – *„Immer Stuhlkreis …"* – „Bitte beeilt euch jetzt mal, sonst haben wir heute wirklich keine Zeit mehr."

Als ich gebeten wurde, diesen Artikel zu schreiben, fielen mir viele solcher Situationen wieder ein. Zu Beginn meiner Tätigkeit als Erzieherin und auch noch einige Jahre danach, gehörte der Stuhlkreis zu den unumstößlichen Bestandteilen des Tagesablaufs im Kindergarten. Es wurde gesungen, gespielt und Informationen wurden weitergegeben. Es wurde aber auch getadelt und bewertet, was am Vormittag passiert war. Erzieherinnen holten oft Versprechen für eine Besserung ein. Gelobt wurde auch mal, aber in meiner Erinnerung eher wenig. Wenigstens einmal am Tag sollten Kinder etwas Gemeinsames machen und lernen, sich in der Gruppe zu konzentrieren. Argumente dafür: Kinder brauchen Rituale, die für Sicherheit sorgen und Kinder brauchen ein Gemeinschaftsgefühl.

Schon damals habe ich bezweifelt, dass Gefühle wie Sicherheit und Zugehörigkeit sich durch täglich wiederholende und von uns Erwachsenen gesteuerte Spielkreise vermitteln ließen. Damals, kurz nach der Ausbildung, fehlten mir die richtigen Argumente und mir fehlte vor allem auch die Erfahrung in der Zusammenarbeit mit den Kindern. Zwischen der obigen Schilderung und dem was ich heute zum Thema Stuhlkreis zu sagen habe, liegen gut 25 Jahre, eine Zeit, in der ich gelernt habe, Kindern genau zuzuhören, zu verstehen, was sie uns sagen wollen, und auf ihre Ideen einzugehen. Das letzte Erlebnis mit dem klassischen Stuhlkreis, es liegt jetzt schon mehrere Jahre zurück, brachte mich in meiner eigenen Auseinandersetzung ein großes Stück weiter.

## Ein Schlüsselerlebnis führt zu vielen Treffen

Ich arbeitete gerade mit den Kindern an dem von ihnen selbst gewählten Projektthema „Höhlen". Die Kinder waren hoch konzentriert bei der Arbeit und wollten täglich weiterarbeiten. Ich hatte die Idee, aus dem Stuhlkreis eine Kinderkonferenz zu unserem Thema werden zu lassen. Vielleicht fand ich dadurch eine für mich und die Kinder sinnvollere Variante der gemeinsamen Treffen. Wie üblich stellten wir die Stühle im Kreis auf, und ich begann, über unser Thema „Höhlen" zu sprechen. Es wurde auf den Stühlen gewackelt, es wurde nicht zugehört, auch die sonst so interessierten Kinder zeigten kein Interesse an ihrem Thema. Bis eines fragte: *„Sind wir bald fertig und können wir dann endlich Stuhlkreis machen?"* – *„Ja, Stuhlkreis, ich will „Schlüssel versteckt" spielen …"*

Was war das? Jetzt wollte ich den Kindern zu ihrem eigenen Thema eine neue Arbeitsform bieten, und sie wollten lieber einen Stuhlkreis machen? Obwohl sie sich sonst oft darüber beschwert hatten und ich sie doch dabei so gut verstehen konnte? Wir haben darüber geredet und die Antwort der Kinder war klar und deutlich: *„Kinderkonferenz mit den ‚Höhlen' wollen wir schon machen, aber die geht doch nicht im Stuhlkreis!"* – *„Mein Papa macht auch Konferenz, da haben die einen Tisch und viel Papier und einen Stift und eine Frau, die schreibt."*

Das war mein Schlüsselerlebnis, um heute sagen zu können: Kinder brauchen viele Treffen

▪ zu unterschiedlichen Themenbereichen,
▪ zu unterschiedlichen Fragestellungen,
▪ zu den unterschiedlichsten Uhrzeiten
▪ mit unterschiedlicher Teilnehmerzahl
▪ und sogar mit unterschiedlichen Erzieherinnen

und: Man muss sie unbedingt inhaltlich benennen. Auch Kinder haben das Bedürfnis und das Recht zu wissen, auf was sie sich gedanklich einlassen sollen. Also haben wir differenziert. Es gibt bei uns mittlerweile:

▪ Spermüllmann-Treffen
▪ Trommel-Treffen
▪ Tagebuch-Treffen
▪ Wer-macht-Frühstück-Treffen
▪ Buchlese-Treffen
▪ Turnraum-Treffen

135

Und wir erfinden immer wieder neue Treffen, wenn es die Situation erfordert. Es nehmen auch hier einfach die Kinder teil, die ihr Interesse daran bekunden. Wie ergeht es uns Erwachsenen, wenn wir mit den Worten: „Ich muss mal mit dir reden.", zu einem Gespräch gebeten werden? Ich persönlich würde mir wünschen, dass sich mein Gegenüber mehr Zeit für die Einladung zu einem Gespräch nehmen und mir Gründe und Inhalte nennen würde. Unabhängig von der Schwierigkeit eines Gesprächsinhaltes erwarte ich, dass er mit gegenseitigem Respekt angegangen wird und dass alle Gesprächspartner um die Inhalte wissen.

Wenn man Kinder genau beobachtet, erfährt man, dass sich ihr Interesse nicht wesentlich von unserem unterscheidet. Auch sie wollen immer wissen, um was es eigentlich geht und warum wir etwas vortragen. Und sie sind irritiert, wenn Dinge, die sie in einem bestimmten Rahmen kennen gelernt haben, plötzlich und ohne Vorankündigung anders ablaufen. Vielleicht, wie wenn wir zu unserer besten Freundin zum Kaffee gehen, im guten Glauben, dort wie immer gemütlich auf der Couch sitzend zu klönen; statt dessen erwartet uns aber eine Verkaufsparty.

## Das Morgenquadrat

Bei uns entwickelte sich die *Arbeitsbesprechung*, wie ich die Kinderkonferenz heute lieber nenne, so, wie die Kinder es vorgaben:[1] Wir saßen jetzt um einen Tisch, hatten viel Papier und eine Frau, die schrieb, nämlich ich. Jetzt hatten wir den richtigen Ort, um über unsere weiteren Arbeitsvorhaben zu diskutieren. Wir trafen uns wöchentlich, um an den selbst benannten Themen der Kinder zu arbeiten. Das Treffen war inhaltlich genau definiert, und es nahmen nur Kinder teil, die Lust dazu hatten. In dieser Arbeitssituation konnte ich auf Ermahnungen zum Stillsitzen, Zuhören, Mitmachen usw. völlig verzichten. Um es mit den Worten von Celéstin Freinet auszudrücken: „Uns stellt sich das Disziplinproblem so: Das Kind, das an einer Arbeit Teil hat, die es fesselt, ‚diszipliniert' sich automatisch selbst."

Um Kinder nicht mehr aus ihren Spiel- und Arbeitssituationen reißen zu müssen, gründeten wir unser „Morgenquadrat". Wir Erwachsenen wollten die Zusammenkunft zuerst „Morgenkreis" nennen. „Morgenquadrat" haben es die Kinder dann genannt, weil sie sich um ein quadratisches Baupodest treffen. Das Morgenquadrat findet gleich um 9.00

Uhr statt; damit ist das Problem, die Spielabläufe der Kinder während des Tages zu stören, erst einmal vom Tisch. Dort kann jeder, der will, erzählen, was ihn gerade betrifft. Es gibt eine Gesprächskugel, die der jeweilige Redner in der Hand halten kann. Da das Prinzip des „freien Ausdrucks" gilt, sind die Inhalte sehr persönlich und breit gefächert. Auch hier interessiert sich natürlich nicht jeder für die Erzählungen des Anderen, es gibt immer Nebenschauplätze, kleine, leise Gespräche mit dem Nachbarn. Wer sich davon gestört fühlt, kann es sagen. Ich hatte jedoch nie den Eindruck, dass die Kinder sich dadurch unwohl fühlen. Es gibt immer Kinder, die sich zuhören, gegenseitig Bezug aufeinander nehmen und dabei erwartet jeder mit Spannung, selbst dran zu kommen. Die Kinder kommen freiwillig und ihnen ist die genaue Struktur des Treffens wichtig.

Ein Beispiel:
Der Besuch der Direktorin „unserer" Grundschule stand bevor und wir baten die Kinder, diese Frau im Morgenquadrat willkommen zu heißen und ihr diesmal ausnahmsweise nicht die eigenen Geschichten, sondern von unseren Projektthemen zu erzählen. Der Tag kam, die Direktorin auch, aber unsere Kinder dachten gar nicht daran, die Struktur ihres Morgenquadrates anlässlich des Besuchs zu verändern. Wir versuchten vergeblich, mit eindeutigen Fragen eine eindeutige Richtung einzuschlagen und die Kinder sprachen weiterhin von Dingen, die ihnen an diesem Morgen wirklich bedeutsam waren. Wir erkannten, wie wichtig ihnen ihr Morgenquadrat ist und dass wir für die Besucherin, sofern sie etwas über unsere Projektthemen hätte hören sollen, ein anderes Forum gebraucht hätten.

## Unser Treffen – wie Kinder für sich die richtige Form fanden

23 Dreijährige aus einer altershomogenen Gruppe haben mir gezeigt, wie das geht.[2] Ohne Kindergartenerfahrung und deshalb noch nicht festgelegt, wie man sich in Gruppentreffen im Kindergarten zu verhalten hat, agierten sie einfach nach ihren Bedürfnissen. Singen und Fingerspiele, das war am Anfang für sie in Ordnung, darauf konnten sich alle zusammen einlassen. Sie forderten dieses Ritual sogar täglich ein, solange, bis sie es für ihre eigene Sicherheit nicht mehr brauchten. Nach einem Dreivierteljahr Kindergarten nahmen die Kinder ihre sehr un-

terschiedlichen Bedürfnisse sehr gut wahr und haben auch die Fähigkeiten entwickelt, sie auszudrücken. Das heißt für uns, es wird bei unseren gemeinsamen Treffen zusehends schwieriger. Es hat einfach nicht mehr jeder Lust und Zeit, sich zu einer bestimmten Uhrzeit gemeinsam zu treffen und sich für eine bestimmte Sache zu interessieren. Oder noch schlimmer: sich die „langen" Reden der Erwachsenen anzuhören.

So war es anfangs gedacht: In unserer gemeinsamen Treffecke „bei den Matratzen" gibt es eine Hängematte und zwei Kletterregale. Wenn wir uns treffen, hängen wir die Hängematte aus und legen die Matratzen so, dass jeder gut sitzen kann. Wir haben diese Ecke mit den Kindern gemeinsam und nach ihren Bedürfnissen eingerichtet und auch zusammen nach passenden Namen gesucht:

- Treffecke
- Regalkletterecke
- Hängemattenecke

Am Anfang wollten wir, dass alle Kinder beim Treffen auf den Matratzen sitzen. Schon bald erkletterten sie die Regale oder wollten auch in der Hängematte zuhören. Sven stand mit dem Rücken zur Gruppe auf dem Regal und schaute zum Fenster hinaus. Auf meine Frage: „Glaubst du, dass du im Moment gleichzeitig zuhören und zum Fenster hinaus schauen kannst?", antwortete er: *„Na klar, meine Ohren sind doch hinten oder sind die vielleicht vorne und gucken aus dem Fenster raus?"* Nino, der ganz oben auf dem Regal saß, antwortete mir auf meine Frage: „Kannst du dich da oben gut konzentrieren?": *„Ich kann mich überall konzentrieren, wenn ich will!"*

An einem anderen Tag lief es so:

„Wir treffen uns im Treffeck." Langsam kamen die Kinder aus der Gruppe in unsere Treffecke. Einige kletterten in die Kletterregale, um sich ganz oben hin zu setzen. Andere nahmen sich Kissen und Decken und legten sich in die Regalfächer. Wieder andere legten sich auf die Matratzen, kuschelten sich in unseren Schoß, setzten sich einfach hin, lagen auf dem Bauch, setzten sich in Reihe hintereinander … Die Aufzählung könnte täglich um neue Varianten ergänzt werden. Einige brachten das Spiel oder Werkzeug mit, das sie im Moment unseres Aufrufs zum Treffen gerade beschäftigt hatte. Andere kamen gar nicht, sie spielten und arbeiteten einfach weiter.

Ich überlegte tagelang, ob ich den Kindern die freie Entscheidung über ihre Sitzplätze lassen sollte, und entschied mich schließlich zusammen mit meiner Kollegin, ihnen sogar zu erlauben, ihre Spielsachen weiterhin mit in die Runde zu bringen. Sie trafen sich jetzt bedeutend lieber mit uns und hatten viel Spaß dabei. Nur wir Erwachsenen konnten uns nun nicht mehr richtig konzentrieren; bis wir verstanden, worin hier das Anliegen der Kinder lag: ein Spieltreffen! Als wir es dabei beließen, machte es uns allen viel Spaß.

## Treffen mit 25 Kindern?

Heute frage ich mich, ob es überhaupt notwendig ist, Kinder im Alter von drei bis sechs Jahren in Großgruppen anzusprechen. Kinder wollen und können konzentriert darüber reden, was sie im Moment betrifft. Dreijährigen gelingt das oft nur in Zweiergesprächen und Kleinstgruppen und auch nur in einem zeitlich sehr begrenzten Rahmen, Sechsjährige können das sicher schon mit mehreren Kindern, bis hin zu selbst organisierten Arbeitsbesprechungen. In keiner dieser Altersstufen ist mir der ausdrückliche Wunsch der Kinder nach 25 Gesprächsteilnehmern mitgeteilt worden. Deshalb möchte ich den Kindern meiner Gruppe die Teilnahme an unseren Treffen bewusst freistellen. Ich will weiterhin auf die Bedürfnisse der Kinder eingehen und die Treffen nach ihren momentanen Themen ausrichten. Ich möchte mit den Kindern eine Gesprächskultur entwickeln, in der sie für sich selbst einen direkten Nutzen sehen können.

Die Frage: „Wollen wir drüber reden?" hat längst in unseren Gruppenalltag Einzug gehalten und wir werden täglich von den Kindern zum Mitreden aufgefordert: *„Komm, wir reden mal mit dem"*, oder *„Was macht der Arbeiter da draußen?"* – „Frag ihn doch, man kann doch mit ihm reden." Es geht mir darum, Kindern den Sinn eines Gesprächs wirklich erlebbar und begreifbar zu machen.

„Sperrmüllmänner" hatten z. B. ihre Arbeit in unserem Gruppenraum begonnen. Sie stapelten Möbel als Sperrmüll übereinander. Unsere anfängliche Begeisterung über die vielfältigen Spielformen unserer Dreijährigen wich ein bisschen der Angst um unsere Einrichtungsgegenstände. Ich berief ein „Sperrmüllmann-Treffen" ein und selbst die „Kleinen" waren voller Ernst dabei, die Sachlage zu diskutieren und nach Lösungen zu suchen. Es waren nur die dabei, die auch wirklich betroffen waren.

Zukünftig werden diese Kinder auf ihre Erfahrungen zurückgreifen und miteinander sprechen. Dies verlangt von ihnen, dass sie einander auch zuhören und Bezug aufeinander nehmen. Kinder reden nicht dann mehr miteinander, wenn man das im Kindergarten zu bestimmten Zeiten tut, sondern wenn sie wissen, dass es für sie im Moment wichtig ist. Und sie lernen auch zu erkennen, wann es für andere wichtig ist, dass man ihnen zuhört. Diese Fähigkeiten, die ein gutes Gespräch ausmachen, lassen sich nicht einfach trainieren, sie müssen individuell erlebt und verinnerlicht werden.

Und wenn wir Erwachsene in Zukunft unbedingt etwas mitteilen wollen, was alle hören sollen? Dann werde ich es auch so benennen und abwarten, was passiert. Auch hier wird die Entscheidung und die Verantwortung dafür bei den Kindern liegen. Wir denken nach über Info-Wände, die auch Dreijährige „lesen" können, und über eine Pinnwand, auf der sie ihre Anliegen veröffentlichen. Ich werde ihnen helfen, sich selbst zu organisieren, sich Gesprächspartner für ihre Anliegen zu suchen und eigene Gesprächsrunden zu gründen. Ich werde selbst, genau wie die Kinder, auch für meine Anliegen plädieren und um Gesprächspartner werben. Und ich werde gespannt und neugierig sein, wie es dann bei uns weitergeht.

## Vier Jahre später

Heute arbeite ich seit vier Jahren in dieser Gruppe. Wir haben in diesem Jahr viele neue Kinder bekommen und das Altersgefälle ist inzwischen recht groß. Deshalb war es mein Anliegen, dass wir uns am Anfang des Kindergartenjahres besser kennen lernen sollten. Ich suchte nach einem passenden Treffen für dieses Anliegen. Es musste eine Treffrunde gefunden werden, in der sich sowohl Siebenjährige als auch gerade erst Dreijährige wieder finden konnten.

Gemeinsam mit den Kindern machte ich mich auf den Weg, einige Treffformen auszuprobieren und wir entschieden uns zuletzt für das Indianer-Treffen. Ein kurzes Ritual am Morgen, Schneidersitz, Indianersprache, Pantomime, Indianergesang, dazwischen ganz kurz der Name des Tages, was wir heute so vorhaben, jeder einzeln oder auch zusammen vom Trommeln der Hände begleitet. Von den Kindern wurde ein Lagerfeuer in die Mitte gelegt, aus zwei Holzlatten. Darauf werden unsere Stofftiere gegrillt und nach dem Indianertreffen genüßlich verspeist. An manchen Tagen gibt es Spiele bei den Indianern, Gedächtnistraining, Gitarrensongs, Süßigkeiten … Die Kinder bringen dabei immer wieder eigene Ideen ein. Noch macht es allen viel Spaß und wir werden solange weiter machen, wie uns dieser Spaß erhalten bleibt. Danach werden wir die Situation überdenken und wieder neue Namen und Inhalte für unsere Treffen finden.

Mit den Schulkindern treffen wir uns möglichst wöchentlich zum Schulkindertreffen. Dort verwandele ich mich in eine Lehrerin, die Vorschulkinder in Schulkinder. Auch über die Form, die Regeln und die Inhalte des Schulkindertreffens haben wir vorher mit den Kindern gesprochen und es ausprobiert. Gemeinsam haben wir uns dann für unser „Schulspiel" zur Schulvorbereitung entschieden. Hier ist, wie in der Schule, die Teilnahme nicht freiwillig und auf Wunsch der Kinder gibt es sogar Hausaufgaben. Da uns auch dieses Treffen viel Spaß macht, war die Regelung der Teilnahme noch nie ein Problem. Auf Wunsch der Kinder haben wir unser Schulkindertreffen sogar für „Gasthörer" geöffnet. Gasthörer können Kinder beliebigen Alters sein, die sich für das Schulkindertreffen interessieren.

Durch die Freiheit der Gedanken, weg vom Zwang pädagogisch durchgeplanter Treffen mit erwachsenenorientiertem, zielgerichtetem Inhalt, finden wir immer wieder neue Formen für unsere Zusammenkünfte. Und auch die Kinder bilden mittlerweile ihre eigenen Treff-Gruppen:

- Jungentreffen
- Mädchentreffen
- Erfindertreffen
- Hier-kommen-nur-„Gute"-rein-Treffen

… um nur einige aufzuzählen. Es kommen immer wieder neue dazu und alte werden verworfen oder vorübergehend vergessen. All diese Treffen erfordern zu ihrer Gründung und Durchführung immer wieder das Gespräch untereinander, das Aufstellen gemeinsamer Regeln und deren Einhaltung. Nichts anderes wollen wir doch erreichen.

**Rosy Henneberg** ist Erzieherin und Fachkraft für Kindzentrierung/Freinet-Pädagogik. Sie arbeitete lange Jahre in einer städtischen Kindertagesstätte in Neu-Isenburg, heute im Kindergarten am Stadtpark in Reinheim/Odenwald.

**Anmerkungen**

[1] Diese Ausführungen beziehen sich auf meine Tätigkeit in einem städtischen Kindergarten in Neu-Isenburg.

[2] Diese Erfahrungen habe ich in meiner jetzigen Tätigkeit in einem städtischen Kindergarten in Reinheim gemacht.

Ulrika Ludwig

# Die Kinderkonferenz macht Pause

## Wie Mitbestimmung aussieht, die den Kindern entspricht

In unserer Kindertagesstätte wird seit 1999 nach dem Konzept des „Offenen Kindergartens" gearbeitet. 62 Kinder aus 18 Nationen zwischen drei und sechs Jahren besuchen unsere Einrichtung. Die Räume in unserer Einrichtung haben alle eine bestimmte „Funktion". Die Kinder können selbst entscheiden, wo sie gern etwas tun möchten: im Rollenspielraum, im Bauraum, Kreativraum, in der Bewegungsbaustelle, im Computerraum, der Bücherei, der Caféteria im Außengelände oder aber im Flur. Sie melden sich im Flur einfach an, wohin sie gehen möchten.

Offenheit mit Zugehörigkeit zu verbinden, scheint unseren Kindern wichtig zu sein. Sie suchen immer wieder den Kontakt zu bestimmten Erzieherinnen sowie Kindern aus dem gleichen Kulturkreis und gründen Freundschaften untereinander. Um diesem Bedürfnis nach Zugehörigkeit Raum zu geben, haben wir Kleingruppen gebildet, die aus ca. zehn Kindern und ein bis zwei Erwachsenen bestehen und in denen sich unsere Kinder dreimal wöchentlich treffen. Die Kleingruppen (oder „Stammgruppen") geben sich Namen und haben auch ein eigenes Erkennungsschild. Ihr Gruppensymbol hängt dort, wo sich die Gruppe trifft. Die Kinder mögen im Allgemeinen ihre Kleingruppe. Sie geben sich eigene Regeln und besuchen sich auch gegenseitig. Manchmal „tauschen" sie auch die Kleingruppe und wechseln in eine andere.

## Kinderkonferenz im Sinne der Erwachsenen

Wir im Team hatten dann irgendwann die Idee, die Kinder über die Kleingruppen hinaus stärken an dem Geschehen im Kindergarten zu beteiligen. Wir beschlossen, ein Kinderparlament einzurichten. Damals waren mit dieser Idee auch „erwachsene" Erziehungsziele verbunden. Wir wollten die Grundlagen für demokratisches Handeln legen und die Kinder zu selbstbewussten Menschen erziehen. Dass wir über die Köpfe der Kinder hinweg entscheiden würden, kam uns damals (noch) nicht in den Sinn. In unserem gedanklichen und handelnden, typisch erwachsenen Vorauseilen kamen wir uns eigentlich ganz gut vor – waren wir doch überzeugt davon, das „Richtige" für die Kinder zu tun .

Bis zum Sommer 2002 wurden jährlich zwei Kinder aus jeder Kleingruppe als „Abgeordnete" für die Kinderkonferenz (so hatten wir das Kinderparlament mittlerweile genannt) gewählt. Wir hielten dies für „basisdemokratisch". Die Frage, ob dieses Erwachsenensystem auch zu den Kindern passt, stellten wir uns damals nicht. Zwölf Kinder trafen sich also wöchentlich mit mir, der Leiterin der Einrichtung. Unsere Themen waren verschiedene Angelegenheiten aus den Kleingruppen, Wünsche für Neuanschaffungen und gemeinsame Feste. Wir richteten Gesprächsregeln ein und sprachen über die Aufgaben von Parlamenten bei den Erwachsenen (Ortsbeirat, Landtag usw.). Sogar die örtliche Presse kam und interviewte unsere „Abgeordneten". Wir kamen und als etwas ganz Besonderes vor.

Und, es schien auch gut zu „funktionieren": In den Kleingruppen wurden die Themen vorher besprochen. Was die Kinder in der Kinderkonferenz einbringen wollten bzw. sollten, wurde aufgemalt. Die Kinder brachten dann die aufgemalten Themen aus den Kleingruppen mit, manchmal sogar ein von der jeweiligen Erzieherin geschriebenes Protokoll. Das trugen sie dann den anderen „Abgeordneten" vor.

Die Kinderkonferenz stimmte ab und beschloss verschiedene Projekte, wie die Halloween-Feier. Die Eltern sollten beispielsweise dazu eingeladen werden und die Räume Halloween-mäßig geschmückt werden. Manchmal gab es auch eine Meckerrunde, und alles, was nicht gefallen hat, konnte geäußert werden. Wortführer gab es und auch Schweiger. Am Ende wurde ein Protokoll angefertigt, das die *Erzieherinnen* der jeweiligen Kleingruppe bekamen. Dort sollten dann die Kinderkonferenz-Beschlüsse verwirklicht, neue Ideen und Verbesserungsvorschläge gesammelt werden. Wir Erwachsenen hatten dank dieses „perfekten Systems" immer den Überblick, wussten, wer was wann wo gesagt oder getan hatte. Und auch viele der Themen entsprangen eher unseren Überlegungen als dem Alltag der Kinder.

Am Anfang hatte die Kinderkonferenz dennoch einen gewissen Reiz für die Kinder, die dabei waren. Selbstbewusst und wortgewandt beschlossen sie beispielsweise, beim Mittagessen einen „Bestimmer" zu wählen. Bestimmen und Wählen, das waren für die Kinder wichtige Mittel, um etwas im sozialen Miteinander zu regeln. Der Bestimmer beim Mittagessen konnte über das Lied oder Tischgebet entscheiden,

Dass Kinder recht genaue Vorstellungen über ihre Anliegen haben, entdeckt man im folgenden Dialog:

*„Wir hätten gerne, dass du uns einen Kuchen backst und dass wir bei deiner Silberhochzeit einen Schleier haben." – „Aber auch mein Bräutigam muss was Schönes anziehen und eine Fliege um den Hals haben." – „Wir brauchen einen Mann mit dickem Bauch, der uns fragt, ob wir heiraten wollen, und wir laden alle Erzieherinnen und Kinder ein." – „Gut, heute kann ich leider keinen Kuchen mehr backen, aber morgen können wir feiern." – „Der Zeshan soll mich und die Selen heiraten." – „Kann ein Mann denn zwei Freuen heiraten?" – „Der Zeshan und die Selen sind damit einverstanden." – „Soll ich noch Herrn Schäfer anrufen oder braucht ihr keinen Pfarrer?" – „Nein, du sollst der Mann sein, der uns verheiratet."*

das am Beginn stand, reichte die Schüsseln weiter und nahm sich selbst, das war der Preis des Bestimmens, erst am Schluss das Essen. Die älteren Kinder fanden das spannend und übernahmen gern diese Aufgabe, die Drei- und Vierjährigen wollten keine Bestimmer sein. Sie sorgten sich um den Nachtisch und darum, vielleicht zu wenig davon zu bekommen, wenn man sich erst als Letzter davon nehmen durfte. Sie ließen die Großen andererseits gern bestimmen, genossen diese klare Hierarchie sogar ein wenig und freuten sich, wenn sie dran kamen.

## Dann lief es aus dem Ruder

Mit dem „Abgeordneten-Wechsel" im Jahr 2001 gab es große Veränderungen. Die Kleingruppen hatten die „falschen Kinder" gewählt, Kinder, die sich nicht so sprachgewandt ausdrücken konnten, sogar Integrationskinder mit Behinderung. Was unserer Vorstellung von Demokratie und Abgeordnetenwesen vor allem aber widersprach, war die Tendenz der neuen Kinder, eher die eigenen Interessen zu vertreten, statt die ihrer Kleingruppe. Die Kommunikation in der Kinderkonferenz wurde immer schwieriger, und immer stärker musste ich regulierend eingreifen und „zum Thema zurückführen." Die Kinder verloren mehr und mehr das Interesse; aus heutiger Sicht kein Zufall, ging es doch nicht um ihr eigenes. Wir interpretierten dies als „Überforderung". Weiterhin galt als Maßstab dafür, was *wir* uns unter der Arbeit von „Abgeordneten" vorstellten. Im Team fanden wir denn auch keine uns befriedigende Lösung. Die Kinder um Rat zu fragen, darauf kamen wir damals nicht. Wir hielten *die* Kinder für noch nicht reif genug. Ihnen gaben wir also die „Schuld" an den Schwierigkeiten. Erst im Austausch mit Kolleginnen aus anderen Städten und der Auseinandersetzung mit der Freinet-Pädagogik während einer Weiterbildung, gingen mir einige Lichter auf.

Kinder im Kindergartenalter leben im Hier und Jetzt und sehen die Welt mit eigenen Augen. Sie konstruieren sich ihr eigenes Abbild von der Wirklichkeit und setzen dabei das ein, was sie bisher erworben und erfahren haben. Sie handeln aus Erwachsenensicht vielleicht „falsch" oder „unsinnig", aus dem eigenen Erleben heraus aber immer folgerichtig und sinnvoll! Deshalb muss auch Partizipation Formen finden, die zu den Kindern passt, um die es geht. Eine unserer Schlussfolgerungen damals war: Man muss den Kindern öfter als einmal pro Woche die Möglichkeit geben (mit) zu bestimmen. Ich sprach also mit den Kindern aus unserer Kinderkonferenz noch einmal über den Sinn und Zweck unseres Treffens und hatte auch den Mut, sie selbst in Frage stellen zu lassen: Warum haben wir eine Kinderkonferenz? Brauchen wir eine? Sollen wir eine Pause machen? Die Pause, das war's! Das wollten die Kinder! Wir beschlossen also eine Pause. Wenn irgendjemand wieder eine Kinderkonferenz wollte, könnten wir uns ja wieder treffen.

## Die Kinder entwickeln Ideen für das „Bestimmen"

Nach ein paar Wochen wollte Yvonne ein Fest feiern. Yvonne war „Abgeordnete" der Kinderkonferenz, die gerade Pause machte. In unserem Gespräch spielte die Kinderkonferenz deshalb eine Rolle. Die Frage, was Yvonne braucht, um ihren Wunsch zu verwirklichen, beantwortete sie aber so, dass sie ihre Idee in der Kleingruppe erzählen wollte. Als ich sie später noch einmal ansprach, ob wir wegen ihres Festes nicht doch eine Kinderkonferenz einberufen sollten, hatte sie in ihrer Kleingruppe schon alles geregelt. Die Kinderkonferenz macht also immer noch Pause.

Im Team reflektierten wir sehr ausführlich darüber, was hier geschehen ist, verschafften uns neue Klarheit über den Sinn einer Kinderkonferenz für Kinder und wollten auch die Kinder selbst dieses mal nicht außen vor lassen. Also beschlossen wir, mit ihnen in den Kleingruppen darüber zu sprechen. Das „Bestimmen" war dort das eigentliche Thema der Kinder. Sie wollten öfter Bestimmer in den Kleingruppen sein. Und sie entwickelten auch Ideen, *worüber* und *wie* sie bestimmen wollten:

145

Manche wollten, dass sie zu Hause besucht werden, weil man zu Hause über Spielsachen bestimmen kann und die anderen Kinder die Gäste sind. Alles, was notwendig war, diese Idee zu verwirklichen, wurde von den Kindern in eigener Verantwortung erledigt. Den anderen den Weg zu sich nach Hause zeigen zu können und sich dort als Gastgeber zu fühlen, das machte sie sichtbar stolz.

In drei unserer sechs Kleingruppen haben die Kinder einen Plan erfunden, auf dem man erkennen kann, was in den Kleingruppen geschieht und wer für was die Verantwortung trägt. Die Kinder achten dabei sehr genau darauf, dass der Plan eingehalten wird. Ist eines der Kinder einmal nicht da, springt ein anderes ein.

Auf diese Weise sind auch neue Projektgruppen entstanden, die „Prinzessinnengruppe", die im Rollenspiel selbst erfundene Märchen spielte, unser Wasserprojekt, in dem draußen Experimente mit Wasser gemacht wurden, oder das Feuerprojekt. Letzteres entstand daraus, dass ein Kind, zunächst noch heimlich, Streichhölzer mitbrachte. Wenn so etwas früher passiert war, wurden dem Kind die Streichhölzer einfach weggenommen und seine Eltern informiert. Nun haben wir die Streichhölzer als Äußerung eines Interesses verstanden und haben den Wunsch des Kindes, etwas mit Feuer zu machen, aufgegriffen. Dass sich viele andere Kinder auch für Feuer interessierten, wundert ja eigentlich nicht. Warum haben wir auf solche Signale zuvor eigentlich nicht so einsehbar reagiert? Warum haben wir uns nicht einfach darauf eingelassen, mitmachend, interessiert und voller Freude über den Eifer des Kindes. „Der Geist des Kindes ist keine Scheune, die gefüllt werden muss, sondern ein Feuer, das genährt werden muss.", schreibt Célestin Freinet.

Heute brauchen wir keine Kinderkonferenz mehr, wenn Kinder sich nicht verstanden fühlen, Beschwerden haben oder irgendeine Idee verwirklichen möchten. Sie wenden sich direkt und selbstbewusst an eine Erzieherin oder mich als Leiterin: *„Du bist doch der Chef und der Bestimmer. Sag mal der Annette, dass ich das nicht machen muss, wenn ich das nicht will."* So wird sich auch über die eine oder andere Erzieherin beschwert, und ich finde, dazu gehört eine große Portion Mut und Selbstbewusstsein.

## Bestimmen heißt zu sagen, was man will

Rosy Henneberg hat einmal die Kinder gefragt, wie sie es sich vorstellen, wenn Erwachsene sie mitreden lassen wollen. Was die Kinder dort gesagt haben, trifft auch voll auf unsere Erfahrungen zu: *„Ich will be-stimmen! Die anderen sollen auch bestimmen! Jeder bestimmt, alle bestimmen! Wir sind alle Bestimmer. – Bestimmen heißt, sagen zu können: Ich will!"* Wenn man bestimmt, sagt man, was man will! Was Kinder wollen, beziehen sie unmittelbar auf die Gegenwart. Manchmal beschreiben sie nur, was sie schon haben. Gerechtigkeitsvorstellungen Erwachsener passen nicht unbedingt zu den Partizipationsvorstellungen junger Kinder. Aus Sicht der Kinder sollen auch Erwachsene Bestimmer sein, keine Mitbestim-mer! Was bestimmt wurde, soll sofort umgesetzt werden.

Was passiert, wenn Kinder sich für ihre eigenen Belange und auf ih-re eigene Art einsetzen, zeigt das Beispiel der Hochzeit von Zeshan und Selen. *„Können wir heute nicht Hochzeit feiern? Ich möchte Zeshan heira-ten."*, überraschte uns Selen. Früher hätten wir den Wunsch für die Kin-derkonferenz notiert und donnerstags besprochen. Erst in der folgen-den Woche, nach Absprache in den Kleingruppen, hätten wir Hochzeit feiern können. Bis dahin aber hätte der Bräutigam vielleicht schon wie-der gewechselt oder beide gar nicht mehr heiraten wollen. Heute frage ich die Kinder einfach: „Was braucht ihr dazu?"

Brauchen wir wieder eine Kinderkonferenz? Unsere Kinder sagen nein! Für sie ist die Kleingruppe der bessere Ort. Sie ist überschaubar und bietet für jeden die Möglichkeit, sich mitzuteilen. Das einzelne Kind bekommt mehr Resonanz von anderen. Interessengruppen können sich bilden, auch wenn nur ein einzelnes Kind eine Idee hat. Man kann auch allein forschen und entdecken. Und auch aus unserer Sicht merkwür-dige Anliegen können gleich verwirklicht werden, wie etwa das von Sergio, der eine Kriegsmaschine bauen wollte, um die Feinde abzu-wehren. Ganz wichtig ist die Haltung, nicht ständig für das Kind zu denken, an seiner Stelle zu planen, es dabei von der Planung auszu-schließen und alles besser zu wissen. Stattdessen haben wir uns auf das Abenteuer des gemeinsamen Lernens eingelassen. Kinder können mitt-lerweile auch uns mitreißen und begeistern, und wir lernen sie dabei zu verstehen. Die Ungeduld, die mich ständig begleitete, wenn Kinder scheinbar etwas „falsch" machten, die verhinderte, sich auf das Nahe-liegende überhaupt einzulassen, die habe ich nach und nach verloren. Und so kann ich neugierig sein, was noch alles kommen wird.

**Ulrika Ludwig** ist Erzieherin, Fachkraft für Kindzentrierung/Freinet-Pädagogik und Leiterin der Kindertagesstätte der evangelischen Chris-tuskirchengemeinde Dürkheimer Straße in Frankfurt am Main.

Lothar Klein

# „Wenn wir uns nicht einig sind, nutzen die Kinder das aus!"

## Von der Uneinigkeit der Erwachsenen und dem Gewinn für die Kinder

Wenn es einen Bereich gibt, in dem es Erwachsenen schwer fällt, von ihrer Macht zu lassen und Kindern das Recht auf Mitsprache oder sogar Entscheidung zu geben, dann ist es ganz bestimmt das, was in vielen Einrichtungen „unser Regelwerk" genannt wird. Dabei herrscht die Vorstellung vor, dass alles drunter und drüber ginge, wenn die Erwachsenen uneinig sind. Der partizipatorische Gewinn für die Kinder kann so aber nicht entdeckt werden.

Viele Teams lassen allergrößte Sorgfalt bei der Klärung dessen walten, was und wie sie es geregelt haben möchten. Die Kinder sind dabei oft vollkommen außen vor. Regeln werden fast durchgängig hinter für Kinder verschlossenen Türen und einseitig durch Erwachsene festgelegt. Andererseits verhindert alle Sorgfalt untereinander nicht, dass das Thema Regeln in vielen Teams ein Dauerbrenner ist. Entweder wird immer wieder neu gestritten, was eigentlich gelten soll, oder es wird peinlich genau darauf geachtet, dass die „bestehenden Regeln" von jedem Teammitglied gleich verstanden und auch „beachtet" werden. Manchmal, so scheint es, wird die Haltung zum Regelwerk des Hauses zur Loyalitätsfrage und zum wichtigsten Maßstab dafür, ob jemand ins Team passt oder nicht. Die Uneinigkeit, oder besser Verschiedenheit, der Erwachsenen in Bezug auf Regeln, deren Auslegung bzw. Art der Einhaltung soll vor den Kindern verborgen werden. Kindern gegenüber treten Erzieherinnen, geht es um Regeln, gern als einheitlicher Block auf. Es grassiert die Vorstellung, Kinder würden, wenn Erwachsene uneins sind, die Gelegenheit sofort zum eigenen Vorteil ausnutzen. Noch immer gilt als grober pädagogischer Fehltritt, wenn Erwachsene sich „vor Kindern" mit ihren verschiedenen Ansichten auseinander setzen und sich in deren Beisein darüber neu verständigen. Ganz ungewöhnlich ist es, Kinder an der Kontroverse unter Erwachsenen auch noch zu beteiligen, etwa, indem man sie um Rat oder ihre Sicht der Dinge fragt.

Eine Erzieherin hat mir gegenüber einmal davon gesprochen, dass sie es als „Verrat am Regelwerk des Hauses" und damit an den Kolleginnen empfindet, wenn sie sich, wie sie sagt, „auf die Seite der Kinder schlägt". Sich auf eine Seite zu schlagen, bedeutet eine andere zu verlassen, das wäre in diesem Fall die des Erwachsenenteams. Es scheint, als gäbe es da nur ein Entweder-Oder, ein „Die-oder-Wir". Und damit wird deutlich, worum es eigentlich geht, nämlich um Macht. Selbst Macht zu verlieren bzw. abzugeben oder anders aufzuteilen, wird anscheinend im Zusammenhang mit Regeln als Machtverlust und damit als etwas Bedrohliches erlebt.

## Bei Regeln geht es auch um die Verteilung von Macht

Vielleicht spüren Erzieherinnen hier unbewusst, dass sich Regeln tatsächlich im Brennpunkt von Beziehungen, vor allem von Macht, Interessen und Vertrauen befinden. Die Art und Weise, wie sie entstehen, sich verändern und kontrolliert werden, sagt viel darüber aus, wie in Beziehungen die Macht verteilt, wieviel gegenseitiges Ver- und Zutrauen vorhanden ist und welche Interessen tatsächlich wirksam werden können. Vielleicht spüren Erzieherinnen hier besonders scharf, dass sie, beteiligen sie Kinder an diesem „Allerheiligsten", Macht abgeben müssen. Vielleicht befürchten sie für diesen Fall Chaos, Durcheinander, Gefahr für Leben und Gesundheit oder einfach auch den Verlust an Oberhoheit, Überblick, eigener Handlungsfähigkeit oder Kontrolle.

Um gleich Missverständnissen den Boden zu entziehen: Das Machtverhältnis Erwachsener-Kind ist grundsätzlich nicht auflösbar! Und: Erwachsene müssen Kindern gegenüber aus vielerlei Gründen Grenzen setzen, Verbote erlassen oder etwas anordnen – ebenso wie es auf einer anderen Ebene Staat und Gesellschaft mit uns tun! Aber: Hier wie dort kommt es darauf an, Macht begrenzen und sie infrage stellen zu dürfen, transparent zu machen, wo sie herrührt und wie sie begründet ist, um sich angesichts der Macht anderer selbst nicht ohnmächtig zu fühlen. Es geht also nicht um die Abschaffung von Macht, sondern um deren gerechtere Verteilung.

Im Alltag vieler Kindergärten wird indes jeder individuelle Versuch, mit Kindern einmal etwas Neues auszuprobieren, vielleicht dabei vorübergehend auch gegen geltende Regeln zu verstoßen oder sie gemeinsam veränderten Situationen anzupassen, sehr schnell als grundsätzliche Infragestellung der kollektiven Macht der Erwachsenen erlebt. Erzieherinnen glauben dann ihre Kolleginnen „zu verraten" und fühlen sich z. B. regelrecht „erwischt", wenn jemand mitbekommt, wie sie erlauben, dass ein Bauwerk auf dein Bauteppich stehen bleiben kann, obwohl eigentlich alles vor dem Mittagessen weggeräumt werden muss. Dabei wäre alles ganz einfach, wenn Erwachsene die Kinder an ihrer Uneinigkeit ein wenig mehr teilhaben lassen würden.

## Die Erlaubnis zur Ungleichheit

Erst die gegenseitige Erlaubnis, es „anders" handhaben zu dürfen, befreit von dem Druck, sich ständig zwischen Kindern und Kolleginnen entscheiden zu müssen. Denn, so formulierte es die Erzieherin, von der ich oben berichtet habe, weiter: „Umgekehrt habe ich mich auch als Verräterin an den Kindern gefühlt, wenn ich nicht auf ihr Wort gehört, bzw. wenn ich auf sture Einhaltung all dieser Regeln gedrungen habe." Diese Erlaubnis muss aber, da es um die gemeinsame Machtstellung der Erwachsenen geht, im wörtlichen Sinne ausgesprochen werden! Partizipation setzt den Mut zur Unterschiedlichkeit geradezu voraus. Wozu jemanden partizipieren lassen, wenn ich nicht an dessen anderer Sichtweise interessiert bin? Erst die Verschiedenheit bringt neue Ideen, Erkenntnisse und Gewinn. Partizipation kommt eigentlich erst in Gang, wenn etwas auch infrage gestellt werden darf. Und die Erlaubnis dazu sollten sich Erzieherinnen, ganz besonders im Zusammenhang mit Regeln, auch untereinander explizit erteilen. Es sollte unterschiedliche Erlaubnisse geben.

Wie gehen Kinder damit um? Zunächst einmal denke ich, es würde sie überhaupt nicht verwundern. Jüngere Kinder ziehen daraus noch gar keine verallgemeinernden Schlüsse. Ältere Kinder wissen sowieso, dass Erwachsene unterschiedlich denken, fühlen, handeln, reagieren. Und selbst, wenn die Kinder damit argumentieren, dass die Kollegin XY die Sache anders sieht, kann ich immer noch meine eigene Sichtweise, nun allerdings auch als solche gekennzeichnet, einbringen. Der einfache Hinweis auf eine „bestehende Regel" alleine genügt dann allerdings nicht mehr.

Nutzen die Kinder solche „Schwächen" Erwachsener denn nicht aus? Mich reizt diese Frage zu einer Gegenfrage: Was wäre daran so schlimm? Geht es bei den Bemühungen um Partizipation nicht eben darum, Interessen stärker zur Geltung zu bringen, um Wege also, etwas für sich selbst zu erreichen? Wenn die Kinder die Gelegenheit, neu über etwas zu verhandeln, ausnutzen, heißt das in meinem Verständnis nur, dass sie (endlich) einen Weg gefunden haben, ihre Interessen und Sichtweisen einzubringen, und das, so denke ich, will Partizipation. Abgesehen davon glaube ich sowieso nicht daran, dass Kinder im Kindergartenalter so bewusst berechnend handeln, wie Erwachsene es ihnen oft unterstellen. Meine Schlussfolgerung daraus wäre: Wenn wir Kindern ermöglichen, sich mit unseren verschiedenen Sichtweisen auseinander zu setzen, fordert uns das sicher in neuer Weise heraus, es macht aber zugleich offen für bisher Nicht-Gedachtes und Nicht-Ausprobiertes. Und das kann sehr befriedigend sein.

Erst die Erfahrung, dass auch Erwachsene nicht unfehlbar Recht haben müssen, ermutigt Kinder, ermächtigt und befähigt sie, ihre eigenen Anliegen, Interessen und Bedürfnisse trotz des Machtgefälles zu vertreten. Ihre eigenen Sichtweisen erhalten dadurch erst einen Wert. Einer sich einigen „Erwachsenenfront" gegenüber erleben sie hingegen immer wieder aufs Neue ihre eigene Ohnmacht.

## Die Nicht-umfahr-Regel

Stellen wir uns einmal folgende Situation vor: In einem Kindergarten gilt seit langer Zeit die einseitig festgelegte Regel: „Im Flur wird nicht mit Rädchen gefahren!" Immer wieder aber umgehen oder brechen Kinder sie. Mal fahren sie Roller statt Rädchen, mal sind sie nur „ganz kurz" mit dem Rädchen unterwegs oder haben einfach vergessen, was sie nicht dürfen. Die Regel wird zum Thema im Team. Eine Erzieherin meint, so gefährlich sei das alles auch gar nicht. Sie hat die Kinder beobachtet und z. B. bemerkt, wie sie laut rufen, wenn ihnen jemand in die Quere kommt. Andere wiederum argumentieren, das sei ja schön und gut, aber wenn doch etwas passiere … Es gelingt nicht, eine Einigung zu erzielen. Eine Mehrheitsentscheidung soll es auch nicht geben, die Erzieherinnen geben sich schließlich „unterschiedliche Erlaubnisse".

Das sieht praktisch so aus: Die eine Erzieherin begegnet den Fahrrad fahrenden Kindern im Flur weiterhin mit Beobachtung und Dialog. Sie spricht mit ihnen und erfährt, dass sie sich der möglichen Gefahren überraschend bewusst sind. *„Wenn ein ganz kleines Kind nicht aufpasst,* *da kann man dem wehtun." – „Ja, bei ganz Kleinen muss man langsam fahren." – „Wenn mal was passiert, halten wir gleich an und rufen nach dir." – „Wir kreischen immer laut ‚Passt auuuuuuf!!!', wenn wir fahren."*

Eine andere Erzieherin erinnert die Kinder weiterhin daran, dass im Flur nicht gefahren werden darf. Hier steigen die Kinder ab und schieben ihre Rädchen nach draußen. Auf ihre Frage, warum sie das bei ihr nicht dürfen, wo doch ihre Kollegin es erlaubt habe, antwortet sie: „Ich glaube, ich habe mehr Angst als meine Kollegin." Manche Kinder trösten sie daraufhin, andere wollen ihr nun zeigen, dass sie keine Angst zu haben brauche. Erst als sie die Kinder dennoch bittet, ihre Angst ernst zu nehmen, gehen sie – nun ist es aber ihre eigene Entscheidung – alle nach draußen. Dort unterhalten sie sich weiter darüber, warum eine Erzieherin mehr, die andere weniger Angst hat.

Keines jedoch ist verärgert oder gar enttäuscht. Vielmehr spüren sie in beiden Fällen, dass sie selbst etwas zur Lösung des Problems beitragen konnten. In beiden Fällen war ihre Kompetenz gefragt, im ersten Fall direkt ihre Lösungs-, im zweiten ihre Sozialkompetenz. In beiden Fällen haben Kinder also partizipiert, teilgehabt, ihre eigenen Sichtweisen eingebracht. Sie wurden gehört und als handelnde Subjekte respektiert. In beiden Situationen konnten die Kinder wachsen und sich selbst als kompetent erleben. Nicht nur die Erzieherin, welche die Kinder unmittelbar in die Lösungssuche einbezogen hat, hat sie partizipieren lassen, auch die, die um Unterstützung und Verständnis der Kinder für ihre Angst gebeten hat, hat sich im wahrsten Sinne des Wortes auf sie bezogen. Auch sie hat die Perspektive der Kinder berücksichtigt und ihnen dadurch die Möglichkeit gegeben, sich als Handelnde zu erleben. Und in der Folgezeit? Für die Kinder ist klar, beide Erzieherinnen haben Recht. Sie werden wohl auch weiterhin überlegen, was die beste Lösung für alle sein kann. Sie werden das wahrscheinlich handelnd tun, indem sie immer wieder neue Ideen für Regeln ausprobieren. Es ist ein Prozess mit durchaus offenem Ausgang in Gang gekommen, an dem sich alle beteiligen.

**Lothar Klein** ist Diplom-Pädagoge und arbeitet als freiberuflicher Fortbildner und Autor.

Dieser Artikel erschien zuerst in TPS Heft 2/2001.

Rosy Henneberg/Lothar Klein

# Löcher in der Wand ...

## Ein dialogisches Protokoll über Grenzziehungen

### Rosy Henneberg: Im „Ausnahmezustand" zwischen Erlaubnis und Begrenzung

Während einer Hospitation Lothars in der Roten Gruppe verlegten einige Kinder zusammen mit unserem Besucher imaginäre Kabel im Gruppenraum. Sie arbeiteten als Kabelverleger und Handwerker. Dabei blieb nicht aus, dass sie das Werkzeug, das eigentlich nur in der Werkecke bleiben sollte, auf ihre diversen „Baustellen" schleppten. Hier wurden meine Kollegin und ich das erste Mal an diesem Tag mit der Sinnhaftigkeit unserer eigenen Regeln konfrontiert. Hatten wir nicht gemeinsam ausgemacht, dass unser Werkzeug immer nur in der Werkecke benutzt werden soll? Und prompt kam sie auch schon, die Frage meiner Kollegin: „Gelten heute andere Regeln und war es nicht ausgemacht, dass ...?" Ich war zu diesem Zeitpunkt gedanklich schon einen Schritt weiter: denn wie konnte man als Handwerker auf einer Baustelle arbeiten ohne Werkzeug? War es für die Kinder überhaupt möglich, ihre Baustelle immer nur in der Werkecke einzurichten, denn nur da stünde ihnen ja nach der Logik unserer Regel das Werkzeug zur Verfügung? Ausnahmen waren aber bei uns immer möglich, und so ließen wir die Arbeiter mit ihrem Werkzeug von dannen ziehen.

Kurze Zeit später rief Lothar mich in die Puppenecke. Auch hier wurden Kabel verlegt, und ich wollte es zunächst nicht glauben: Zwei Kinder hatten ein Loch in die Wand gebohrt, mit dem Hammer und einem großen Metallteil, das sie als Meißel benutzten. Lothar schaute zu und fragte mich jetzt vor den Kindern: „Wie geht ihr damit um?" – „Keine Ahnung, so was hatten wir bis jetzt noch nicht. Du darfst mit uns gemeinsam Neuland betreten". Damit war der „Ausnahmezustand" auch für die Kinder offen gelegt. Sollte ich jetzt erst einmal Einhalt gebieten? Was passierte hier eigentlich? Hatten die Kinder jemanden gefragt, bevor sie ihre Arbeit an dem Loch begannen? Wenn jetzt eine meiner anderen Kolleginnen zur Tür herein käme oder gar die Leiterin? Wie, bitte schön, sollte ich mein eigenes Verhalten in dieser Situation begründen?

Michaela arbeitete äußerst geschickt mit Hammer und Meißel, um das Loch in der Wand zu vergrößern. Sie rief mich jetzt mit den Worten heran: *„Schau doch mal, ich glaube da ist was drin, da haben wir was entdeckt."* Kein schlechtes Gewissen, kein Unrechtsbewusstsein, kein Wundern, denn Forschen und Entdecken wurde bei uns in der Gruppe immer schon groß geschrieben. Aber Löcher in die Wand zu bohren, einfach so, das ging vielleicht doch zu weit?

Weder Michaela noch Lars, die zu diesem Zeitpunkt mit dem Loch beschäftigt waren, zeigten Zerstörungswut oder einfach nur Spaß am Kaputtmachen. Beide arbeiteten sie so ernsthaft, dass sie in der Zwischenzeit schon eine zweite „Vergleichsbohrung" angelegt hatten. In dem ersten Loch war ihre Entdeckung, in dem anderen Loch war nichts, außer Putz.

Und während ich weiter überlegte, zog Lothar mit einem Stift einen Kreis um die beiden Löcher: „So groß dürfen die Löcher werden, dann müsst ihr aufhören." Wir sprechen hier über Löcher mit einem Durchmesser von immerhin ca. drei Zentimetern. Michaela rief aufgeregt: *„Jetzt komm doch endlich mal gucken, damit du es auch siehst, da ist so ein Metall drinnen. Vielleicht kommt da Wasser raus wenn wir weiter bohren?"* Und Lars, der am anderen Loch arbeitete: *„Hier ist nichts, aber es geht ganz leicht größer zu machen, also kein Beton."*

## Lothar Klein: Der Augenblick des Abwartens

Das Abwägen, das Abwarten so lange es geht, der Blick auf die subjektive Bedeutung der Aktivität für die Kinder, das Reflektieren der eigenen Entscheidung, all dies sind für mich bereits Indizien für einen kindzentrierten Umgang mit Grenzen. Sie befreien nämlich von der *Selbstverständlichkeit*, mit der Erwachsene unreflektiert ihre eigene Sicht der Dinge zum allgemeingültigen Maßstab erheben. Die Bereitschaft zur Reflexion und damit auch zur Begrenzung von Grenzen ist aus meiner Sicht eine wichtige Grundhaltung im Umgang mit Grenzen. Hätte ich mir diesen „Zeit-Puffer" nicht zugestanden, wäre mir vielleicht ein vorwurfsvolles: „Was macht ihr denn da?" herausgerutscht. Dass man keine Löcher in die Wand schlägt, das weiß doch schließlich jeder! Oder?

Eine mit Bestimmtheit vorgetragene Grenzziehung an dieser Stelle – frei ist von Vorwürfen und Abwertung der Person, die Kinder nicht beschämen will und als Ich-Botschaft daher kommt – halte ich an dieser Stelle durchaus für angebracht und keineswegs pädagogisch verwerflich. Worauf es mir ankommt, ist der Augenblick des Innehaltens, der Reflexion und schließlich der bewussten Entscheidung.

Dass ich selbst in dieser Situation den Weg eingeschlagen habe, nicht sofort zu begrenzen, entsprang der während des Abwartens zunehmenden Begeisterung für den Forschungseifer der Kinder. In der Zeit, in der ich innerlich am Abwägen war, entwickelten die Kinder eine ganze Reihe von Fragen und Hypothesen über den Klang der Wand: *„Da muss was drin sein."* – *„Die Wand ist hier dicker und hier dünner."* – *„Ob man das Loch auch ganz durchmachen kann?"*

Immerhin: In meinen eigenen vier Wänden hätte ich ganz bestimmt schneller begrenzend reagiert und finde es dort auch nicht richtig, Löcher in Wände zu schlagen, „wenn es nicht sein muss". Das aber war der entscheidende Gedanke: „Wer legt eigentlich fest, ob es jetzt sein muss oder nicht?" Die Kinder hatten jedenfalls für sich entschieden, es müsse jetzt sein und haben durchaus sinnvoll gehandelt: Wie kann man sonst herausbekommen, was in der Wand ist, wenn man sie nicht öffnet?

Die Kinder hatten also weiterhin Gelegenheit, Löcher in die Wand zu schlagen, genauer gesagt, beim einem gingen sie daran, es zu vertiefen, und ein zweites sollte an anderer Stelle entstehen. Sie hatten inzwischen herausgefunden, dass *„in der einen Wand was drin ist"*. Und wollten sehen, ob das an anderer Stelle ebenfalls der Fall ist. Ihr erstes Loch befand sich an einer Stelle mit Metallträger. Die Säule darum ist hohl und innen befindet sich der Träger. An der anderen Stelle war die Wand hingegen stabil gemauert. Neue Fragen tauchten auf und neue Hypothesen. Circa zehn Minuten waren inzwischen vergangen.

An dieser Stelle entschloss ich mich zur Grenzziehung – im wahrsten Sinne des Wortes. Ich besorgte mir einen Stift und malte um jedes Loch einen Kreis auf die Wand, so groß, dass noch *begrenzter* Platz für weitere Experimente vorhanden war. Meine Grenzsetzung schränkte zwar ein, ließ jedoch begrenzten Handlungsspielraum, machte nicht völlig handlungsunfähig. Meine Aufforderung an die Kinder lautete: „Ich möchte, dass die Löcher nicht größer werden als meine Kreise, weil wir sie sonst nur schwer wieder zumachen können. Und ich möchte, dass ihr keine weiteren Löcher mehr macht, ohne vorher darüber mit uns zu sprechen. Wir müssen dann neu überlegen, was wir tun." Die Kinder setzen ihre Experimente fort, leuchteten mit der Taschenlampe in die Löcher um „genau nachzusehen", stocherten mit anderen Werkzeugen darum herum, benutzen dazu auch ihre Finger, hielten jedoch meine Grenzen ein.

## Rosy Henneberg: Was wir Erwachsenen jetzt genauer wissen

Da ich selbst schon viel renoviert und verputzt hatte, war mein Interesse eigentlich schon geweckt und die Zweifel in den Hintergrund gerückt. Ich stieg auf den Tisch, der als Leiter diente, und versuchte das Metall im Loch zu entdecken. Auf der anderen Seite schaute ich mir das „Nichts" im Loch an. Ich spürte eigene Begeisterung aufsteigen, sah aber auch meine Kollegin, die nicht gerade glücklich schien über unser Vorhaben. Jetzt abzubrechen, wäre aber inzwischen auch für mich unbefriedigend.

Dennoch ging auch mein banger Blick auf die nicht beteiligte Kollegin, die mir ihre Verwunderung schon signalisiert hatte: „Willst du die Sache nicht mal beenden? Ich glaube, es reicht jetzt." Meine Strategie war: Erst mal alles auf die eigene Kappe nehmen und im Anschluss mit ihr klären. Aber lieber wäre es mir gewesen, auch sie selbst würde jetzt die neugierigen Blicke der Kinder in die Löcher sehen können, statt sich vielleicht von Ferne zu ärgern. Ich war mir sicher, denn wir kennen uns gut genug, dass sie sich umstimmen ließe, wenn sich ihr eine Gelegenheit zur Mitarbeit bot.

Die Arbeit an den Löchern hatte jetzt noch mehr Zuschauer und Ratgeber in die Puppenecke gelockt. Als Nino mit einem dritten Loch beginnen wollte, stoppte ich sein Vorhaben: „Lass uns doch erst mal die beiden schon vorhandenen Löcher gründlich erforschen, dann sehen wir weiter." – *„Dazu brauchen wir aber eine Taschenlampe, ich kann ja gar nichts richtig sehen, in dem Loch.",* war seine Antwort.

Taschenlampe? Unsere Gruppen-Taschenlampe war kaputt. Ich glaubte aber zu wissen, wer eine hat: meine Kollegin an ihrem Schlüsselbund! Ich erinnerte Nino daran und rief gleichzeitig laut: *„Wer hat eine Taschenlampe für uns, hier gibt es was Interessantes zu sehen, aber es ist einfach zu Dunkel in dem Loch."* Und da passierte es. Iris stand auf, holte ihren Schlüsselbund, kam in die Puppenecke, stieg auf den Tisch und untersuchte mit den Kindern und ihrer Taschenlampe die Löcher in der Wand.

Wir hatten es geschafft, sie ins Boot zu holen, ihr Interesse geweckt und auch ihre Zweifel erst einmal zurückgestellt. Die Löcher in der Wand waren plötzlich unser gemeinsames Ding, wir bestanden lediglich auf die Einhaltung der „Bleistiftgrenze", des Kreises rund um die Löcher, der ihre Größe eindeutig beschränkte. Und wir nahmen uns gemeinsam vor, dass die Kinder die Löcher am nächsten Tag wieder zugipsen sollten.

Das Metall in der Wand erwies sich am nächsten Tag als die eingemauerte Regenrinne. Michi schlug vor, jetzt nicht mehr weiter zu bohren, da es bei Regen sonst ziemlich nass in der Puppenecke würde. Ein paar Tage noch waren die Löcher in der Wand für die Kinder interessant. Sie schauten immer mal nach, was es zu sehen gab und erweiterten die Löcher noch genau bis zur „Lochgrenze". Danach gehörten sie genauso zu unserem Gruppenraum, wie die Müllkanone, die Falle, die alles fangen kann, und andere Bauwerke.

Bis heute hat niemand die Löcher zugemacht. Wir haben die Kinder nie daran erinnert und ihnen selbst war das Zumachen offensichtlich nicht wichtig gewesen. Inzwischen leben auch wir selbst mit ihnen, nicht aus Nachlässigkeit, sondern, weil es uns interessiert, ob die Kinder irgendwann von selbst wieder darauf zurück kommen oder wie sie reagieren, wenn andere Erwachsene, die Leiterin oder Eltern es sich wünschen, dass die beiden Löcher wieder dicht gemacht werden.

Eigentlich ist doch auch gar nichts Schlimmes passiert. Im Gegenteil, wir wissen jetzt, dass die Regenrinne des Hauses in die Wand eingemauert ist und nicht außen verläuft – was für eine Erkenntnis! Wir wissen auch, dass unsere Wände nicht überall aus Beton sind, denn sonst hätte man sie nicht so leicht anbohren können. Und erst nach dieser Erfahrung wissen wir Erwachsenen genau:

– dass nicht alle 25 Kinder „ständig" Löcher in die Wände bohren wollen;
– dass wir uns in schwierigen Situationen auf uns und auf unsere Kinder verlassen können;
– dass wir gemeinsam darüber reden können und zu praktikablen Lösungen kommen;
– dass wir ihre Arbeiten weiterhin ernst nehmen, auch wenn diese uns immer mal wieder an unsere Grenzen führen werden;
– dass wir Unterschiede wahrnehmen und zulassen wollen, Unterschiede in unserem eigenen Verhalten, in dem der Kinder und in der Einhaltung von Regeln;
– dass wir vom Umgang mit unseren eigenen Grenzen lernen können.

## Lothar Klein: Grenzen zu setzen ist kein selbstverständliches Recht

Setzen wir in derselben Situation Erwachsene an die Stelle der Fünf-jährigen. Nehmen wir an, die Leiterin oder eine Erzieherin hätten begonnen, ein Loch in die Wand zu schlagen und ich wäre hinzugekommen. Ich hätte mich vielleicht erkundigt, was sie vorhaben, hätte mich eventuell gewundert, hätte es vielleicht sogar abgelehnt. Kaum aber wäre mir ein empörtes „Was machst *du* denn da?" über die Lippen gekommen und wohl auch kein selbstverständliches und augenblickliches „Ich möchte nicht, dass du ein Loch in die Wand schlägst …" In jedem Fall hätte ich wohl vermutet, dass die Kollegin irgendeinen Sinn mit ihrer Handlung verfolgt.

Was eine kindzentrierte und wertschätzende Haltung verbietet, ist die *Selbstverständlichkeit*, Kinder daran zu hindern, ihre Absichten zu verfolgen, wenn sie erwachsenen Deutungen und Bewertungen nicht entsprechen. Eine solche einseitige Ableitung des Rechtes auf Grenz-setzung allein aus der sozialen Stellung des Erwachsenen gegenüber dem Kind oder aus besserwisserischer erwachsener Weltsicht heraus, käme einem Machtmissbrauch gleich. Sie würde Kinder degradieren zu Befehlsempfängern und ihnen ein Handeln mit Eigensinn absprechen. „Statt Anerkennung aufgrund einer überlegenen Position oder aufgrund von mehr Wissen und Erfahrung zu erwarten oder einzufordern, müssen Erwachsene Kinder als Subjekte ernst nehmen, die eine eigene Sicht einbringen, die genauso Beachtung verdient."[1] (Hans Rudolf Leu). Das Mindeste, was Erwachsene tun sollten, ist, den Einsatz ihrer Macht zu reflektieren und den Kindern Zeit zu geben, deutlich zu machen, worum es ihnen geht. „Es kommt darauf an, welchen Spielraum Kinder haben, um ihre eigene Sicht einzubringen."[2] (Hans Rudolf Leu)

Bei der Reflexion des Geschehens mit den Erzieherinnen wurde mir klar, dass auch der Umgang mit Grenzen eine Beziehungsaufgabe ist. Wir Erwachsenen haben sehr genau abzuwägen, wo wir Grenzen setzen und wie. Die Art und Weise, wie ich etwas begrenze, wie ich diese Begrenzung begründe, wie ich ansonsten das Wechselspiel zwischen Dialog und Begrenzung gestalte, hat großen Einfluss auf die Beziehung zwischen den Kindern und mir.

In meinem Fall kamen die Kinder ins Reden. Sie wollten von mir erfahren, was denn passiert, wenn es mehr als zwei Löcher werden würden, wollten wissen, wie ihre eigenen Erzieherinnen das sehen, wollten ihnen ihre Untersuchungserfolge zeigen und wollten schließlich klären, was aus den Löchern werden wird. Trotz meiner Intervention und auch wegen ihr hatte sich ein in meiner Erinnerung harmonisches, von wechselseitiger Anerkennung und gegenseitiger Achtung geprägtes Gespräch entwickelt, in das nacheinander viele Kinder und Erwachsene einbezogen wurden. In der Interaktion mit den Kindern war ich einmal in der Rolle des zuhörenden, interessierten Begleiters und ein anderes Mal in der Rolle der sozial höher gestellten Person mit Erfahrungs-, Wissens- und Machtvorsprung. Auf beides konnten sich die Kinder gut einlassen, weil von ihnen kein bedingungsloser Gehorsam verlangt wurde, keine einseitige Anerkennung der Machtposition des Erwachsenen und seiner Maßstäbe, sondern auch in der Zurückhaltung und Angemessenheit des Grenzenziehens jederzeit mein Interesse an der Aufrechterhaltung der Beziehung spürbar war.

## Rosy Henneberg: Grenzüberschreitungen sind Beziehungs- und Vertrauenssache

Ich glaube, die Kinder haben ihre Löcher inzwischen vergessen, denn sie haben in der Zwischenzeit viele andere „Baustellen" für sich entdeckt. Ich werde die Löcher in der Wand aber nie vergessen. Mich haben sie in extremer Weise an meine eigenen Grenzen geführt, und ich habe trotzdem dabei immer in mir auch Verständnis für die Kinder gespürt. Ich habe also *gleichzeitig* „unerwünschtes" und „erwünschtes" Verhalten wahrnehmen können. Das erst ließ mich eine Entscheidung zwischen verschiedenen Handlungsalternativen treffen.

Gleichzeitig ereignete sich unter uns Erwachsenen Ähnliches: Verständnis und Unverständnis zugleich. Meine Kollegin war absolut nicht für das Loch-Experiment, ihre Zweifel waren zu Anfang auf jeden Fall größer als ihr Vertrauen zu mir. Dennoch war auch ein Einfühlen da, ein Perspektivenwechsel, der schließlich auch zu Verständnis führen konnte. Das gelang ihr nur, weil sie *mir* eine Weile zugesehen und abgewartet hat.

In mir waren zwei widerstrebende Gefühle: der Wunsch nach Rücksichtnahme auf meine Kollegin und gleichzeitig der nach einem weiteren gemeinsamen Erlebnis mit ihr und den Kindern. Letzterer war schließlich entscheidend, die Löcher-Aktion nicht abzubrechen, son-

**Das weiße Plakat von Nina**

Noch weiß sie nicht, was sie mal darauf schreiben wird. Damit sie dann aber auch einen Platz dafür findet, hat sie es schon mal aufgehängt.

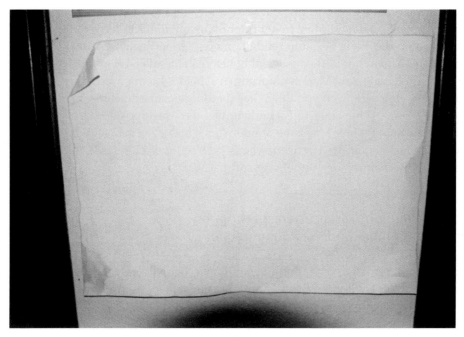

Aus dem Kinderhaus „Bernhard von Baden" in Freiburg

dern sie zu einer gemeinsamen Entdeckung werden zu lassen. Ich hatte mich also erst einmal „auf die Seite der Kinder geschlagen", aber immer noch mit einem Blick auf meine Kollegin und der Frage, wie wir sie beteiligen könnten. Vielleicht hätte ich an ihrer Stelle die gleichen Zweifel gehabt, und ich hoffe, ich hätte ich ihr dann das gleiche Vertrauen entgegen bringen können.

Grenzen und Grenzüberschreitungen haben also viel mit Beziehungen und Vertrauen zu tun. Beziehungen und Vertrauen relativieren Grenzen. Sie öffnen sie, machen sie weiter. Sie lassen sich sozusagen auf der Beziehungsebene anpacken. Nicht immer sind Regeln und Verordnungen notwendig, um adäquat mit einer ganz konkreten, sich aus dem alltäglichen Geschehen heraus ergebenden, schwierigen Situation fertig zu werden; auch nicht unter Erwachsenen. Auch sie können dann, wenn die Beziehung auf wechselseitiger Anerkennung beruht, auch mal fünf gerade sein lassen.

Denn, wo man sich sicher fühlt, kann man es schon mal wagen, einen Schritt weiter oder sogar einen für den Einen oder Anderen momentan „zu weiten" Schritt zu gehen, ohne Bewertung oder Abwertung erfahren zu müssen, immer im Bewusstsein der Verantwortung für sich selbst und andere. Aus eben diesem Gefühl der sicheren Beziehung heraus haben die Kinder den Schritt, die Wand zu erforschen, überhaupt erst gewagt.

## Lothar Klein: Grenzüberschreitungen auch als Dialogangebot begreifen

Grenzüberschreitungen und Regelverletzungen von Kindern – in unserem Beispiel kamen sie nicht vor, in vielen anderen Alltagssituationen gehören sie aber dazu – sind in gewisser Weise auch als Dialogangebot zu werten. Erwachsene müssen sich dann jeweils neu entscheiden, ob sie den Weg der (wiederholten) Anweisung gehen wollen oder den des gegenseitigen Aushandelns. Diese Entscheidungs-Bürde kann ihnen keiner abnehmen und in diese Entscheidungssituation werden sie immer wieder kommen. Regeln und Grenzen sind nämlich nur dort notwendig, wo etwas *nicht* von selbst klappt. Sie sind in gewisser Weise die Ausnahme der Regel. Regelbruch gehört zur Regel, sonst bräuchte es sie gar nicht geben. Diesen Zusammenhang brachte der sechsjährige Kevin mit den Worten auf den Punkt: *„Wenn man Regeln ganz gut halten kann, kann man sie auch wegtun."* Kindliche Grenzüberschreitungen können uns signalisieren, dass die Grenzen selbst zu eng, nicht verstanden, nicht deutlich genug ausgesprochen oder auch nur vergessen sind. Insofern sind sie auch ein Dialogangebot an uns Erwachsene.

Ob wir es aufgreifen und – statt die Grenze zu erneuern – uns auf einen Aushandlungsprozess einlassen oder nicht, das eben ist die Entscheidung, die wir *immer wieder neu* zu treffen haben. Ein wertschätzender Umgang mit Grenzen verlangt, nicht mit „aller Gewalt" auf die strikte und rigorose Einhaltung von Anordnungen in jedem Fall zu pochen, sondern flexibel, aufmerksam und zugewandt mit den Signalen der Kinder umzugehen. Grenzen sind notwendig und nützlich, aber sie dürfen den Dialog nicht ersetzen. Letztendlich ist der Dialog in vielen

Situationen sowieso wirksamer und nachhaltiger, wie es in einem meiner Lieblingsgedichte so wunderbar zum Ausdruck gebracht wird:

Als deine Türen und Fenster verschlossen waren,
plante mein Herz ständig zu fliehen.
Jetzt, da du Türen und Fenster geöffnet hast,
bleibe ich.
Mit meiner Freiheit hast du mich gebunden."

Rabindranath Tagore

Zusammenfassend möchten wir noch einmal hervorheben:

- Jedes Handeln von Kindern hat subjektiven Sinn. Wer Grenzen setzt, muss sich zumindest bemühen, diesen Sinn zu entschlüsseln. Daher ist ein zeitlicher Puffer zwischen Wahrnehmung, Bewertung und Handlung notwendig.
- Grenzen zu setzen und Dialog zu führen, sind zwei Handlungsebenen, die immer wieder von neuem und in schnellem Rhythmus aufeinander folgen können. Grenzen brauchen also selbst Begrenzung und die Ergänzung durch eine von Dialog geprägte Beziehung.
- Erwachsene brauchen so etwas wie Machtbewusstheit. Sie müssen in der Lage sein, mit ihrer Macht reflektiert und eigenverantwortlich umzugehen.
- Grenzen müssen Kindern weiterhin zumindest minimalen Handlungsspielraum lassen, um keine Gefühle von Ohnmacht und Erniedrigung aufkommen zu lassen.
- Erwachsene müssen auch „würdevoll", also vorwurfsfrei und ohne moralische Vorhaltungen, „verlieren" und wieder Abstand von der eigenen Anordnung nehmen können. Sie brauchen eine innere Bereitschaft, sich auch von Kindern beeinflussen zu lassen.

**Rosy Henneberg** ist Erzieherin und Fachkraft für Kindzentrierung/Freinet-Pädagogik und arbeitet in der Roten Gruppe des Kindergartens am Stadtpark in Reinheim/Odenwald. **Lothar Klein** ist Diplom-Pädagoge und freiberuflicher Fortbildner und Autor.

[1] H. R. Leu: Anerkennungsmuster als „soziales Kapital" von Familien. 1997, S. 32–39

[2] ebd.

# Alltag, Selbstorganisation, Konflikte

**„Wir malen uns an,
damit die Mama sieht,
dass wir es nicht sind."**

*(Sophie, 4)*

Lothar Klein

# „Wir können jetzt nicht aufräumen, wir müssen noch arbeiten."

## Das Recht der Kinder auf ihre eigene Ordnung

Vater: „Wenn dein Malkasten da steht, wo er hingehört, wo ist er dann?"
Tochter: „Hier am Rand dieses Regals."
Vater: „Na gut, und was ist, wenn er irgendwo anders steht?"
Tochter: „Nein, das wäre unordentlich."
Vater: „Was ist mit der anderen Seite des Regals, hier? So etwa?"
Tochter: „Nein, da gehört er nicht hin, und überhaupt müsste er *gerade* stehen, nicht so schief, wie du ihn hingestellt hast."
Vater: „Oh – an der richtigen Stelle *und* gerade." Tochter: „Ja."
Vater: „Das heißt also, dass es nur sehr wenige Stellen gibt, die für deinen Malkasten ‚ordentlich' sind, aber unendlich viele, die du unordentlich nennst."

Wenn es ungleich mehr Möglichkeiten des Durcheinanders gibt, denn wo könnte der Malkasten überall „rumstehen", als solche, die wir für ordentlich halten, ist es mit der Ordnung schwierig. Außerdem kommen „meine Sachen in ein schlimmeres Durcheinander, wenn jemand anderes als ich sie anfasst". Man muss also auf die eigene Ordnung aufpassen und darauf, dass sie niemand *anderes* in Unordnung bringt.

Vater: „Wenn Mami deine Sachen aufräumt, weißt du dann, wo du sie findest?"
Tochter: „… Manchmal – weil, siehst du, ich weiß, wo sie sie hinlegt, wenn sie aufräumt."
Vater: „Ja, ich versuche auch, sie daran zu hindern, meinen Tisch aufzuräumen. Ich bin sicher, dass sie und ich nicht dasselbe unter ‚ordentlich' verstehen."[1]

## Ordnung unterliegt der Deutungsmacht der Erwachsenen

Ordnung ist halt *immer* eine subjektive Angelegenheit. Wenn deshalb mehrere Ordnungen aufeinandertreffen, gibt es Streit darüber, was als ordentlich und was als Durcheinander anzusehen ist. Jeder hat seine besondere Vorstellung davon und jedem scheinen die Ordnungen andrer Leute als Durcheinander, wenn sie sich nicht rein zufällig mit der eigenen decken. Wenn verschiedene Menschen längere Zeit gemeinsam einen oder mehrere Räume nutzen, müsste also erst einmal untereinander geklärt werden, wessen Ordnung gelten soll, wie sie aussieht, ob es Bereiche mit verschiedenen Ordnungen geben darf und wie man dabei auch aufeinanderzugehen kann. Und das ist immer wieder notwendig, wenn neue Menschen hinzu kommen.

Eine ein für allemal festgesetzte Ordnung kann es demnach nur geben, wenn irgendjemand die Macht hat zu *bestimmen*, was ordentlich ist. Damit wäre auch gleich verfügt, was unordentlich wäre. Im Kindergarten sind wir gewohnt, es uns damit einfach zu machen. Wir Erwachsenen setzen unsere Deutungsmacht ein und definieren einfach, was „ordentlich" heißt, führen *unsere* Gründe dafür ins Feld und erhalten Zustimmung bei anderen Erwachsenen, deren Ordnungen ähnlich sind. Als Motive führen wir dabei ins Feld: „*Wir* müssen doch den Überblick behalten." – „Manches Material, manche Dinge und Gegenstände sind *uns* wertvoll und teuer." – „Die Unordnung der Kinder halten *wir* kaum aus. Für *uns* ist das einfach nur Durcheinander, und *wir* befürchten, dass die Kinder ihr Leben nicht ‚in Ordnung halten' können, wenn sie sich nicht jetzt schon an ‚eine gewisse Ordnung' (nämlich *unsere*) gewöhnen." Außerdem bringen wir noch die Interessen anderer Erwachsener ins Spiel: „Was sollen die Eltern denken?" – „Es muss doch geputzt werden." – „Was wird wohl die Leiterin sagen?"

Mit großer Selbstverständlichkeit werden immer wieder Kinder dazu gezwungen oder bestenfalls genötigt, die Ordnung zu erhalten, die den Bedürfnissen und Vorstellungen Erwachsener entspricht. Dass das nirgendwo klappt und Kinder immer wieder von Neuem zum „Aufräumen" angehalten werden müssen, führt jedenfalls selten dazu, sich die Sache mit der Ordnung noch einmal gründlich zu überlegen. In der Regel setzt dieser Umstand bloß eine Suche nach Tricks und Kniffen in Gang: Man könnte mit den Kindern dabei singen, man könnte ein „lustiges Spiel", ein „schönes Ritual" oder gar ein „gemeinsames Erlebnis" daraus machen.

Warum fragen Erzieherinnen so selten die Kinder, wenn es Schwierigkeiten gibt? Sie könnten dabei z. B. von der vierjährigen Mara lernen, dass es manchmal einfachere Lösungen gibt als man glaubt. Mara schlägt nämlich vor: „*Ich bestimme auf meine Sachen und du bestimmst auf deine Sachen.*"

Über die Sachen aller müsste dann gemeinsam „bestimmt" werden. Im Kern schlägt Mara vor, das Thema Ordnung zu einer Beziehungsangelegenheit statt zu einem unumstößlichen Prinzip zu machen. Sie klagt ihr Recht auf eine eigene Ordnung ein. Ordnung wäre demnach etwas, was zwischen Erwachsenen und Kindern sowie unter Kindern immer wieder neu ausgehandelt werden muss. Dabei könnten Interessen und Bedürfnisse sichtbar und zum Maßstab einer Regelung gemacht werden.

Ich habe in verschiedenen Kindertageseinrichtungen dafür nach Beispielen gesucht. Dabei habe ich herausgefunden: Kinder sind eindeutig flexibler im Umgang mit Ordnung als Erwachsene. Sie sind bereit, damit zu experimentieren. Für sie hört ein Spiel nicht damit auf, dass wieder alles weggeräumt wird, sondern damit, dass es fertig ist. Das Wegräumen ist eine Arbeit, die dem Spiel (irgendwann) folgt. Sie suchen – wie Erwachsene – nach Ordnungs-Lösungen, die ihren unterschiedlichen Bedürfnissen und Interessen nicht im Wege stehen. Sie rechnen, kommt der Impuls dazu nicht von Erwachsenen, nicht auf, ob jemand mehr oder weniger aufräumt. Sie akzeptieren vielmehr die unterschiedlichen Ordnungsvorstellungen und können sie gut nebeneinander gelten lassen. Sie sind keine Perfektionisten, sondern stellen Ordnungen dann wieder her, wenn es nötig ist – nicht aus Prinzip.

Und am Rande: Perfekt sind Erwachsene mit ihren eigenen Ordnungsprinzipien nun wirklich auch nicht: Wer legt schon *immer, alles* und *sofort* wieder an seinen Platz? Wer hat nicht auch manchmal selbst *keine Lust zum Aufräumen* und verschiebt es lieber? Wer findet nicht zuweilen, dass erst *„eine gewisse Unordnung"* Gemütlichkeit schafft? Ganz zu schweigen von manchem Regal, für das Erzieherinnen verantwortlich sind, dem Materialraum eines Kindergartens oder der eigenen Handtasche.

Anschließend einige Beispiele dafür, wie Ordnungsvorstellungen Erwachsener und von Kindern mehr oder weniger harmonisch miteinander vereinbar sind.

## Beispiel 1: „Na, dann machen wir eben einen Aufräumtag."

In der Kindertagesstätte Breckenheim in Wiesbaden gibt es in drei Gruppen Holzeinbauten. In einer Kindergartengruppe werden sie selten benutzt. Steffi, die Erzieherin möchte während eines Gruppengesprächs wissen, warum „da keiner hoch geht". Die Antworten überraschen: *„Da ist doch alles kaputt. Da ist nicht aufgeräumt."* Erzieherin und Kinder in-

Lena, Moritz, Marius und Johannes brauchten Platz für ihre Pokémon-Karten. Weil sie so teuer sind, haben sie sich außerdem eigene gemacht.

Aus dem Kinderhaus „Bernhard von Baden" in Freiburg

spizieren den Ort im Anschluss an das Treffen. Nina, Lena, Svenja und Tim (alle sechs Jahre alt) reservieren sich, kaum oben angekommen, eine Ecke für sich. Die anderen räumen derweil auf und „misten aus". Es bleiben schließlich übrig: die Bauecke und die neue „Mädchenecke".

Wochenlang sind Tim und die Mädchen danach damit beschäftigt, Schilder zu schreiben, auf denen „Mädchenecke" steht, „Betreten verboten" usw. Sie bringen unentwegt Dinge von zu Hause mit (Mülleimer, Tücher, Luftballons, Tesafilm, Tacker, Locher …) und räumen auch aus dem übrigen Gruppenraum Dinge und Gegenstände nach oben in ihre Ecke. Öfters arbeiten sie fast den gesamten Tag in ihrer Ecke. Nach drei bis vier Wochen sind Tim und die Mädchen endlich fertig. In ihrer Ecke stapelt sich der „Müll". Die Erzieherin berichtet, wie schwer es ihr gefallen ist, nicht einfach nach oben zu gehen und wenigstens „das Gröbste wegzuräumen". Die Erzieherin „hält das Ganze nur aus", weil sie sich selbst dort nicht aufhalten muss und die Ecke auch Besucherinnen nicht sofort ins Auge sticht.

Irgendwann interveniert sie dennoch: „Stört euch das nicht, wenn die ganzen Sachen hier rumfliegen?", fragt sie klagend. *Die Sachen brauchen wir doch. Wir finden auch alles."*, antworten die Kinder. Schließlich lassen sich die Kinder doch wenigstens auf ein Staubsaugen ein und schlagen ihr, *„wenn du das nicht aushalten kannst"*, einen Aufräumtag vor. Am nächsten Tag wird aufgeräumt und gesaugt, mehr als eine Stunde lang. Wenige Tage danach haben die Kinder ihre alte Ordnung wieder hergestellt. Steffi, die Erzieherin, ist dennoch erleichtert und erstaunt über die Selbstverständlichkeit, mit der sich die Kinder ihr zu Liebe auf ein Aufräumen und damit ihre Ordnung einlassen, wenn sie ansonsten selbstbestimmt handeln dürfen.

Bemerkenswert an diesem Beispiel finde ich, dass

- die Kinder die zuvor von Erzieherinnen hergestellte Ordnung nicht einhalten konnten und deshalb „durcheinander" brachten,
- die Erzieherin danach abwarten und zusehen konnte, welche Art von Ordnung sich bei den Kindern herstellt,
- die Kinder offensichtlich ihre Sachen selbst in Ordnung fanden,
- ein Nebeneinander und eine Kombination aus „Kinder"- und „Erwachsenen"-Ordnung offensichtlich möglich sind,
- die Erzieherin ihre eigene Sichtweise von Ordnung zwar ins Spiel brachte, aber nicht mit ihrer Deutungsmacht durchsetzte, sondern in einen Dialog über das gegenseitige Ordnungsverständnis eintrat.


## 2. Beispiel: „Wir können jetzt nicht aufräumen. Wir müssen doch noch arbeiten."

Im Kindergarten „Am Stadtpark" in Reinheim haben sich die Kinder der Roten Gruppe daran gemacht, ihren Gruppenraum so einzurichten, wie es ihnen passt. Iris und Rosy, die Erzieherinnen lassen das nicht nur zu, sie dokumentieren, zeigen Interesse und Neugier und passen selbst auf, dass die Ordnung der Kinder nicht „durcheinander" gerät. Außenstehende, die nicht wissen, was hier passiert, beschleicht bei Betreten des Gruppenraums das Gefühl totaler Unordnung: Mitten auf der Werkbank steht eine große „Falle, die alles fangen kann". Drumherum kleben Holzstücke, *„damit man damit das Holz beim Sägen festhalten kann"*. Zwei Regale sind vollkommen leer geräumt und an der Wand verschraubt, damit die Kinder sie als Kletterwand benutzen können. Sie klettern gern auf die hohe Fensterbank und machen es sich dort gemütlich. Die ehemalige Kuschelecke ist zur Zeit ebenfalls leer geräumt. „Mal sehen, was die Kinder dort einrichten werden.", meint eine der beiden Erzieherinnen.

Rosy und Iris, die Erzieherinnen, sind vollkommen gelassen. *Sie* kennen die Ordnung der Dinge und Möbel in diesem Raum und wissen, wie sie in Abhängigkeit von dem, was die Kinder gerade beschäftigt, entstanden ist. Sie wissen auch um die Bemühungen der Kinder, diese Ordnung aufrecht zu erhalten. Es sei z. B. derzeit unmöglich, der Falle, die alles fangen kann, einen anderen Platz zu geben als gerade den auf der Werkbank mitten im Gruppenraum.

Wenn eine Vertretung kommt, richten sich die Kinder der Roten Gruppe vorübergehend nach deren Vorstellungen, wohl wissend, dass sie ihren eigenen später wieder folgen können. Die Erzieherinnen haben sich in *dieser* Ordnung ganz gut eingerichtet. Ihr eigenen Sachen werden von den Kindern respektiert und wenn alles mal einer „ordentlichen" Grundreinigung bedarf, wird eben auch das möglich gemacht. Nur, bei der Arbeit dürfe man die Kinder nicht stören. Der Gruppenraum sei so was wie eine Baustelle, ein Ort an dem gearbeitet, experimentiert, erfunden wird. *Dafür* ist seine Ordnung außerordentlich gut geeignet, und klar, dass es da schon mal heißen muss: *„Ich hab' jetzt keine Zeit zum Wegräumen. Ich muss arbeiten."*

Ich habe hier zum ersten Mal das Gefühl, mich in einem Raum aufzuhalten, den Kinder sich nach und nach selbst eingerichtet haben, in dem sie auch mit der Ordnung gut zurecht kommen, in dem es keiner einzigen Ermahnung oder Zurechtweisung durch Erwachsene bedarf, einfach deshalb, weil die Erzieherinnen auch das Recht der Kinder auf eine eigene Ordnung anerkennen.

## Beispiel 3: „Wer Lust hat, räumt ab."

In einer Gruppe mit großer Altersmischung in der Kindertagesstätte Kellerstraße in Wiesbaden existieren eigentlich keine Ordnungsregeln mehr. Hier gilt so etwas wie eine „Lebensregel", die lauten könnte: „Wir bemühen uns, auf unsere Sachen aufzupassen." Aufräumen, wegräumen, sauber machen, reparieren, das alles sind hier Dinge, die im Alltag ganz konkret und mit denen verhandelt werden, die es wirklich betrifft. Klar, dass der Impuls dazu häufiger von Erwachsenen kommt als von Kindern. Aber die Erzieherinnen setzen im Allgemeinen nichts durch, klagen nicht an, moralisieren nicht. Was einsetzt, sind gegenseitige Klärungsprozesse, und die Erzieherinnen begreifen das auch so. Sie haben nicht das letzte Wort. Schon vor langer Zeit wurde der „Tischdienst" abgeschafft. Er war immer wieder Anlass zum Streit. Keine Lösungsvariante wurde allen gerecht. Erst die Abschaffung der starren Regelung brachte Entspannung. Nun macht es derjenige, dem es wichtig ist, der Spaß daran hat, der helfen möchte oder es auch mal mürrisch tut, weil es notwendig ist. Im Grunde steht jeden Tag die Frage, wer abräumt, neu. Das Meiste aber regelt sich von ganz allein. Und, wer einige Zeit lang den Tischdienst „hasst", schafft ganz bestimmt zu einer anderen Zeit an anderer Stelle eine andere Ordnung.

## Beispiel 4: „Was hast du aufgeräumt?"

Ich selbst war jahrelang zuständig für die Holzwerkstatt in meiner Einrichtung. Immer wieder lagen dort Hämmer, Sägen, Feilen etc. „herum". Das war nervig und ärgerlich. Ich hatte so schöne Plakate erstellt, auf denen mit Hilfe von Fotos zu sehen war, was wohin kommt. Alles war doppelt gekennzeichnet: mit Schrift und Bild. Viele Gedanken hatte ich mir gemacht, wie eine Holzwerkstatt am besten einzurichten ist, und dann immer wieder die mangelnde Würdigung meiner Bemühungen durch die Kinder erlebt. Bis ich eines Tages auf den Dreh kam. Ich beobachtete die Kinder und stellte fest: (Fast) jedes Kind räumte *irgendetwas* weg, bevor es die Holzwerkstatt verließ. Die wenigen, die das nicht taten, hatten gute Gründe dafür: Sie wurden überraschend abgeholt, kamen in Streit mit anderen etc. Ich stellte mein Verhalten um: Statt mich bisher detektivisch und fast immer vergeblich auf die Suche nach den Schuldigen zu machen, begann ich die Kinder zu fragen: *„Was* hast du aufgeräumt, als du die Holzwerkstatt verlassen hast." Fast immer konnten sie etwas angeben. In den selten Fällen, wo das nicht so war, wurde rasch eine Lösung gefunden: *„Ich geh' nachher noch mal rein."* – *„Oh, das mach' ich gleich."* usw. Nie mehr hörte ich: *„Ich war's nicht!"* Der Gewinn war enorm: Gelassenheit und Zutrauen, anstelle von Stress und Misstrauen. Deswegen fiel es mir leicht, den Rest, das nämlich, was ich als Grundordnung ansah, ab jetzt einfach selbst zu besorgen.

**Lothar Klein** ist Diplom-Pädagoge und freiberuflicher Fortbildner und Autor.

### Anmerkungen

[1]  Gregory Bateson: Ökologie des Geistes. Frankfurt a. M. 1981, S. 32 f.

Der Artikel erschien zuerst in TPS Heft 10/2002.

Lothar Klein

# Wann ein Brückenbauer Mittagspause macht

## Tages- und Zeitabläufe dem kindlichen Rhythmus anpassen

*Bevor Olaf Grunnholm die Brücke über den hellgrünen, reißenden Fluss Tra-Um vollenden kann, wird er verschleppt. Als er nach langer Zeit zum Brückenbau zurückkehren darf, hat er das Geheimnis des Brückenbaus vergessen. Die Brücke über den hellgrünen, reißenden Fluss Tra-Um wird nie mehr zu Ende gebaut!*[1]

So lautet der erste Teil eines Gedichtes mit dem Titel „Der Spinatesser" von J. Reding. Und im zweiten Teil heißt es lapidar: „Olaf Grunnholm ist drei Jahre alt. Man hat ihn von seinen Bausteinen zum Spinatessen geholt. Es stehen viele halbfertige Brücken am hellgrünen, reißenden Fluss Tra-Um."[2] Das klingt ziemlich anklagend, fast schon resignierend, so, als sei Olafs Kindheit schon verdorben; fast spürt man den Aufruf an die Erwachsenen, sich doch endlich an die Bedürfnisse der Kinder anzupassen. Sicher, Kinder sollen auch erleben, dass es Zeitabläufe gibt, die man sich nicht immer nach persönlichen Bedürfnissen einrichten kann. Klar, das Leben schreibt auch Unterordnung unter sinnvolle Strukturen vor. Und, es ist auch nicht so furchtbar tragisch, dass Olaf Grunnholms Brücke nicht zu Ende gebaut wird. Vielleicht wagt er ja einen zweiten Versuch. Ich möchte also nicht der bloßen Bedürfnisorientierung das Wort reden.

Es ist die Art und Weise, wie Erwachsene einfach über Olaf Grunnholms Weltsicht und Erlebniswelt hinweg gehen. Sie nehmen sie schlicht überhaupt nicht wahr. Für sie handelt es sich um Bausteine, Spielzeug also, Unwichtiges, eine Tätigkeit, die man *natürlich* einfach unterbrechen kann, vielleicht sogar von Worten begleitet wie: „Macht doch nichts! Kannst ja nachher weiter*spielen*!" Spiel ist nicht so wichtig wie der Ernst des Lebens, z. B. das Essen, die Arbeitszeiten von Küchenfrauen, das pädagogische Ziel, dass am Tisch und mit Sitte gegessen wird usw. Erwachsene nehmen nicht wahr, dass Olaf einer *ernsthaften* Tätigkeit nachgeht. Er baut und konstruiert Brücken! Er stellt sich einen reißenden

Fluss vor, damit es auch schwierig wird, die *richtige* Brücke zu bauen. Olaf würde sagen: *„Ich arbeite! Das ist anstrengend. Man muss genau planen und aufpassen, dass nichts schief geht. Ich bin Brückenbauer!"* Es geht mir darum, dass Erwachsene dies wenigstens wahrnehmen, also für *wahr* nehmen; dass sie etwas vom Ernst in Olafs Tätigkeit spüren und ihr den Respekt entgegenbringen, den sie verdient!

## Ja, aber wenn das Essen kalt wird …

Dann könnte sich ein Gespräch auch etwa so entwickeln: „Olaf, du baust eine Brücke?" – *„Ja, über den hellgrünen, reißenden Fluss Tra-Um!"* – „Wann macht ein Brückenbauer denn Mittagspause?" – *„Jetzt kann er gerade nicht! Er muss noch schnell die Brücke zu Ende bauen."* – „Und wenn er sie zu Ende gebaut hat?" – *„Dann geht er zu den Anderen essen."* – „Wie lange dauert das denn?" – *„Och, nicht mehr lange. Guck, da kannst du's sehen. Die ist bald fertig."* – „OK, Olaf, wir decken den Tisch schon mal und fangen an. Wenn die Brücke fertig ist oder du Hunger hast oder den Brückenbau unterbrechen willst, kommst du einfach."

Ja, aber wenn das Essen dann kalt wird? Oder Olaf gar nicht kommt? Oder er gar auf dem Bauteppich (Olaf würde sagen: an seinem Arbeitsplatz) essen möchte? Oder dann alle dort essen wollen? Oder, oder, oder? Ich höre sie schon die Fragen, die immer wieder kommen. Was, so frage ich, wäre daran so schlimm, wenn Olaf einmal sein Essen später isst oder gar auf dem Bauteppich. Natürlich müsste der geschont werden, vielleicht findet sich ja ein Arbeitsplatz daneben.

Erwachsene eilen gern voraus. In ihren Köpfen spielen sich augenblicklich Szenarien ab, die verhindern, sich überhaupt erst auf das einzulassen, was Kindern wichtig ist, wahrzunehmen, wie sie ihre eigene Tätigkeit deuten und dies einfach einmal zu respektieren. Die streng zeitrationalen Organisationsstrukturen Erwachsener erweisen sich dabei als zusätzliches enormes Hindernis. Die Zeitabläufe Erwachsener stehen in deren Wertehierarchie ganz oben. Allein die Vorstellung, Kinder können da etwas „durcheinander bringen" oder auch nur ein wenig ändern, entsetzt viele. Das würde bedeuten, sich etwas umzustellen, würde heißen, mit Kindern gemeinsam nach passenden Formen suchen zu müssen, würde aus Erwachsenensicht Mühe machen!

Ich möchte dafür plädieren, sich auch auf dieses Abenteuer so weit wie möglich einzulassen, denn „stellen Sie sich vor, Sie seien ein Kind in einem Klassenzimmer mit Erwachsenen, die Ihre Sprache sprechen, deren Anweisungen Sie aber nicht verstehen können, selbst, wenn Sie den Erwachsenen gefallen möchten. Wenn Sie aufstehen, um die Wüstenspringmäuse zu sehen, wird Ihnen gesagt, Sie sollten sich hinsetzen, Ihre Zeichnung fertig machen und die Mäuse später in der Pause anschauen. Wenn Sie sich hinsetzen, um zu malen, wird Ihnen das Blatt weggenommen, ehe Sie fertig sind, weil es 10 Uhr und Zeit für ein Glas Saft ist. Noch ehe Sie mit dem Saft fertig sind, ist es Zeit, zur Toilette zu gehen."[3]

## Die Uhr bestimmt die Lebensrhythmen

Die Uhr ist in der Welt der Erwachsenen ein mächtiger Herrscher. Uhrzeit-Menschen sind wenig flexibel im Umgang mit ihrer Zeit. Was geplant ist, muss deshalb stattfinden, weil jetzt die dafür festgelegte Zeit ist, nicht etwa der beste Augenblick dafür. Uhrzeit-Menschen leiden unter dem Gefühl, später könne nicht mehr nachgeholt werden, was nicht zur festgelegten Zeit getan wird, denn das Später ist ja bereits für etwas anderes reserviert. Sie haben nie genug Zeit. Eine Sache muss möglichst fertig sein, bevor die nächste beginnt.

Etwas liegen zu lassen und vielleicht später, irgendwann zum richtigen Augenblick zu Ende zu bringen, können sie sich nur schwer vorstellen. Ihr Leben passt sich den Zeittakten an statt umgekehrt. Die (Uhr-)Zeit rennt ihnen davon. Sie hasten hinterher. Immer beschleicht sie dabei der Verdacht, etwas versäumt zu haben. Ihre Zeit nach den Bedürfnissen des Lebens und seinen

> Ich möchte
> endlich machen
> was mir gefällt
> und nicht immer das was andere sagen,
> was mir gefallen soll.
>
> Sven, drei Jahre

ungleichmäßigen, niemals gänzlich planbaren Erscheinungsformen auszurichten, sie manchmal laufen zu lassen oder anzuhalten, wenn nötig, würde ihnen fast die Orientierung rauben.

Kinder wissen von all diesen Zeit-Strapazen noch wenig. Ihr Leben ist eines in *Ereigniszeit*. Sie richten ihr Leben nach Ereignissen, Begebenheiten, Ideen, Erlebnissen ein, nicht nach Uhrzeitintervallen: Nach dem Schlafen werde ich abgeholt. Erst gehe ich in die Holzwerkstatt und spiele ein wenig. Dinge werden dann erledigt, wenn es soweit ist,

173

nicht wenn „es Zeit ist". Eine Sache ist beendet, wenn sie beendet, nicht weil irgendeine Zeit vorbei ist. Ihre Unternehmungen haben immer den richtigen Zeitpunkt. Sie lassen sich einfach dann darauf ein, wenn die Idee für etwas da ist. Ganz schnell geraten sie dann vollkommen außerhalb der Zeit.

Den Zustand dieser kreativen Versunkenheit nennen Zeitforscher das „flow" (Fließen). Im flow verliert man das Gefühl für das Vergehen von Zeit. Gelassenheit und Ruhe stellen sich ein. Die Zeit steht still, alles andere aber fließt von selbst. Ereignis und Erleben sind wichtig, nicht, wie lange man dafür gebraucht hat.

Mit dem Gefühl im Rücken, nichts versäumen zu können, lassen sich Ereigniszeit-Menschen, also auch Kinder, ohne weiteres auf viele Dinge gleichzeitig ein. Sie widmen sich einer Sache, bis eine Neigung oder Anregung auftaucht, sich einem anderen zuzuwenden, das wieder zu einer Idee für eine weitere Aktivität führen kann. Dann kehren sie vielleicht nochmals zur ersten zurück. Das ganze Leben zwanghaft in ein lineares Nacheinander zu pressen, ist ihnen fremd. Kinder tun eigentlich *immer irgendetwas*, auch wenn sie warten und Zeit vergehen lassen. Der Verdacht, es sei unter Umständen möglich, Zeit nicht sinnvoll zu nutzen, kommt erst mit der Uhr.

Was geschieht, wenn Erwachsene wie Kinder die Uhr ablegen? Eine Verschiebung von der Uhrzeit auf die Ereigniszeit verlangt eine vollständige Veränderung des Bewusstseins, meint der Psychoanalytiker Neil Altman: „Ich brauchte ein ganzes Jahr, um das … Gefühl abzulegen, ich müsste dafür sorgen, dass etwas geschieht … Es war geradezu eine erheiternde Vorstellung, ich könnte jetzt tatsächlich das erledigen, was ich eigentlich vorhatte. Statt dessen setzte ich mich einfach in das Teehaus des Ortes, lernte neue Menschen kennen, betrachtete Kinder, die Tiere und alles, was gerade vorbei kam. Dann geschah manchmal etwas anderes, was ich eigentlich nicht vorhatte, manchmal auch nicht. Jegliche Arbeit, die tatsächlich erledigt werden sollte, kam von selbst auf mich zu."[4]

Und jetzt stelle ich mir die Erzieherin vor, die sich hinsetzt und abwartet, die Dinge geschehen lässt und die Kinder wenig stört, wenn sie gefesselt sind von Aufgaben wie dem Bau einer Brücke über hellgrüne, reißende Flüsse. Ich sehe da die Erzieherin, die Kindern das Mittagessen zu ihrer Baustelle bringt, sich erkundigt, wann die Höhlen-, Sandburgen-, Parkhaus- oder Brückenbauer Brotzeit haben und ob sie dann wieder vorbeikommen dürfe. Ich sehe eine Erzieherin vor mir, die für solche Gelegenheiten Essenskanister und Brottaschen besorgt hat. Im Team dieser Erzieherin würden sich Erwachsene die Frage stellen, was sie tun könnten, um Alltagsrhythmen Kindern besser anzupassen. Und ich sehe sie, wie sie ideenreich gewohnte Abläufe umschmeißen, ausweiten, differenzieren oder die Kinder zumindest fragen, was getan werden kann, wenn das Essen bereit steht, das Spiel aber noch nicht fertig ist.

## Das Leben nach der Uhr kommt früh genug

Warum muss man gerade um 11 Uhr „noch mal raus gehen"? Warum ausgerechnet vor dem Mittagessen oder dem Nachhausegehen aufräumen? Warum muss der Stuhlkreis am Ende des Vormittages sein? Warum müssen *immer alle* zur gleichen Zeit und sogar *gleich lang* Mittag essen? Warum macht sich keiner Gedanken darüber, wann Kinder Lust für die Hausaufgaben haben? Warum versuchen Erzieherinnen mit Eltern keine Abholzeiten zu vereinbaren, die sich ein wenig nach den Kindern richten? Warum kommen sie erst gar nicht auf die Idee, dass so etwas in Zeiten der Handys und SMS möglich wäre: „Ich rufe Sie an, wenn ihre Tochter bereit ist …" Wie oft am Tag ist das „Kinder, es ist Zeit …!" zu hören? Und wie nervig für beide Seiten!

Das Leben in der Uhrzeit kommt früh genug! Das Leben mit Arbeitszeiten, Einkaufszeiten, Fernsehzeiten, Freizeiten, Fahrplänen, Programmzeitschriften, Pünktlichkeit und Jahresrhythmen mit immer denselben Höhepunkten. Irgendwann, wenn der richtige Zeitpunkt ist, werden Kinder schon lernen, pünktlich zu sein, wenn sie mit dem Zug fahren wollen oder der Unterricht beginnt. Vielleicht aber werden sie sogar den nächsten Zug nehmen, sich die Zeit dazwischen ganz gelassen „vertreiben" und derweil etwas Unerwartetes erleben …

**Lothar Klein** ist Diplom-Pädagoge und freiberuflicher Fortbildner und Autor.

### Anmerkung

[1]  J. Reding: Gedicht vom Spinatesser. In: U. Lange/T. Stadelmann: Spielplatz ist überall. Freiburg (Herder) 1996, S.12.

[2]  ebd.

[3]  Dolores Norton in: Robert Levine: Eine Landkarte der Zeit. Wie Kulturen mit Zeit umgehen. München (Piper) 1998, S. 247.

[4]  Neil Altman in: Roebrt Levine: Eine Landkarte der Zeit. München (Piper) 1998, S. 226.

Elke Bär

# „Am Mittwoch besuchen wir den Opa auf dem Friedhof."

## Kinder nehmen mit einem Wochenplan Einfluss auf ihren Alltag

Kindern eigenverantwortliches Handeln und größtmögliche Unabhängigkeit von Erwachsenen zu ermöglichen, mit diesem das Ziel haben wir eines Tages unseren Kindern zwischen drei und sechs Jahren angeboten, einen Wochenplan zu gestalten. Schon bisher haben wir die Kinder in alle möglichen Angelegenheiten des Alltags einbezogen. Während der gemeinsamen täglichen Treffen wurden die Kinder über alles informiert, was der Tag so bringen wird. Die Treffen wurden von uns Erzieherinnen arrangiert und durchgeführt. Die Kinder saßen dabei, hörten zu und hatten danach auch zumindest eine ungefähre Vorstellung davon, was sie alles mit dem jeweiligen Tag anfangen könnten.

Was wir nun aber wollten, war eine Form, mit Kindern in die Kommunikation über deren Vorhaben und unsere Angebote zu treten, die weniger von uns abhängig war und die den Kindern erlaubte, sich selbstständig zu informieren und sich einen Überblick darüber zu verschaffen, was für sie wichtig sein könnte. Außerdem war es wichtig für uns, die Kinder aktiv an Planungen zu beteiligen. Sie sollten Möglichkeiten erhalten, ihre Bedürfnisse, Anliegen, Probleme und Wünsche in den Alltag einzubringen. Wir wollten nicht mehr länger alleinige Impulsgeberinnen für Aktivitäten und Gespräche sein. Außerdem sollte der Plan den Kindern Orientierung geben. Wichtig war es für uns deshalb auch die richtige Form.

## Zögerlich machen die Kinder Vorschläge für den Wochenplan

Während eines *Treffens* mit den Kindern thematisierten wir also, dass wir nach einer Möglichkeit suchten, sie ausführlicher und eigenverantwortlicher an der Planung *ihres Alltages* zu beteiligen. Zu diesem

Zeitpunkt stimmten die Kinder unserer Idee zwar zu, zeigten jedoch weder Ablehnung noch größere Begeisterung. Unser Eindruck war: Sie hörten uns einfach „brav" zu, daran gewöhnt, dass Erwachsene ständig irgendwelche „guten Ideen" haben. Die Kinder waren einfach nur still. Unsere Frage, ob sie mit unseren Vorschlägen bei den Treffen einverstanden sind, wurde kurz und knapp mit „Ja" beantwortet. Wir ließen dennoch nicht locker und fragten weiter, ob sie vielleicht Bestimmer und Bestimmerinnen sein wollten? Nun kamen zögerlich erste Ideen von den Kindern: *„Wir könnten ,Pitsch, patsch, Pinguin' spielen." – „Einmal sagt ihr, was wir machen, und einmal wir."*

Wir beließen es bei diesen eher vorsichtigen Vorschlägen und insistierten nicht weiter. Wir beschlossen abzuwarten, wie sich unser Vorhaben entwickeln wird. Wir hängten dennoch ein großes Plakat im Treffzimmer auf und baten ein Kind, mit unserer Unterstützung, die Wochentage darauf zu schreiben und Spalten aufzuzeichnen. Uns gefiel der auf diese Weise entstandene Wochenplan. Schön übersichtlich erschien er uns.

Bei unserem nächsten Treffen – an einem Montag – brachten wir den nun schon aufgehängten, aber noch leeren, Wochenplan wieder zur Sprache. Wie immer erklärten wir den Kindern die „festen" Termine dieser Woche: Kinderbücherei, Frühstückstag und Schwimmen der Älteren. Nun wollten wir von den Kindern wissen, wie sie die Termine auf dem Wochenplan erkennen könnten. Die Kinder hatten sofort die Idee „es aufzumalen". Schnell fanden sich welche, die dazu bereit waren. Zusammen hängten wir die Termine dann an die entsprechenden Wochentage.

Am darauf folgenden Montag sprachen wir erneut den Wochenplan an. Wir hatten alle alten Termine abgehängt. Die Kinder saßen also wie schon die Woche davor vor einem leeren Wochenkalender. Wieder fragten wie sie, was in dieser Woche anstehe, wer einen Wunsch oder eine Idee für diese Woche habe. Zunächst waren es vereinzelt Kinder, die z. B. eine Märchenstunde haben oder ein Spiel machen wollten. Dann aber begannen insbesondere die jüngeren Kinder ihre Ideen und Vorschläge mitzuteilen. Sie wünschten sich: Ein Geschenk für Mamas Geburtstag zu basteln, die Geschichte vom Wolf und den sieben Geißlein zu hören, Kerzenwachs in Muscheln zu gießen, die Vogelhochzeit zu singen und ein neues Regal aufzubauen.

Da die vielen Vorschläge nicht innerhalb einer Woche realisiert werden konnten, mussten sie irgendwie „aufgehoben" werden, damit sie nicht verloren gehen. Von selbst malten die Kinder ihre Ideen auf und wollten sie in den Wochenplan hängen. Das Problem war jetzt nur, an welche Stelle? – ein für Kindergartenkinder wirklich schwieriges Planungsproblem. Zusammen überlegten wir, an welchem Tag ihre Idee umgesetzt werden könnte. Dahin kamen dann ihre Zettel. Den Kindern war wichtig, dass *ihr* Zettel am Wochenplan hing. Und wenn sie zu lange warten mussten, bis *ihr* Vorschlag verwirklicht werden konnte, erinnerten sie uns daran, dass da noch ihr Zettel hing.

## Die Kinder haben eigene Anliegen

Teilweise mussten Wünsche und Ideen oder Vorhaben auf eine andere Woche verschoben werden, weil es nicht immer in der gleichen Woche zu realisieren war. Damit nichts verloren gehen würde, wurden die Ideen „für später" an die *freie Spalte* des Wochenplanes gehängt und bei der nächsten montäglichen Planungsrunde besprochen. Feste, immer wiederkehrende oder von uns festgelegte Termine wurden in jeder Woche neu aufgenommen und die Kinder konnten sehen, welche Tage bereits *belegt* waren und wo es noch *freie* Zeiten gab. Das sind z. B. Kinderbücherei, Schwimmen, Waldtage, Frühstücksbesprechung, die „Sprechstein-Runde", der Besuch im Altenzentrum oder unsere Tanzgruppe.

Die Kinder haben ganz andere Anliegen. Da ist z. B. der Besuch des Friedhofes wichtig, weil der Opa gestorben ist und das Kind nicht an der Beerdigung teilnehmen wollte. Oder ein ganz bestimmtes Märchen soll wieder vorgelesen werden. Auch Vorschläge für Singspiele finden im Wochenplan ihren Platz, ebenso das Herstellen einer Kette, als Geburtstagsgeschenk eines Jungen für seine Mutter. Ganz wichtig auch das Eis-essen-Gehen oder das Schwimmen der älteren Kinder. Auch war es sehr wichtig, festzuhalten, dass wir eine regelmäßige „Frühstücksbesprechung" brauchten und wer diese leiten soll. Wir brauchen oft die Hilfe der Kinder, um ihre ganz persönliche „Schrift" lesen zu können.

Wir Erwachsenen lassen die Kinder über den Wochenplan wissen, wann eine von uns nicht in der Gruppe sein kann und warum und wenn beide Erzieherinnen nicht hier sein können, wer dann in die Gruppe kommt. Auch Besuche von Gästen werden über den Wochenplan angekündigt.

178

**Leas Streitregeln**

Lea hat für sich und andere Streitregeln gemacht und aufgehängt:

- Nicht weh tun!
- Nicht Ätschi-Bätschi sagen!
- Keine Spielsachen werfen!
- Nicht kaputt machen!
- Nicht hauen!
- Nicht an den Haaren ziehen!
- Nicht herum schreien!
- Nicht wegschubsen!
- Keinen Vogel zeigen!

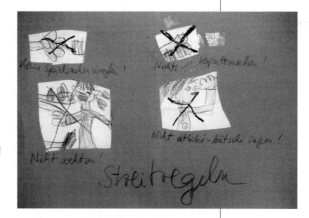

Aus dem Kinderhaus „Bernhard von Baden" in Freiburg

Unser Wochenplan ersetzte nun immer häufiger einen Teil unserer früheren täglichen „Informations- und Planungstreffen". Die Kinder konnten sich auch so orientieren und im Tag zurechtfinden. Sie und wir gewannen *freie* Zeit, die für individuelles Arbeiten, ohne Unterbrechung, genutzt wurde. Irgendwann wurde unser Plan zu klein. Die Notizen fielen immer wieder ab. Wir kauften also eine richtig große Korkpinnwand (1,50 m x 1,00 m). Auch hier markierten die Kinder die Wochentage mit Namen und Spalten. Auch die Pins hatten es nun leichter, die Notizen festzuhalten.

Die Kinder brauchten noch einige Zeit die Unterstützung der Erwachsenen bei der Montags-Planung. Nach einem halben Jahr aber ist die gemeinsame Planung an jedem Montag zu einem festen Bestandteil des Gruppenalltages geworden und wird von den Kindern auch selbst eingefordert.

## Kinder nutzen den Wochenplan selbstständig

Inzwischen haben die Kinder auch eigene Formen entdeckt, mit dem Plan umzugehen. Wenn sie z. B. aus einem Spiel heraus oder auch einfach so während des Geschehens am Vormittag eine Idee oder einen

179

Vorschlag haben, dann schreiben sie eine Notiz für den Wochenplan auf und heften sie an die freie Spalte. Bei den Montags-Treffen weisen sie auf ihre Notizen hin und bestehen darauf, sie fest einzuplanen. Eine ihrer häufigsten Fragen lautet: *„Der wievielte Tag ist heute?"* Die unterschiedlichen Farben für jeden Wochentag helfen ihnen dann bei der Suche. Zeitweise fordern die Kinder die Wochenplanung auch bereits am Freitag der Vorwoche ein. Was wir nicht erwartet hatten, ist, dass unser Wochenplan insbesondere die *jüngeren* Kinder darin unterstützt, sich das Wort zu nehmen.

Auch wir Erwachsene haben uns inzwischen daran gewöhnt, Ideen, Vorhaben und Angebote über den Wochenplan einzubringen. Auch wir hängen sie zunächst in die „freie Spalte" und stellen sie dann montags vor. Für die Kinder ist das schon ganz selbstverständlich, und sie erwarten es auch von uns.

Der Wochenplan gibt den Kindern aus unserer Sicht in doppelter Weise „das Wort". Wir bewerten das, was da geschieht, als Teil des „freien Ausdrucks" von Kindern. In den Notizen der Kinder verstecken sich Hinweise auf deren individuelle Belange und Bedürfnisse, auf das, was ihnen wichtig ist. Sie kommunizieren vor unseren Augen und Ohren darüber, was ihren Alltag ausmacht. Wir hören zu und nehmen wahr. Andererseits haben sie ein Stück „Verfügungsgewalt" über ihren eigenen Alltag erhalten und auf diese Weise „das Wort" bekommen. Sie sind weniger abhängig von uns und werden immer mutiger in der Regelung und Planung ihrer Angelegenheiten.

**Elke Bär** ist Erzieherin und verfasste den Artikel als Leiterin des Kindergartens Gartenstraße in Rodenbach/Hessen. Sie ist seit 2003 Abteilungsleiterin und Fachberaterin für sieben Kindertagesstätten im Diakoniezentrum Laubach/Hessen.

Lothar Klein

# „Wir sprechen nicht mit Weibers!"

## Mädchen und Jungen haben ein Recht auf geschlechtliche Identitätssuche

Eines Tages steht der sechsjährige Emrah in meinem Leiterbüro. In der Hand hat er ein Kärtchen mit einem Foto von mir. Das Foto hat er irgendwo „geklaut". Über dem Foto ist zu lesen „Club Weiß", darunter „101". Auf meine erstaunte Frage, was ich damit solle, bekomme ich die Antwort: *„Du bist Mitglied Nummer 101 im Club Weiß. Ich bin Mitglied Nr. 100."* Schon bald wird klar, mehr Mitglieder hat der Club Weiß nicht. Emrah zeigt mir nämlich auch die Mitgliederliste. Darauf entdecke ich noch ein („geklautes") Foto von mir („Nr. 101") und eines von Emrah selbst („Nr. 100"). Jetzt bin ich natürlich interessiert, was der „Club Weiß" will, dessen Mitglied ich ohne eigenes Zutun wurde. *„Wir reden nicht mit Weibers!"*, lautet Emrahs Antwort. „Weibers", das sind die Erzieherinnen, aber auch die Frauen ganz allgemein, und gegen die müssen sich die Männer zusammenschließen. Viele davon gab es damals in unserer Kindertagesstätte nicht, nur mich und einen Praktikanten.

Wie aber sollte ich die Clubziele als Leiter in einer Einrichtung einhalten, in der fast dreißig Frauen arbeiteten? Ganz einfach, erklärte mir Emrah: *„Wenn du mit denen redest, merken die gar nicht, dass du mit ihnen sprichst!"* Ob wir weitere Mitglieder unter den Erwachsenen werben könnten? Auch da hatte Emrah eine überraschende Antwort: *„Die Hedwig darf."* Was das „Weiß" im „Club Weiß" bedeutete, habe ich nie herausgefunden.

Emrahs „Club Weiß" war der letzte Auslöser für die Gründung eines „Männerclubs" und eines ähnlichen Angebotes für Mädchen. Der Männerclub sollte eigentlich Jungenclub heißen. Damit waren die Jungen zwischen sechs und zehn Jahren aber nicht einverstanden. Die Mädchen zwischen fünf und neun Jahren nannten ihren Verein „Leggins-Girls". Was wir verstanden hatten, war das starke Bedürfnis der Kinder nach geschlechtlicher Identität. Es brauchte Gelegenheiten, sich unter Gleichgeschlechtlichen treffen zu können, ohne sich vom anderen Geschlecht abgrenzen zu müssen, sozusagen die Erlaubnis, einmal unter sich zu sein.

181

## Von der Bedeutung, unter sich zu sein

Die Leggins-Girls haben den Bewegungsraum zu ihrem Treffpunkt bestimmt. Meistens brachten ein oder auch mehrere Mädchen ihre Musik mit, und es wurde darauf getanzt, die Vorhänge zugezogen, um die Aktionen vor lästigen (Jungen-)Blicken zu schützen. Die Mädchen organisierten sich Übernachtungen und Mini-Freizeiten, unternahmen Fahrradtouren oder gingen baden. Sie machten Fotos von ihren Unternehmungen, trafen sich dann und wann auch in der Holzwerkstatt oder hielten ein Schwätzchen mit Tee und Kuchen – Aktivitäten, die als mädchentypisch gelten ebenso wie solche, die eher Jungen zugeschrieben werden.

Bei den Jungen war es nicht viel anders. Unter sich durften sie auch Hand in Hand durch den Wald laufen, durften Angst haben, kuscheln und sich in den Arm nehmen. Gleichzeitig nörgelte niemand an ihnen herum, wenn sie sich einen Baumstamm als „Panzerfaust" auf die Schulter luden oder wie wild mit dem Fahrrad bergab eine nicht gerade unbefahrene Straße entlang rasten. Auch dann nicht, wenn sich ihr Zorn aufeinander in „wüstem" Geschrei entlud, wo es doch „bloß" um die Frage ging, wer heute den Stand der Männerclub-Kasse ermitteln darf. Natürlich war eine der wichtigsten Aktivitäten das Fußballspiel. Nur für einen Jungen, den 7-jährigen Manuel, war das nichts. Der kam nur, wenn *nicht* Fußball gespielt wurde.

Was das mit Kindzentrierung zu tun hat? Vor allem eins: Wir haben erleben können, wie wichtig den Kindern Aktivitäten sind, für die gemeinhin wenig Platz im Kita-Alltag besteht, die von Erwachsenen ungern gesehen werden oder schlicht verboten sind, Aktivitäten, die aber aus ihrer subjektiven Sichtweise heraus sinnvoll und bedeutend waren. „Wichtig" ist eigentlich nicht das passende Wort. Es drückt nicht aus, welche tiefe Bedeutung es für Kinder haben kann, andere Kinder (in diesem Fall das jeweils andere Geschlecht) von eigenen Aktivitäten ausschließen zu dürfen und sich ganz als Mädchen zu fühlen und sich für Schminke, Stars und Klebebildchen oder sich als Junge für den Bau von (Spielzeug-)Waffen oder „schreckliche" Transformer interessieren zu dürfen. Erst als wir aufhörten, Jungen wie Mädchen vorzuschreiben, wie sie ihre Geschlechtsrolle zu leben hatten, haben wir etwas von ihrem Bedürfnis erfahren, sich zuzuordnen zu dem, was sie in diesem Entwicklungsstadium für männlich oder weiblich hielten, und damit ein Stück persönlicher Deutung von Wirklichkeit ermöglicht.

## Kinder müssen sich nicht für ihr So-Sein rechtfertigen

Von mir wollten die Jungen immer wieder wissen, wie ich denn als Junge war, wovor ich Angst hatte, ob ich auch Comics gelesen, mich alleine in den Wald getraut oder mich auch gehauen habe. Was ich als Mann über Frauen weiß, wollten sie wissen, und auch „Sex" war – nach und nach immer unverkrampfter – unser Thema. Ihre geheimen Fragen konnten sie „an den Mann" bringen, weil der Mann sie nicht in eine bestimmte Männerrolle drängte.

Auch die Frauen hatten angefangen, die Art, wie sich die Jungen ihres Junge-Seins vergewisserten, zu respektieren. Bei den Mädchen fiel ihnen das natürlicherweise leichter. „Ihre Erzieherin" quetschten die Mädchen über alle möglichen „Frauenfragen" aus, interessierten sich fürs Heiraten, Kinderkriegen aber auch dafür, ob auch Frauen Bagger oder Rennauto führen. Wie die Jungen über Männer, wollten auch die Mädchen alles über das Frau-Sein wissen.

Männerclub und Legginsgirls haben bei uns Maßstäbe verändert. Die Kinder mussten sich als Mädchen oder Junge nicht mehr dafür rechtfertigen, so oder so zu sein, das oder jenes zu mögen, dies oder das zu bevorzugen. Mädchen konnten *auch* „typisch" Mädchen sein und ausprobieren, was das alles mit sich bringt. Vor allem aber: Jungen wurden nicht länger zu halben Mädchen zurechtgestutzt. Auch sie durften das tun, was für eine bestimmte Phase der Entwicklung geschlechtlicher Identität normal ist, nämlich zu übertreiben, die jeweilige Rolle rigide und überzogen einzunehmen. Ohne dieses Erproben ist ja keine geschlechtliche Identitätsfindung möglich.

Ganz durchgehalten haben wir den Anspruch dann doch nicht, Kinder nicht mehr länger nur geschlechtslos als Kinder anzusprechen, sondern auch jungen- oder mädchenspezifische Sichtweisen in den Alltag einfließen zu lassen. Gruppenbezeichnungen wie z. B. „Formel 1-Gruppe" – was manchen Jungen gut gefallen hätte – oder Projekte über die Teeniegruppe „New Kids on the Block", von der viele unserer Mädchen monatelang alles sammelten, was ihnen in die Finger kam, gab es bei uns nicht.

**Lothar Klein** ist Diplom-Pädagoge und freiberuflicher Fortbildner und Autor. Die Erfahrungen in diesem Bericht machte er als früherer Leiter einer Kindertagesstätte in Wiesbaden.

Elke Bär

# Von einem Traktor-Unfall und vom Zoff in der Tanzgruppe

## Welche Kompetenzen Kinder beim Lösen von Konflikten entfalten können

Vertrauen in die eigene Entwicklungsfähigkeit von Kindern, ohne sich als „Besserwisser" in die Belange von Kindern einzumischen, erfordert ein hohes Maß an selbstkritischer Reflexion von Erwachsenen. Kinder sind sehr wohl in der Lage, sich in ihrer eigenen Wirklichkeit zurechtzufinden und ihre Welt zu gestalten, wenn Erwachsene sie lassen, auf ihre Kräfte vertrauen und ihre eigene subjektive Sichtweise relativieren.

### Beispiel 1: Florian und der Traktor

Der 5-jährige Florian fährt mit dem Traktor durch den Gruppenraum, nimmt schnell und geschickt die Kurven zwischen Flur, Regalen und Abtrennungen. Plötzlich hören wir einen dumpfen Schlag. Florian ist gegen einen Schrank geprallt. Er steigt ab, der Traktor fährt nicht mehr, Lea berichtet ihrer Erzieherin, dass der Traktor kaputt ist. Helga, die Erzieherin, wird ärgerlich. Es wurmt sie, dass Florian nicht selbst zu ihr kommt, und ist fast schon so weit, Florian zur Rede zu stellen. Er solle *wenigstens* die Verantwortung für den „Unfall" übernehmen und zumindest *überlegen*, wie der Schaden zu beheben sei. Helga schafft es aber, sich zurückzunehmen, Florian nicht anzusprechen und zu beobachten, was nun passiert.

Florian verlässt den Flur und geht in einen anderen Spielbereich. Lea, Kimberly und Sina, die im Sommer eingeschult werden, haben alles beobachtet. Sie „begutachten" den Schaden am Traktor, gehen zu Helga und fragen: *„Helga, können wir den Traktor zu Leas Papa bringen? Der kann ihn wieder reparieren."* Leas Vater hat direkt neben dem Kindergarten ein Fahrradgeschäft, ist den Kindern bekannt und hat schon häufiger Fahrzeuge für uns repariert.

Helga zögert kurz, stimmt dann jedoch dem Vorhaben der Mädchen zu, mit dem Hinweis, erst bei Leas Vater anzurufen, was sie auch tun. Florian arbeitet inzwischen am Werktisch und nimmt vom Vorhaben der Mädchen keine sichtbare Notiz. Helga lässt zu, dass Florian sich der Situation entzieht, obwohl sie den Eindruck hat, dass er die weitere Entwicklung der Situation verfolgt.

Florian schaut immer wieder von seiner Arbeit am Werktisch auf und beobachtet, was die Mädchen mit Helga besprechen. Sein Blick ist unsicher, er schaut durch ein Regal hindurch und wenn er merkt, dass Helga oder die Mädchen zu ihm schauen, dreht er den Kopf weg. Helga hat den Eindruck, dass er keinesfalls angesprochen werden will, aber dennoch genau verfolgt, was nun abläuft. Bei Helga entsteht der Eindruck, dass Florian nicht genau weiß, was auf ihn zukommen wird, aber dass er auch froh ist, sich der Situation entziehen zu können.

Lea, Sina und Kimberly ziehen ihre Jacken an und schieben den Traktor zum Ausgang, Helga bietet ihre Hilfe an, den Traktor die Eingangstreppe hinunter zu tragen. Den Mädchen entlockt dieser Vorschlag nur ein leicht genervtes *„Helga, wir können das alleine"*, und sie machen sich auf den Weg zum Fahrradgeschäft. Sie kommen bald zurück, leider ohne Traktor, denn der Schaden konnte nicht gleich behoben werden.

Helga ist stolz darauf, es ausgehalten zu haben, sich nicht einzumischen, Florian nicht sofort zur Verantwortung gezogen und „gezwungen" zu haben, für Abhilfe des Schadens zu sorgen. Sie war sich unsicher, was in Florian vorging. Dasselbe Verhalten kann ja schließlich als Faulheit, unsoziales Sich-Raushalten oder aber als Unsicherheit verstanden zu werden, mit der Situation umzugehen: Zumindest mussten, das hat Helga gespürt, schnelle Vorwürfe unterbleiben solange nicht klar war, was Florian eigentlich fühlt. Für die Mädchen war es kein Problem, dass der „Verursacher" des Schadens sich zurückgezogen hatte.

Dadurch dass sich Helga zurück gehalten hatte, erfuhren sowohl Florian als auch die Mädchen, dass Erwachsene ihnen zutrauen, ihre Angelegenheiten eigenverantwortlich und selbstbestimmt zu regeln. Für Florian war es ein Zeitgewinn. Und für Helga ebenfalls: Sie hat Zeit gewonnen, Florian *genauer* zu beobachten, etwas von seinem Innenleben wahr zu nehmen, ihm dadurch gerechter werden zu können. Zeit auch, dass Ärger, vielleicht sogar auf beiden Seiten, verrauchen kann. Zeit, sich einander neu anzunähern.

Der Schaden selbst war gar nicht das Problem. Die Idee der Mädchen zeigt das ja. Das Problem bestand in der Beziehungsstörung zwischen

Florian und seiner Erzieherin. Sicher muss Florian wissen, dass sein Tun Konsequenzen hat. Aber woran sich orientieren? War es Absicht? Zählt die Absicht? Zählt nur die Schadenshöhe? Zeitgewinn ist allemal nützlich, um die Beziehung neu „einzurichten". Helga *erlebt*, was Florian tut und kann sich *darauf* beziehen, und Florian erlebt, dass Helga nicht sofort den „Hammer der Macht" schwingt, gewinnt Spielraum und kann sich deshalb leichter auf Helga einlassen. Er erlebt Interesse an sich.

Beim Treffen am Ende des Vormittags berichtete Helga der Kindergruppe, dass Florian mit dem Traktor einen Unfall hatte und die Mädchen diesen zur Reparatur zu Leas Vater gebracht haben. Die Situation war für alle Beteiligten geklärt. Die Beziehung zwischen Helga und Florian wurde durch den Vorfall nicht gestört, sondern eher noch intensiver.

## Beispiel 2: Zoff in der „Tanzgruppe"

Doris, eine Erzieherin mit tanzpädagogischer Zusatzausbildung, geht regelmäßig mit einer Gruppe von zwölf Kindern des gesamten Kindergartens zum „Tanzen" in das benachbarte Bürgerhaus. In verschiedenen Bewegungsspielen lernen die Kinder ihren Körper kennen und Bewegungen gezielt zur Musik umzusetzen. Der Schwerpunkt liegt im Entdecken der eigenen Bewegungsfähigkeit.

Der 5-jährige Joshua hat bei den letzten Treffen Schwierigkeiten, Grenzen und Regeln einzuhalten. Innere Spannungen kommen zum Ausdruck, wenn er andere Kinder angreift und manchmal auch verletzt. Er nimmt das Bewegungsangebot an, stört aber immer wieder, indem er andere Kinder anrempelt und beim Rennen durch den Raum scheinbar nicht aufpasst. Der Ablauf der „Tanzstunde" wird häufig unterbrochen und kann nur schwer fortgesetzt werden.

Als es während einer Stunde wieder zu einer Störung des Ablaufes kommt, weil Joshua es erneut nicht schafft, ohne Rempeln und Schubsen am Spiel teilzunehmen, entscheidet sich Doris, dieses Problem an die Gruppe weiterzugeben. Sie möchte erfahren, welche Lösungen die Kinder finden. Sie sagt den Kindern, dass sie nicht schimpfen möchte, dass es aber auch nicht sein darf, dass Kinder weinen müssen. Sie bittet die Kinder um Rat und fragt die Gruppe, was jeder jetzt machen könnte. Michelle macht den Vorschlag, dass alle Kinder, die rempeln und schubsen wollen, dies auf der einen Seite des Raumes tun können, dass eine *Grenze* gibt, die nicht überschritten werden darf und dass die Kinder, die am Tanz teilnehmen wollen, dies wirklich ungestört auf der andere Grenzseite tun können. Der Vorschlag kommt bei den Kindern und Doris gut an. Doris bittet die Kinder, sich den beiden Seiten zuzuordnen. Die Grenze wird durch zwei Stühle und eine fiktive Linie im Raum markiert. Joshua und ein weiterer Junge gehen auf die eine Seite und die anderen Kinder beginnen ihren Tanz auf der anderen Seite.

Als der Tanz beendet ist, setzen sich die Kinder mit ihrer Erzieherin zusammen. Die beiden Jungen kommen von „ihrer" Seite her unaufgefordert dazu. Sie beginnen wieder zu raufen und zu stören. Doris weist sie daraufhin hin, dass sie auf der „störungsfreien" Seite sitzen und sie zum Raufen auf die andere gehen können. Beide beenden ihre Rauferei sofort, bleiben sitzen und beteiligen sich am weiteren Spiel der Gruppe ohne zu stören.

## Fähigkeiten der Kinder kommen zur Geltung, wenn man ihnen Raum gibt

Wie einfach doch manchmal Lösungen sind! Und wie kompetent sich Kinder darin erweisen, sie zu finden. Überhaupt glaube ich, dass Kinder viel schneller auf das Naheliegende kommen als wir etwas umständlichen Erwachsenen. Und wie hilfreich ist es, Kinder als Ratgeber und Experten ihrer eigenen Lebenssituation anzusprechen. Eigentlich liegt es ja auf der Hand, dass Kinder sich gut darin auskennen, wie sie Konflikte am besten lösen. Jeden Tag müssen sie dies – unbeobachtet von Erwachsenen – dutzendfach tun.

Und die beiden Jungen? Schon dass sie ohne Weiteres den Vorschlag der Mädchen akzeptieren, macht uns auf ein lange unterdrücktes Bedürfnis aufmerksam, nämlich einmal in aller Ruhe kämpfen, raufen, schubsen, lärmen zu dürfen. Wie weise ist da doch der Mädchenvorschlag, *beidem* Raum zu geben. Doris war erstaunt über den Lösungsvorschlag und den Umgang der Kinder damit. Erst der Verzicht auf die Richter- und Reglerrolle ermöglichte ihr diese Erfahrung und den Kindern die Gelegenheit, eigene passende Lösungen zu entwickeln.

**Elke Bär** ist Erzieherin und verfasste den Artikel als Leiterin des Kindergartens Gartenstraße in Rodenbach/Hessen. Sie ist seit 2003 Abteilungsleiterin und Fachberaterin für sieben Kindertagesstätten im Diakoniezentrum Laubach/Hessen.

Lothar Klein

# „Der soll nicht bei uns mitspielen!"

## Ein Konflikt während des Freispiels

Marie, Leonie, Till, Sebastian und Ergin, alle fünf und sechs Jahre alt,
spielen „Arbeitermänner". Ausgerüstet mit Helmen und Arbeitsschür-
zen haben sie allerlei Möbel und Gegenstände zu einem „Sperrmüllhaufen" übereinander gestapelt. Den bauen sie auf und wieder ab, ver-
legen ihn an verschiedene Orte und sortieren ihn jedes Mal ein wenig
um. Sie regeln dabei, wer das Sagen hat und besprechen die notwendigen Arbeitsabläufe immer wieder neu: *„Wir müssen absperren, damit
keiner kommt. Wir müssen nämlich kurz weggehen."*, sagt Ergin und zieht
ein weiß-rotes Band um den Sperrmüllhaufen, der sich gerade ganz in
der Nähe der Bauecke befindet. In diesem Moment geht Louis auf die
fünf Kinder zu und fragt, ob er mitspielen darf.

Louis ist erst knapp vier Jahre alt und ein ganzes Stück kleiner als die
fünf „Arbeitermänner". Louis möchte den Arbeitskittel von Till haben
und fragt ihn danach. Till lehnt das ab, ebenso Marie, Leonie, Sebastian
und Ergin. Auf die Aufforderung der Kinder, sich selbst einen Kittel
oder eine Schürze zu holen, reagiert Louis nicht. *„Ich will aber mitspielen"*, sagt er und greift einfach nach der Schürze von Sebastian. Der stößt
ihn unsanft aus der mit Band begrenzten Baustelle, rennt zur Erzieherin in der Nähe und fordert: *„Der Louis soll nicht mitspielen."*

Eine schwierige Situation für die Erzieherin: Louis ist noch nicht lange
in der Gruppe und wird häufig von anderen Kindern – so denkt sie – „aus-
gegrenzt". Sie haben ihn wiederholt nicht mitspielen lassen. Die Erzieherin spürt so etwas wie einen heimlichen Auftrag. Sie will Louis in das Spiel
der Kinder „integrieren". Nun aber steht Sebastian wieder einmal vor ihr
und fordert sie auf, Louis am Mitspielen zu hindern. Was soll sie tun?

## Die Perspektive der fünf „Arbeitermänner"

Sehen wir uns die Situation einmal aus der subjektiven Sicht von Sebastian, Till, Marie, Ergin und Leonie an. Sie sind in ein Spiel vertieft,

das ziemlich Raum greifend ist. In dem Spiel gibt es viel zu tun. Richtig harte und ernste Arbeit ist zu erledigen. Möbel und allerlei Gegenstände sind hin und her zu tragen, weil die Arbeitermänner den Sperrmüll abholen. Immer wieder entdecken sie dabei Wertvolles, weniger Wertvolles, Altes und nicht mehr Brauchbares, aber auch wahre Schätze. Sie entdecken die Hebelwirkung und erfinden Transportmöglichkeiten. Ihre Arbeit ist sozial sehr gut organisiert. Mittlerweile sind sie so etwas wie ein eingespieltes Team, wissen mehr oder weniger blind, wie die jeweils anderen reagieren werden und freuen sich darüber, dass alles so schön klappt. Das Drumherum im Gruppenraum nehmen sie gar nicht wahr. Den Gruppenraum erklären sie als die „Sperrmüllstraße" und die anderen Kinder und Erwachsenen erhalten in ihrem Erleben die Rolle von zufälligen Passanten.

In diese Phase intensiven und befriedigenden Arbeitens bricht nun von außen jemand ein, der erstens gar nicht weiß, wie man richtig mit Sperrmüll umgeht (Man könnte ihn als „ungelernt" bezeichnen.), zweitens nur schwer in das eingespielte Arbeitsteam zu integrieren ist (Welche Rolle soll er einnehmen?), drittens wichtige Arbeitsmittel (die Schürze) „stehlen" will und viertens die Arbeit als Spiel diskreditiert („Ich will mitspielen."). Kurzum: Er stört enorm, ja es besteht die Gefahr, dass er die Arbeit durch seine Unwissenheit sogar ganz zerstört.

Die Kinder handeln und denken also durchaus folgerichtig, klug und logisch. In ihrem persönlichen Erleben spielen sie eben *nicht*, sondern arbeiten und daran muss man sehr ernsthaft herangehen. Sie sind sogar bereit, Louis mitarbeiten zu lassen, allerdings muss er (Das ist ja wohl das Mindeste!) wenigstens mit eigener Arbeitskleidung kommen. Sie denken an alles, nur nicht daran, Louis aus sozialen, pädagogischen oder psychologischen Gründen zu „integrieren". Subjektiv haben sie Recht, wenn sie sich an die Erzieherin mit der Forderung wenden, den Störenfried von ihrer Arbeit fernzuhalten.

## Die Perspektive von Louis

Aus der Perspektive von Louis sieht dieselbe Situation ganz anders aus. Das Tun der fünf Kinder hat sein Interesse geweckt. Er ist neugierig, was sie machen. Er geht hin und fragt, ob er mitspielen darf. Er kümmert sich aktiv um seine Bedürfnisse, ist keineswegs zurückhaltend und steht auch nicht abseits. Er handelt, ebenso wie die anderen Kinder, aus seiner Sicht folgerichtig und logisch. Er kennt die Arbeitsregeln nicht und ist infolgedessen auch nicht darauf vorbereitet, was von ihm erwartet wird, wenn er mitmischen will. Er bietet seinen Einstieg also ohne Kittel und ohne Bau-Idee an. Doch er schaltet schnell und fragt Sebastian, ob er seine Schürze haben kann. Damit wäre zumindest eine wichtige Regel eingehalten. Darauf, dass er zurückgewiesen wird, reagiert er deshalb mit Unverständnis und wiederholt seine Bitte, diesmal nicht mehr fragend, sondern eher fordernd: *„Ich will aber mitspielen.“* Er versteht nicht, warum er nicht darf. Aus seiner Sicht hat er nichts falsch gemacht.

## Die Perspektive der Erzieherin

Die Erzieherin sieht das Ganze wieder ganz anders. Zunächst freut sie sich über das konzentrierte Spiel der Fünf. Manchmal fragt sie sich zwar, ob sie deren Tätigkeiten nicht doch ein wenig eingrenzen soll, ist aber im Großen und Ganzen zufrieden, denn es gibt keinen Streit und sie stören auch niemanden in anderen Spielbereichen. Für die Erzieherin spielen die Kinder „Arbeiten“. Sie fragt sich allerdings auch, wie die übereinander gestapelten Möbel vor dem Essen wieder an ihren Platz kommen, ob sie nicht dabei kaputtgehen könnten und ob sich nicht vielleicht doch ein Kind dabei verletzen könnte.

Als sie Louis auf die fünf Kinder zugehen sieht, „ahnt“ sie bereits, „was gleich passiert“. Sofort richtet sie ihre Aufmerksamkeit angespannt auf das Geschehen, bereit, Louis zu helfen, und Streit zu vermeiden. In ihrer Wahrnehmung hat sich mit Louis' Auftreten etwas Grundlegendes geändert. Sie kann nun dem Spiel der Kinder nicht mehr so wohlwollend zusehen. Sie fühlt sich für das Geschehen verantwortlich und blitzschnell (be-)wertet sie: Louis braucht (sicher wieder gleich) Hilfe. War ihr Blick auf die fünf „Arbeitermänner“ eben noch voll Freude und Anerkennung, mischt sich nun der stille Vorwurf darunter, sie würden den kleinen Louis ausgrenzen. Urplötzlich missbilligt sie das Verhalten der Kinder und ihre subjektive Wahrnehmung verändert sich.

Jede der drei Gruppen verfolgt unterschiedliche Ziele: Die fünf Kinder wollen Sperrmüll sammeln, Louis will mitspielen, die Erzieherin will keinen Streit, Louis integrieren und die fünf Kinder dazu erziehen, auch Schwächere mitspielen zu lassen. Ich frage mich, ob irgendeines dieser Ziele moralisch oder ethisch höher einzustufen ist. Aus allen drei Perspektiven betrachtet, haben alle jeweils Recht.

190

## Wenn die Erzieherin eingreift ...

Das Bemühen der Erzieherin, Louis zu helfen, ihn in seinen Anstrengungen mitspielen zu dürfen, zu unterstützen, ist verständlich. Gleichzeitig aber lässt sie, wenn sie im Interesse von Louis eingreift, mindestens fünf wichtige Aspekte außer Acht:

- Erstens: Was sie wahrnimmt, ist nichts anderes als eine Momentaufnahme, selbst wenn sich Louis Bemühungen mehrere Wochen hinziehen sollten. Ich kenne kein Kind, das die gesamte Kindergartenzeit über isoliert gewesen bzw. geblieben wäre.

- Zweitens: Bereits darauf „geeicht", was „wieder gleich passieren wird", kann sie nur noch schwer die kleinen (oder größeren) Veränderungen wahrnehmen, die zu jedem neuen Versuch gehören. Ihr Blick richtet sich auf das Ergebnis, nicht auf den Prozess. Ihre Schlussfolgerungen sind dementsprechend negativ. „Louis ist noch immer nicht integriert." Das aber wird dem überhaupt nicht gerecht, was ich als Louis' Leistungen bezeichnen würde, nämlich seine nicht nachlassende Entschlossenheit, seine Kraft, seine Versuche und seine Ideen, die er jedes Mal von Neuem aufbringt.

- Drittens: Wenn sie Louis hilft, wenn sie sich einschaltet und die fünf Kinder darum bittet, Louis doch vielleicht mitspielen zu lassen, gehen von ihr mehrere ungünstige Signale aus. Den fünf arbeitenden Kindern signalisiert sie: „Ihr macht da etwas falsch." Und gleichzeitig: „Eure Arbeit ist weniger wichtig als mein pädagogisches Ziel." Louis bekommt das Signal: „Du bist klein und schwach. Du kannst dir nicht alleine helfen." Auf Dauer werden sich das alle merken.

- Viertens: Zwar verfügt auch Louis sicherlich bereits über einige Erfahrungen mit Konflikten, doch entwickelt sich seine soziale Kompetenz ja erst. Dasselbe trifft modifiziert auch auf die fünf arbeitenden Kinder zu. Wie sollen sie lernen, sich in Konflikten zu behaupten, sie durchzustehen, gereift aus ihnen hervorzugehen, wenn sie sie nicht ausleben dürfen? Das aber geschieht, wenn sich das Harmonie-Interesse der Erzieherin durchsetzt. Harmonie aber erwächst aus überstandenen Konflikten und anerkannten Differenzen, nicht aus deren Abwesenheit. Voraussetzung ist dabei, diese Spannungen anzuerkennen und als wichtigen Bestandteil von Entwicklung anzunehmen.

- Und schließlich fünftens: Woher weiß die Erzieherin eigentlich, dass Louis Hilfe haben will? Und sollte er selbst gekommen sein und gesagt haben: *„Ich will da mitspielen."*, was er ja nicht hat, kann sie sich keineswegs sicher sein, dass sie auch aktiv werden soll. Vielleicht handelt es sich nämlich nur um eine Mitteilung. Es reicht Louis in diesem Fall vollkommen aus, wenn die Erzieherin nur wahrnimmt, was geschieht, selbst aber nichts unternimmt. Selbst wenn Louis direkt um Hilfe gebeten hätte, etwa indem er weinend auf die Erzieherin zugegangen wäre, kann sie sich noch lange nicht sicher sein, um welche Art von Hilfe Louis bittet.

## Was wäre zu tun?

Wichtig wäre, dass die Erzieherin eine erkundende Haltung einnimmt, dass sie in jedem Fall einen „Puffer", zwischen Wahrnehmen, Verstehen und Handeln einfügt, etwas, das sie davon abhält, sofort die *Leiter der Schlussfolgerungen* hinaufzusteigen und „loszuhandeln". Die Erzieherin benötigt in solchen Situationen eine Haltung als „Übersetzerin kindlicher Interessen". Da sich die Interessen der Kinder in diesem Fall widersprechen, muss sie allen Beteiligten helfen, beide Sichtweisen zu entziffern. Sie kann dies tun, indem sie Fragen stellt, die das Geschehen erhellen – und zwar möglichst aus allen Perspektiven. Und, sie kann dies tun, indem sie spiegelnd zunächst nur wiederholt, was sie gehört hat, um sich zu vergewissern und den Kindern die Möglichkeit zu weiteren Darstellungen zu geben. Sie sollte sich auf jeden Fall vor ihren eigenen Schlussfolgerungen hüten und unter keinen Umständen jede Partei wertend befragen. „Louis, wie hast du es erlebt? Till, wie hast du es erlebt? Sebastian …" usw.

## Die Leiter der Schlussfolgerungen

**1. Stufe: Wahrnehmung von Fakten und Auswahl von Daten**
Fakten und Daten die von jedem wahrgenommen werden können: „Louis sagt, dass er mitspielen will."

**2. Interpretation des Beobachteten**
Wir entwickeln eine Hypothese darüber, was, wo und wie es sich aufgrund der beobachteten Fakten ereignet haben könnte: „Louis hat sich nicht durchgesetzt."

**3. Hinzufügen von Bedeutung**
Wir fügen unsere eigenen Gefühle hinzu, persönliche Meinungen, subjektive Gefühle, die sich mit dem Beobachteten verbinden. Es entsteht eine persönliche Bedeutung des Beobachteten für uns: „Ich fühle mit dem armen Louis."

**4. Schlussfolgerungen**
Wir entwickeln Bewertungen und Schlussfolgerungen, wie wir mit dem Beobachteten umgehen werden oder würden: „Ich muss Louis helfen."

**5. Handeln**
Erst daraus entwickelt sich unser Handeln: Wir haben in unserem Kopf ein Bild entwickelt, das wir für eine plausible Wiedergabe der Realität halten und handeln entsprechend den Schlussfolgerungen, die wir entwickelt haben: „Ich bitte die anderen darum, Louis mitspielen zu lassen. Kraft meiner Autorität kann ich das vielleicht bewirken."

Die Erzieherin spiegelt zunächst: „Der Louis soll bei euch nicht mitmachen? Der kann das noch gar nicht?" Sebastian: *„Der ist noch zu klein. Wir sind Arbeitermänner. Der hat auch gar keinen Kittel und meinen wollte er wegnehmen."* Erzieherin: „Deinen wollte er wegnehmen?" Sebastian: *„Ja, der hat daran gezogen und wir wollen alleine arbeiten."* Erzieherin: „Ihr wollt alleine arbeiten?" Sebastian: *„Ja, für mehr ist keine Arbeit da, und der Louis weiß gar nicht, wie das geht."* Erzieherin: „Gut, ich habe gesehen, dass Louis mitspielen wollte und an deinem Kittel gezogen hat. Was soll ich tun?" Sebastian: *„Du sollst dem Louis sagen, er soll nicht mitspielen."* Erzieherin: „Soll ich mitgehen?" Sebastian: *„Ja, komm."* Die Erzieherin geht mit und sagt zu Louis: „Ich soll dir von Sebastian sagen, dass du nicht mitspielen sollst."

Sollte Sebastian, wie in unserem Beispiel anzunehmen ist, stark genug sein, sein Anliegen selbst vorzubringen, reicht es aus, ihn zu begleiten und einfach nur daneben zu stehen oder ihn doppelnd zu unterstützen, indem die Erzieherin zu Sebastian nicht zu der anderen Konfliktpartei gewandt ausspricht, was ihn bewegt: „Gell, Sebastian, du willst nicht, dass Louis an deinem Kittel zerrt und bist deshalb sauer?" Und eventuell noch: „Sag das dem Louis ruhig."

Was sich im Anschluss entwickelt, ist ein Erforschen verschiedener Interessen – ein sehr interessanter Vorgang für Louis, der gar nicht wusste, dass die fünf Kinder etwas Wichtiges zu arbeiten haben, für die Erzieherin, die nun besser versteht, warum Sebastian und seine Freunde Louis wirklich (noch) nicht gebrauchen können, und für Sebastian und die anderen, die nun Louis zuhören und etwas von seinen Bedürfnissen nachvollziehen können. Da die Erzieherin nicht Schiedsrichterin ist, ist es wichtig, dass sie im Verlauf auch die andere Konfliktpartei, in diesem Fall Louis, unterstützt. Das kann sie einfach tun, indem sie auch ihm spiegelnd hilft, sich auszudrücken („Und du, Louis, willst gerne mitspielen?") oder seine Gefühle doppelt („Der Louis ist so sauer, dass er nicht mitmachen darf."). Immer wieder würde sie hin und her springen zwischen den Konfliktpartnern, mal da „übersetzen", mal dort. Keinesfalls aber würde sie in der geschilderten Situation selbst Partei ergreifen.

Nicht immer geht ein solches Erkunden von Interessen „gut" aus. Manchmal bleibt es dabei, dass Kinder wie Louis dennoch nicht mitmachen dürfen. Auch das ist für alle eine wichtige Erfahrung und sie wird Folgen haben, weil auf diese Weise in das Bewusstsein aller vorgedrungen ist, um was es eigentlich ging, nämlich um verschiedene Sichtweisen und Bewertungen derselben Situation. Erst das wird die Kinder im Laufe der Zeit in die Lage versetzen, sich auch auf anders geartete Interessen einzulassen und sie in das eigene Handeln zu integrieren.

Alle beteiligten Kinder haben die Erfahrung machen können, dass es möglich ist, trotz Meinungsverschiedenheiten jederzeit Handlungsspielräume und damit weiterhin die Regie über das eigene Handeln zu besitzen. Das gilt auch und gerade für Louis. Und schließlich: Alle haben die Erzieherin als Rückendeckung, als Übersetzerin von Interessen, aber nicht als Richterin oder Polizistin erlebt. Beides zusammen gibt Kindern die Kraft, die sie brauchen, um ihre vielen, täglichen, großen und kleinen Konflikte zu meistern.

**Lothar Klein** ist Diplom-Pädagoge und freiberuflicher Fortbildner und Autor.

Dieser Artikel erschien zuerst in TPS Heft 5/2001.

# Mit Kindern im Dialog

„Anstatt die Kinder auf
seine Gebiete zu drängen,
ist es besser, sie ihre eigenen
erforschen zu lassen."
*(Paul, 62)*

Rosy Henneberg

# Max entdeckt das „Elektrische"...

## ... und ich das Zusammenspiel von Aufmerksamkeit und Impuls

Vor Monaten stellte ich einen altes CD/Kassettenradio zum Ausschlachten auf die Fensterbank in unserem Gruppenraum: „Den alten Kassettenrecorder könnt ihr mal aufschrauben und reinschauen, wenn ihr Lust dazu habt." Ich war gerade mit meiner Kollegin von einer Fortbildung zum Thema „Lernwerkstatt" zurück gekommen. Dort haben wir Kinder in einer „Auseinandernehm-Werkstatt" beobachtet, die voller Eifer an alten elektrischen Geräten herumschraubten und uns in ihre Begeisterung einbezogen. Klar, dass wir sofort die Idee hatten, unseren Kindern im Kindergarten eine solche Werkstatt-Ecke einzurichten. Der alte Kassettenrecorder sollte der Anfang sein und ich stellte mir vor, dass sich die Kinder sofort begeistert an die Arbeit gehen würden. *„Ja, ja"*, sagte Colin so ganz nebenbei und es passierte nichts. Das Gerät auf der Fensterbank fristete in den nächsten Tagen und Wochen ein einsames, staubiges Dasein.

Vielleicht hatten die Kinder mich nicht richtig verstanden? Oder sie trauten sich einfach nicht an die neue Arbeit heran? Als gerade wieder einmal viele Kinder in unserer Werkecke versammelt waren, startete ich einen neuen Versuch: „Ihr denkt doch noch daran, dass ihr den alten, kaputten Kassettenrecorder auseinander bauen dürft? Wenn ihr dabei meine Hilfe braucht, sagt mir Bescheid." – *„Das hast du schon mal gesagt, wir wissen's jetzt."*, war die wenig begeisterte Rückmeldung. Anscheinend hatten unsere Kinder überhaupt keine Lust, irgendwas auseinander zu bauen. Aber warum nicht? War der Platz auf der Fensterbank nicht der richtige? Sonst finden sie auch in der hintersten Ecke die Dinge ihres Interesses und zerren sie oft unter Mühen hervor.

## Das „Elektrische" gerät ins Blickfeld

Nächster Versuch: „Ok, dann schreib' ich jetzt mal einen Zettel, auf dem steht ‚zum Auseinandernehmen' und hänge ihn an den Kassetten-

recorder und dann lassen wir ihn stehen bis ihr ihn braucht." Weitere Wochen vergingen und, um ehrlich zu sein, ich vergaß unseren Kassettenrecorder auf der Fensterbank auch allmählich. Er kam mir nur dann wieder kurz in den Sinn, wenn ich ihn abstauben musste. Er wurde einfach zum festen Bestandteil unserer Fensterbank und keiner redete mehr über ihn. Heute weiß ich, dass es mein Glück war, ihn einfach vergessen zu haben, denn sonst hätte ich ihn vielleicht eines Tages weggeräumt, und wir hätten nicht erfahren, was passiert, wenn Kinder das „Elektrische" selbst entdecken.

Drei Monate später: Max läuft mit einem ausgedienten Telefon über den Flur, stolpert und fällt hin. Das Gehäuse des Telefons zerspringt und heraus kommt eine grüne Platine. Voller Aufregung ruft Max seine Freunde: *„Hier ist was ‚Elektrisches' und ich hab's entdeckt und jetzt gehört es auch mir."* Darüber geraten sie in einen Streit und ich werde zu Hilfe gerufen. Jeder wollte das „Elektrische" jetzt für sich beanspruchen. Und da fiel mir unser Kassettenrecorder wieder ein! Ich fragte: „Geht es euch um genau dieses Elektrische oder wollt ihr einfach auch was Elektrisches haben? Erinnert ihr euch an den Kassettenrecorder auf der Fensterbank? Möglich, dass da Elektrisches drin ist." Sogar Max lässt jetzt seine Entdeckung liegen und gemeinsam machen sie sich daran, den Kassettenrecorder auseinander zu nehmen.

Dazu musste erst mal Werkzeug besorgt werden, Schraubenzieher und Zangen. Es herrschte plötzlich eine aufgeregte und spannende Arbeitsatmosphäre. Es wurden Vermutungen angestellt, wie das Gerät wohl zu öffnen sei und es wurde ausprobiert, welche Werkzeuge dabei wohl wertvolle Dienste leisten könnte. Ich wurde hin und her geschickt, um neue Werkzeuge zu besorgen, darunter auch eine Taschenlampe, damit man in die kleinen Schraubenlöcher sehen konnte. Ich nahm Platz am Tisch des Geschehens und fragte, ob ich die Öffnung des Geräts fotografieren dürfe, damit ich vielleicht wichtige Entdeckungen gleich festhalten könne. So hatte ich die Gelegenheit zum Mitarbeiter bei der Entdeckung des „Elektrischen" zu werden.

Einmal geöffnet, entdeckten wir im Kassettenrecorder jede Menge Elektrisches, das jedoch noch mit Kabeln verbunden war. *„Schneidet man Kabel mit einer Schere durch?"* – *„Nein, mit so einer Zange, so einer Kabelzerschneidezange, die hat mein Papa auch zu Hause.",* weiß Sven. Ich werde geschickt, um so eine Zange zu besorgen. Damit war es den Kindern möglich, die einzelnen Teile voneinander zu trennen und unter sich aufzuteilen. Jeder der fünf Jungen hatte jetzt sein „Elektrisches". Es wurde noch ein wenig darum gestritten, bis ein reger Tauschhandel entstand und endlich alles seinen Besitzer gefunden hatte. Das Elektrische wurde wie ein besonderer Schatz behandelt und in den geheimsten Ecken der Gruppe versteckt, damit *„die Kleinen nicht dran gehen".*

## Die „Ingenieurbauer" sind am Werk

Am nächsten Tag brachte ich vorsorglich einen Werkzeugkoffer mit und machte den Vorschlag, darin die Bauteile und Spezialwerkzeuge aufzubewahren. Der Vorschlag wurde aufgegriffen. Jetzt aber brauchte der Koffer einen festen Platz und natürlich auch die Reste des Kassettenrecorders. Schnell wurde von den Kindern das Geschirrregal vor der Puppenecke umfunktioniert. Es entstand eine richtige Arbeitsdynamik, es wurde geplant, gerückt, laut diskutiert, wieder verworfen, was eben noch gut war und Neues ausprobiert. Man kam in Konflikt mit den Kindern, die ihr Geschirrregal verteidigten und fand schließlich gemeinsam eine Lösung: Nämlich die, vorübergehend nur ein Regalbrett des Geschirrregals für das „Elektrische" zu bekommen.

Nun befand sich das gesamte Arbeitsmaterial direkt neben dem Frühstückstisch. Die Tischdecke wurde zurückgeklappt, und man konnte endlich beginnen zu arbeiten. Ging es gestern nur um die grünen Platinen, so entdeckten sie heute die Lautsprecher, Transformatoren, Knöpfe und Schalter. Alles wurde nacheinander ausgebaut und sorgfältig in den neuen Werkzeugkoffer einsortiert. Immer mehr Kinder zeigten Interesse an der Arbeit, auch die Kleinen, die nach anfänglichen Protesten in die „gefährliche" Arbeit eingewiesen wurden und vorerst nur das tun durften, was ihnen zugewiesen wurde. Ein größeres Bauteil war nicht mit Kabeln an der Platine befestigt, es war festgelötet. Hier wollten die Kinder meinen Rat. Ich sagte ihnen, dass man es ablöten muss und dass ich am nächsten Tag dafür einen Lötkolben mitbringen könnte. Einige Tage lang wurde nun gelötet.

Auch bei den Eltern stellte sich langsam ein starkes Interesse an unserem neuen Arbeitsbereich ein. Einige Kinder brachten nun alte Elektrogeräte von zu Hause mit. Sie wurden bei uns auseinander genommen. Einige Kinder nahmen die Einzelteile wieder mit nach Hause, andere sortierten ihre Schätze und Entdeckungen weiterhin in unseren neuen Werkzeugkoffer ein. Was übrig blieb und viel Platz wegnahm, waren die Gerätegehäuse, teilweise mit noch brauchbarem Inhalt, die man natürlich nicht wegwerfen durfte.

Das uns anfangs zur Verfügung gestellte Regalbrett im Geschirrregal erwies sich auf Dauer als zu klein und auch zu unpraktisch. Es musste umgedacht werden. Die Kinder beschlossen auf einen Teil ihre Regals für Holzarbeiten zu verzichten und hier das „Elektrische" unterzubringen. Gekennzeichnet mit den Worten: ALTE-SACHEN-INGE-NIEURBAUER-REGAL. Hätte ich vor Wochen geglaubt, dass der alte Kassettenrecorder einmal so dringend gebraucht würde und dass seine Anwesenheit auf unserer Fensterbank wirklich wichtig wäre?

## Für das Staunen braucht es Zeit und Gelegenheit – und abwartende Erwachsene

„Impulsamkeit" so haben wir in der Fortbildung zur Freinet-Pädagogik einmal unsere Haltung genannt, mit der wir eigene Impulse in die Arbeit mit Kindern einbringen wollen. Damals haben wir darüber theoretisiert; am Beispiel des „Elektrischen" fand ich für mich jetzt eine inhaltliche Definition. „Impulsamkeit" als Zusammenspiel von Impulsgebung, Aufmerksamkeit und Achtung. Der Kassettenrecorder war der Impuls, den ich von außen setzte. Achtung brachte ich den Kindern entgegen, die zunächst kein „Ohr" für meinen Vorschlag hatten, Aufmerksamkeit für die richtige Situation, um meinen Vorschlag erneut einbringen zu können.

Für die Kinder war es wohl vom ersten Augenblick an völlig normal, dass der Kassettenrecorder nutzlos auf der Fensterbank steht und sie keine Verwendung für ihn hatten – wie eigentlich für viele andere Dinge in unserem Gruppenraum auch. Erst durch ein Erlebnis in ihrem Alltag stellten sich die Kinder selbst die entscheidende Frage, die es ihnen möglich machte, meinen Vorschlag jetzt anzunehmen. Erst wenn etwas eine persönliche Bedeutung bekommt, entstehen die wirklichen Fragen. Dann erst beginnt ein Forschen und Lernen an eigenen Hypothesen und Fragestellungen. Erst Max' zufällige Entdeckung des „Elektrischen" brachte die Kinder ins Staunen. Zeit und Gelegenheit sind also notwendig, damit sich über das Staunen ein Lernprozess entwickeln kann. Erwachsene weisen dabei vorsichtige Blicke über den Tellerrand und ermöglichen solche Entdeckungen, indem sie zulassen, beobachten, Dinge bereit stellen und mit Fragen den Lernprozess in Gang halten. Das Wichtigste aber ist, den Kindern Zeit für eigene Wege zu lassen. Bis zur Entdeckung des „Elektrischen" und damit zur Arbeit am Kassettenrecorder vergingen insgesamt immerhin drei Monate.

Wir Erwachsene neigen oft dazu, gedanklich vorauszueilen und die Dinge forcieren zu wollen, besonders dann, wenn uns eine Sache begeistert. Natürlich können wir Kinder auch mit unserer eigenen Begeisterung anstecken, nur sollten wir akzeptieren können, dass unsere Ideen vorübergehend oder vielleicht überhaupt nie angenommen werden. Damit werden wir zu echten Mitarbeitern der Kinder und verlassen die Rolle der Besserwisser oder Bestimmer.

Oft stellen wir uns in solchen Situationen folgende Fragen:
- Soll man immer nur abwarten, bis eine Idee von den Kindern aufgegriffen wird?
- Wie wichtig sind die Einflüsse von außen?
- Geben wir zu wenig Anleitung?

Meine Antwort lautet: Impulse, Anregungen, Ideen durch Erwachsene können Lernprozesse von Kindern herausfordern, in Gang setzen, unterstützen und begleiten. Kindern können Themen „zugemutet" werden, wie es der Bildungsforscher H.-J. Laewen ausdrückt. Aber Erwachsene sollten dabei unbedingt auf die wirklichen Fragen der Kinder hören, den Themen der Kinder folgen und ihre Arbeit daran unterstützen. „Impulsamkeit" ist für mich auch Begrenzung des erwachsenen Vorauseilens, durch Aufmerksamkeit und Achtung. Schließlich denke ich dabei auch an eine Umkehrung: Erwachsene können die Impulse der Kinder aufnehmen und sich auf diese Weise in die Arbeit einbringen.

**Rosy Henneberg** ist Erzieherin und Fachkraft für Kindzentrierung/Freinet-Pädagogik in der Kindertagesstätte am Stadtpark in Reinheim/Odenwald.

Susanne Radlinger

# Warum ein „ernstes Gespräch" über „ungesunde Süßigkeiten" manchmal weniger bringt als Zutrauen zu den Kindern

## Die Lösung eines Problems im Dialog

Im Kindergarten „Villa Konfetti" geschah eines Tages etwas ganz und gar Alltägliches: Drei Vorschulmädchen brachten eine Zeit lang täglich und immer mehr Süßigkeiten in den Kindergarten mit. Die Süßigkeiten, so kam es uns vor, wurden als „Währung" benutzt. Mit ihnen konnte man sich Freundschaften und auch alles andere kaufen: *Ich gebe dir Gummibärchen und dafür darf ich mitspielen."* Die Ausmaße, die diese Art Verhandlungen annahmen, überschritten eine für uns damals akzeptable Grenze. Außerdem wollten wir den Streit, den es immer wieder um diese Süßigkeiten gab, verhindern. Er nervte uns schlichtweg.

Ich suchte deshalb das Gespräch mit den Mädchen. Ohne mich dafür zu interessieren, wie die Kinder das eigentlich selbst sehen, ohne zu fragen oder mich zu erkundigen, war ich mit Vorwürfen und Erklärungen schnell bei der Hand: „Zuviel Süßigkeiten sind ungesund. Sie sind schlecht für eure Zähne und es ist anderen gegenüber gemein, sie mit Süßigkeiten zu erpressen!" Zack! Schon bevor ich überhaupt begonnen hatte, mit ihnen zu reden, war mir die Lösung des Problems, eine Verhaltensänderung, klar vor Augen. Das teilte ich den Mädchen auch mit: „Ich möchte nicht, dass ihr Süßigkeiten mit in den Kindergarten bringt. Ihr setzt damit die anderen Kinder unter Druck."

Meine Kolleginnen bestärkten mich in meiner Meinung. Wir waren uns einig und wollten mit einem „ernsthaften Gespräch" und einem Machtwort die Situation und das Verhalten der Kinder ändern. Und wir dachten auch – vielleicht etwas naiv – dass das funktionieren würde. Wir brauchten ja bloß eine ernste Miene aufzusetzen, etwas gewichtig tun und schon wären die Mädchen einsichtig. Weit gefehlt! Wir mussten einsehen, dass die Kinder den Sachverhalt ganz anders bewerteten als wir das so selbstverständlich für uns getan hatten.

## „Pädagogisch wertvoll", aber erfolglos

Mein Monolog, etwas anderes war es nicht, hatte zur Folge, dass die Mädchen nun noch geschickter, und vor allem heimlicher, ihre Aushandlungen mit Hilfe von Bestechungsversuchen organisierten als zuvor. Das „pädagogisch wertvolle" Gespräch hatte also keinen Erfolg. Wir hatten uns gegenseitig erst gar nicht verstanden. Die Situation spitzte sich noch zu. In der Speisekammer „organisierten" sich die Drei Geburtstagssüßigkeiten und wurden dabei von einer Erzieherin und einer Mutter erwischt. Die Mutter, betroffen und darüber verärgert, dass ihre Tochter stiehlt, forderte sofort Bestrafung durch den Kindergarten. Das war für mich der Wendepunkt. Bestrafen wollte ich nun doch nicht. Das Gespräch, das aber erneut unweigerlich anstand, musste allerdings eine Woche warten, weil ich erst einmal zu einer Fortbildung fuhr; ein Glücksfall für mich, denn Thema der Woche war „Mit Kindern im Dialog". Gut gewappnet kam ich eine Woche später in eine Einrichtung zurück.

Ich habe zunächst, ganz anders als zuvor, die Mädchen erst einmal gefragt, ob sie mit mir noch mal über die Situation „Süßigkeiten in der Speisekammer" sprechen *wollen*. Ich schlug ihnen ein Treffen vor, das wenig später in der Speisekammer stattfinden sollte. Ich versuchte ihnen klar zu machen, dass es wirklich ihre eigene Entscheidung war, ob sie kommen und die Geschichte mit mir gemeinsam aus der Welt schaffen wollten oder nicht. Ich sagte ihnen außerdem, dass ich sie nicht bestrafen werde.

Sie kamen dann auch alle und ich sah ihnen sofort an, dass sie dennoch auf eine Standpauke gefasst waren. Als ich bloß fragte, ob sie sich an die Situation in der Speisekammer erinnerten, fingen sie sofort an sich zu verteidigen: *„Ich war es nicht, die waren es."* usw. Ich stoppte das Gespräch und sagte: „Es geht nicht darum, wer es genommen hat und ich will auch keinen Schuldigen herausfinden. Ich will nur wissen, wie es dazu gekommen ist. Ich verstehe es nicht und brauche eure Hilfe." Sie schauten mich einen Moment lang ziemlich verdutzt an und schwiegen. Schließlich fing Hannah an zu erzählen: *„Das sind die Süßigkeiten mit der tollen Verpackung, die essen wir so gerne."* Anne fuhr fort: *„Wir wollten nur etwas trinken und in der Küche stand nichts. Da haben wir Wasser aus der Speisekammer geholt. Wir haben die Süßigkeiten gesehen und sie uns geteilt."* Ich: „Habt ihr daran gedacht, dass die Süßigkeiten für die Geburtstagskinder sind?" Alle: *„Nö. Es war so lecker und die anderen wollten*

*auch etwas abhaben. Da war es auf einmal fast leer. Dann kamen Bärbel und*
*Annes Mutter und haben geschimpft."*

Ich glaubte ihnen und freute mich über ihre Offenheit. So hatte ich
mir das Ganze gar nicht vorgestellt, hatte Berechnung, ja sogar etwas
Bosheit unterstellt. Jetzt, auf diesem Informationshintergrund brauchte ich nicht mehr länger im Vergangenen „wühlen", konnte das als geklärt, weil verstanden, stehen lassen. Ab jetzt ging es um Lösungen,
denn ein Problem war ja trotzdem entstanden: „Was machen wir jetzt,
wenn wir Geburtstag feiern wollen und keine Süßigkeiten für die Kinder haben?" Laura: *„Ganz schön blöd, ich weiß auch nicht."* Anne: *„ Ich be-*
*komme zu Hause nie Süßigkeiten."* Hannah: *„Ich kann ja welche von zu Hau-*
*se mitbringen."* Ich: „Sind die dann für unsere Geburtstagskiste?" Alle:
*„Ja."* Anne: *„Wir könnten ja auch eine Kiste für ‚Nicht-Geburtstagskinder'*
*machen. Da tut jeder etwas rein und man kann sich immer mal etwas heraus-*
*nehmen, ohne geschimpft zu bekommen."*

## Die „Bösewichte" werden „Schnuggel"-Expertinnen

Das war's! Darüber, dass auch Nicht-Geburtstagskinder zuweilen gern
Süßigkeiten essen oder „schnuggeln", wie es bei uns heißt, hatten wir
Erwachsenen noch nicht nachgedacht. Und nun dieser Vorschlag. Aber
alle waren einverstanden und wollen das auch gleich in die Tat umsetzen. Die Mädchen übernahmen von nun an mehr oder weniger die Verantwortung für das Sammeln, die Aufbewahrung und das Verteilen des
„Schnuggels". Sie waren schließlich „Schnuggel-Expertinnen". Das meine ich in vollem Ernst. Sie hatten tatsächlich sehr viel Erfahrung damit.
Und wie lernten nach und nach die Verhandlungen über die Süßigkeiten nicht mehr länger ausschließlich als Erpressung und Angeberei zu
deuten, sondern auch zu verstehen, dass Kinder – wie Erwachsene –
eben in Verhandlungen einsetzen, was sie zur Verfügung haben.

Erst als wir gelernt hatten, auch diese Seite zu verstehen, war es den
Mädchen und den anderen Kindern möglich, offen über die Schwierigkeiten zu sprechen, die eben auftreten, wenn einer etwas besitzt, was
der andere nicht hat. Als Erwachsene würden wir sagen: Dadurch hatte sich eine echte soziale Lernsituation entwickeln können.

**Susanne Radlinger** ist Erzieherin in Rosbach v. d. H. bei Frankfurt/Main.

Lothar Klein/Herbert Vogt

# Die richtige Frage zur richtigen Zeit

## Fragen sind der Schlüssel zu Verstehen und Dialog

*„Was hast du gemacht?" – Jemand stellte die Frage zornig, jemand besorgt, jemand misstrauisch, jemand drohend. Aber jemand fragte unbeschwert neugierig. Das machte die Antwort leicht.* (Autor unbekannt)

Kinder stellen Fragen wie sonst nur Wissenschaftler und Wissenschaftlerinnen. Sie stellen nämlich scheinbar Selbstverständliches einfach in Frage, bezweifeln Zusammenhänge und Erkenntnisse, über die Erwachsene kaum noch nachdenken, weil sie sind ihnen längst zu Gewissheiten geworden sind. Das ist einer der Gründe, warum Kinderfragen Erwachsene nicht nur überraschen, sondern auch verwirren. Wer das nicht zu kennen glaubt, kann einmal versuchen, die „richtige" Antwort auf die folgenden Fragen von Kindern zu finden:
– Warum muss der Deckel von einem Sarg zugenagelt werden?
– Falls ein Wort falsch geschrieben im Wörterbuch steht, wie merken wir das?
– Warum schrumpfen Schafe nicht, wenn es regnet?
– Wie merkt man, dass unsichtbare Tinte aus ist?
– Wer macht die Wellen im Meer?
– Wenn es heute null Grad ist und es wird morgen zwei mal so kalt, wie viel Grad haben wir dann?
– Können Vögel traurig sein?
– Wie viele verschiedene Dinge kannst du schmecken?
– Warum haben wir keine drei oder vier Arme?
– Was ist ein Geruch?
– Woran merkt ein Blinder, dass er seinen Hintern sauber geputzt hat?
– Wo ist der Himmel zu Ende?
– Schlafen Bäume auch?
Auf solche Fragen reagieren Erwachsene häufig ausweichend, irritiert oder mit kurzen knappen Antworten. Aber auch bei ganz „normalen" Fragen neigen Erwachsene zu schnellen Antworten, weil sie etwas ganz entscheidendes verlernt haben, nämlich die eigene fragende Haltung.

Da sind dann z. B. Buchen Buchen und Eichen Eichen, ganz egal, ob das Kind im Detail viele Unterschiede zwischen einer Eiche und einer anderen Eiche entdeckt hat. Da bleibt ein Stock ein Stock, obwohl er dem zweijährigen Luka gerade als „Schneestift" dient, mit dem er im Neuschnee zeichnet. Ein Stein kann keine Versteinerung sein, weil man ja „weiß", dass es erstens hier keine Versteinerung gibt und Versteinerungen zweitens ganz anders aussehen. Nicht nur die eigenen Welterklärungen der Kinder (durchaus sinnvoll, logisch und folgerichtig) bleiben da nur allzu schnell auf der Strecke. Viel schlimmer ist, dass der Eindruck entsteht, auf jede Frage gäbe es (nur) *eine* Antwort und diese sei bereits bekannt. Es gäbe also eigentlich gar nichts mehr zu erforschen, zumindest nicht für Kinder.

Sich selbst wieder als Fragenden zu erleben, mit Zweifeln, Ungläubigkeit, Nachdenklichkeit und Fragen wieder der Welt zu begegnen und sich dabei von Kindern anstecken zu lassen, darauf kommt es an! Wahrscheinlich besteht sogar die wichtigste Bildungsaufgabe der Erzieherin darin, die Fragehaltung der Kinder nicht mit Antworten zuzuschütten, sondern sie zu erhalten. Das aber gelingt nur, wenn die Erzieherin selbst wieder zur fragenden Forscherin wird und sich mit Interesse und Spaß auf die nachdenklichen Gespräche einlässt, die dabei entstehen können. Auf Kinderfragen fragend, zweifelnd, nachdenklich zu reagieren, setzt neben der unbedingt erforderlichen eigenen Haltung einer Lernenden bestimmte kommunikative Fähigkeiten voraus. Wir versuchen im Folgenden zusammenzufassen und zu beschreiben, welche das sind.

## Fragen mit einer dialogischen und erkundenden Haltung

An erster Stelle steht das erkundende Fragen. Hier kommt es gar nicht so sehr auf die Wortwahl an, sondern in erster Linie darauf, dass die dialogische Haltung spürbar ist: Ich bin an dem, was du wirklich sagen willst, interessiert, bin bereit, mich und meine Sichtweisen von dir beeinflussen und mich darauf einzulassen.

### Klärendes Spiegeln

Werden Erwachsene von Kindern gefragt, können sie diese Haltung gut zu Ausdruck bringen, indem sie spiegeln. Wir spiegeln etwas, indem wir es fragend, interessiert und klärend wiederholen. Das Kind, bei dem wir eine Handlung oder Aussage spiegeln, kann reagieren wie es will;

es muss nicht antworten. Meist aber setzt oder hält das Spiegeln einen Dialog in Gang.

Ein Beispiel: *„Warum gibt es in unserem Garten keine Vulkane?"* – „Warum es in unserem Garten keine Vulkane gibt, willst du wissen? Du meinst, es müsste auch dort welche geben?" – *„Nein, heute nicht mehr. Heute stehen ja Gärten drauf. Aber früher gab es hier bestimmt mal welche."* – „Früher, meinst du, gab es hier Vulkane und jetzt nicht mehr. Wieso das so ist, willst du wissen?" – *„Ja, wieso sind die bei uns ausgestorben?"*

**Dialogisches Fragen**
Das Spiegeln ist eine besondere Form des dialogischen Fragens. Mit dessen Hilfe nähert man sich der Wirklichkeit des Kindes und vor allem seinem subjektiven Erleben, um besser aus *dessen Perspektive* zu verstehen. Erkundende Fragen gehen davon aus, dass das Kind gute Gründe für sein Handeln oder seine hinter den Fragen stehenden Hypothesen hat. Dialogisch zu fragen bedeutet:

▪ Der Fragende ist tatsächlich an der subjektiven Sichtweise des Kindes interessiert. Seine Fragen fragen nicht aus, sind keine Schein- oder rhetorischen Fragen. Sie wollen dem Kind auch keinen „Schubs geben, damit es die richtige Antwort findet".

▪ Der Erwachsene stellt sich nicht über das Kind. Er stellt seine Fragen nicht mit der Absicht, dem Kind klar zu machen, dass es falsch liegt, auch nicht mit dem Ziel, das Kind zu verändern oder eine Verhaltensänderung zu bewirken. Solche Fragen sind in diesem Sinne absichtslos. Sie zielen vorrangig auf ein Verstehen. Erkundende Fragen beinhalten keinerlei Bewertung, Vorwurf oder Anklage.

▪ Eigene erwachsene Sichtweisen und Deutungen kommen als Hypothesen daher. Es ist für das Kind leicht, sie wieder infrage zu stellen.

Wenn ein fragender Dialog oder ein nachdenkliches Gespräch in Gang gekommen ist, hilft es schließlich beiden Seiten, sich auf der Suche nach Antworten mit bestimmten Fragen weiter zu bewegen:

▪ **Die Aufmerksamkeit weckenden Fragen:** Woran erinnert mich das? Habe ich etwas Derartiges schon einmal gesehen? Was weiß ich schon darüber? Was passiert da eigentlich? Sie bewirken ein Staunen. „Einen anderen Anfang der Erkenntnis als das Staunen gibt es nicht." (Platon)
Verfolgen wir unser Beispiel weiter: „Ausgestorben meinst du, sind die Vulkane. Meinst du, dass das wie bei Tieren ist. Kennst du Tiere, die

ausgestorben sind? Weißt du was darüber?" – *„Ja, die Dinosaurier. Die sind ausgestorben. Die gibt es heute nicht mehr. Die waren ganz groß und gefährlich. Da ist bestimmt was passiert, sonst wären die nicht ausgestorben."*

▪ **Die Informationsfragen:** die Fragen zu Formen, Oberflächenstrukturen, Maßen und Material: Wie viel, wie groß, wie weit, wie geformt, wie schwer? Was brauche ich alles? Wie kann ich es messen?
„Weißt du, ob es heute noch Vulkane gibt?" – *„Ja, die gibt es noch in anderen Ländern. Die spucken Feuer und sind ganz gefährlich."* – „Erzähl' ein bisschen, was du noch darüber weißt." – *„Das sind Berge und oben heraus kommt Feuer. Manchmal fließt es auch herunter. Wieso spucken die nur manchmal Feuer?"* – „Es gibt Vulkane, die ganz lange ruhig waren und plötzlich wieder Feuer spucken. Es gibt ganz unterschiedliche Vulkane. Manche spucken auch Wasser oder Schlamm." – *„Aber bei uns nicht, oder?"* – „Bei uns gibt es auch Vulkane. Die sind aber ruhig. Die sind erloschen." – *„Und wie viele sind das?"* – „Ziemlich viele, man kann es sogar noch sehen, dass es mal Vulkane waren." – *„Jetzt sind es aber keine mehr?"*

▪ **Die Vergleichsfragen:** Welche Ähnlichkeiten und Unterschiede zwischen dem Einen und dem Anderen finde ich? Wie hängt das Eine mit dem Anderen zusammen? Solche Fragen entstehen allein durch Veränderungen, Irritationen, Beobachtungen, Kontraste oder Vergleiche. Sie bewirken *neues* Staunen.
„Ja, die Vulkane bei uns sind heute nur noch einfache Berge. Aber es gibt heute anderswo auch noch richtige Vulkane, da hast du recht. Es gibt aber keine Dinosaurier mehr. Die sind wirklich ausgestorben." – *„Ja, aber was ist denn bei uns passiert, dass es nur noch Berge sind und keine Vulkane mehr?"*

▪ **Die Handlungsfragen:** Was würde geschehen, wenn dies oder jenes passierte, wenn ich etwas mache, etwas weglasse, etwas hinzufüge, einen anderen Weg ausprobiere? Handlungsfragen zielen auf das ergebnisoffene Ausprobieren, Experimentieren und Versuchen. Sie liefern immer auch ein irgendwie geartetes, aber nicht vorausgeplantes Ergebnis, das wiederum Anlass für weitere und neue Handlungsfragen sein kann.
„Wir müssten das mal ausprobieren. Wie ist das bei einem Topf Wasser? Wieso kocht das Wasser?" – *„Weil es heiß ist."* – „Und wie wird

es heiß?" – *„Es steht auf der Herdplatte. Da wird es heiß."* – „Die Hitze kommt also aus der Herdplatte. Und wie wird das Wasser wieder kalt?" – *„Wenn wir die Herdplatte ausmachen."* – „Aber, dann kocht es noch eine Weile weiter." – *„Die Herdplatte muss auch kalt werden."* – „Ja, richtig, erst, wenn von unten keine Hitze mehr kommt, wird das Wasser wieder kalt."

- **Die Problem aufwerfenden Fragen** sind auf ein Ergebnis oder die Überprüfung einer Hypothese hinzielende Fragen. Was müsste passieren, damit dies oder jenes eintritt? Wie wäre es, wenn? Was müsste ich tun, um dies oder jenes zu erreichen? Gäbe es eine einfachere Methode? Diese Fragen können nur gestellt werden, wenn zumindest eine Hypothese über das zu erwartende Ergebnis vorliegt.
  „Ist es mit der Erde und den Vulkanen genauso?" – *„Ja, da muss es unten auch heiß sein, sonst gäbe es keine Vulkane."* – „Aber ist es bei uns in der Erde kalt und woanders heiß, weil es dort ja noch Vulkane gibt?" – *„Ja, vielleicht."* – „Wie könnte es genau sein?" – *„Es gibt heiße und kalte Stellen in der Erde."* – „Ja, in der Mitte, ganz tief unten, ist die Erde überall gleich heiß, aber oben nicht. Da kommt die Hitze an manchen Stellen bis oben hin und an anderen nicht. Oben gibt es kalte und heiße Stellen. Was müsste denn passieren, damit es hier bei uns wieder Vulkane gibt? Was meinst du?"

**Das Problem der Warum-Fragen:** Sie sind inquisitorisch, sie fragen aus, verstecken häufig eine Anklage: „Warum hast du das gemacht?" Sie sind kaum zu beantworten, weil sie auf nur eine einzige richtige Antwort zielen. Besser wäre: „Du hast das gemacht, weil …?"

**Das Problem der (geschlossenen) Ja/Nein-Fragen:** Sie fragen nicht forschend, weil sie eben nur ein Entweder-Oder, ein Richtig oder Falsch zulassen und mehrere Möglichkeiten und damit auch mehrere Lösungswege ausschließen.

## Einige Tipps für einen „produktiven" Umgang mit Fragen:

- Nicht jede Frage muss beantwortet werden! Häufig gibt es gar keine richtige oder vollständige Antwort. Erwachsene sollten zulassen, dass Fragen offen bleiben.

- Erwachsene müssen sich selbst immer auch als Forscher begreifen, nie als Besserwisser oder Ankläger.
- Zuzugeben, dass auch Erwachsene eine Antwort nicht wissen oder es gar keine gibt, ist hilfreich, weil es zugleich deutlich macht, dass die Welt noch nicht vollständig erforscht ist. Sich selbst als fragende Forscherin zu zeigen, darauf kommt es an.
- Es ist sinnvoll, Fragen, die zu komplex sind, zu unterteilen und Kindern Teilfragen so zu stellen, dass sie aus eigener Kraft Antworten herausfinden können.
- Jede Frage von Kindern muss ernst genommen werden. Nie darf über eine Frage gelacht werden! Jeder Frage von Kindern muss ernsthaft nachgegangen werden. Es kommt darauf an, den forschenden Geist der Kinder darin zu entdecken.
- Nicht zu schnell auf Bücher zurückgreifen. Bücher erwecken den Eindruck, als gäbe es endgültige Antworten, sozusagen „schwarz auf weiß". Wenn auf Bücher zurückgegriffen wird, dann müsste es zweifelnd geschehen.
- Es ist sinnvoll, alle Fragen zu sammeln, zu notieren und „in den Raum zu stellen". Kinder sollten ermutigt werden, ihre Fragen selbst darzustellen. Sie sind wertvoll.

Denn: nur wer viel weiß, fragt auch viel. Wer sich in einer Sache nicht auskennt, dem fallen dazu auch wenige Fragen ein. Und: Antworten schließen die Welt, Fragen öffnen sie. Erst, wenn einem etwas fraglich geworden ist, beginnt man weiter zu forschen. Die Frage ist wichtiger als die Antwort.

**Lothar Klein** und **Herbert Vogt** sind Diplom-Pädagogen und freiberufliche Fortbildner und Autoren, Herbert Vogt ist außerdem Redakteur bei TPS.

**Literatur**
Christine Albert: Lernwerkstatt Kindergarten. Ein Handbuch für die Praxis. Luchterhand (jetzt Beltz) 2000
Jos Elstgeest: Die richtige Frage zur richtigen Zeit. In: Irskens, Beate (Hrsg.): Die Lernwerkstatt. Eine lebendige Verbindung von Kreativität und Lernen. Materialien für die sozialpädagogische Praxis (MSP) Nr. 28, Frankfurt/M.; DV-Verlag 1997, S. 106–114
Lothar Klein: Die Frage ist wichtiger als die Antwort. Offen sein für Kinderfragen. In: kindergarten heute 4/2004

Karin Freter

# Dialog (fast) ohne Worte

## oder: Wie „redet" man mit Kleinkindern?

Wenn Erwachsene an den Dialog denken, verbinden sie ihn in der Regel mit dem gesprochenen Wort und fragen sofort: „Geht das auch mit kleinen Kindern? Die können doch noch gar nicht reden." Dialoge mit jungen Kindern, ja sogar mit Kleinstkindern, sind aber möglich. Sie verlaufen nur ganz anders. Aus unserer Gruppe mit der großen Altersmischung kennen wir zahlreiche solcher Dialoge mit und ohne Worte.

Für Dialoge *ohne Worte* ist es notwendig, dass Erwachsene in die Perspektive des Kindes gehen und erfühlen, was das Kind mitteilen möchte. Damit das gelingt, spiegeln sie bis zu einem gewissen Punkt, was das Kind gerade tut. Eine andere Form ist der handelnde Dialog: Kinder tun etwas, Erwachsene reagieren fragend, lernend, beobachtend. Die Kinder antworten darauf, indem sie wieder etwas Neues tun. Ein dialogischer Prozess hat begonnen, ohne dass es auf Worte ankommt. Werden Worte benutzt, ist es wichtig, die Worte der Kinder nicht einfach wörtlich zu nehmen, sondern auch zu erspüren, welchen Sinn sie aus Sicht des Kindes haben können. Antworten sind auch hier eher Hypothesen, Fragen, Vermutungen. Meist müssen sie durch Handlungen begleitet sein. Worte reichen Kindern selten aus, um sich uns Erwachsenen verständlich zu machen. Die handelnde Ebene der Verständigung fällt Erwachsenen nicht leicht. Sie ersetzen Handeln gewöhnlich durch Sprache, können im Dialog sein, ohne irgend etwas zu tun. Das ist bei Kindern und ganz besonders bei sehr jungen Kindern ganz anders. Erwachsene müssen sich umstellen und sich einlassen auf eine andere Form des „Gesprächs", bei dem sie etwas mitteilen, indem sie es tun.

## Den Kindern ganz nah sein – auch im wahrsten Sinne des Wortes

Um die Bedürfnisse vor allem der Kleinsten erkennen zu können, müssen wir „ganz nah" bei ihnen sein, um uns vor vorschnellen Interpre-

210

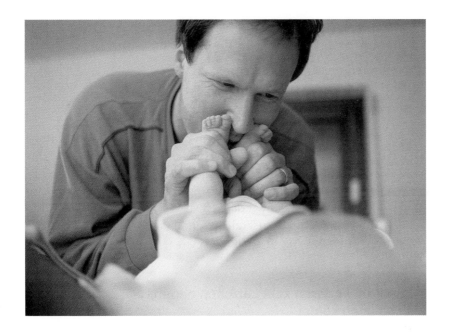

tationen ihres Verhaltens zu hüten. Wenn die Kinder als Baby zu uns kommen und natürlich noch nicht sprechen können, sind wir zu sehr genauer Beobachtung gezwungen. Wir Erwachsenen müssen an Körpersprache, Mimik, Gestik und manchmal auch am Weinen erkennen, was das Kind jetzt gerade möchte. Das geht im übertragenen und wahrsten Sinnes des Wortes nur in ihrer Nähe.

„Ganz nah bei ihnen sein", das bedeutet zu *erspüren*, was sie uns „erzählen" möchten. Ein Dialog ohne Worte ist notwendig. Wir ahmen die Bewegungen der Kinder nach, sehen in die gleiche Richtung wie sie, gehen auf Augenhöhe mit ihnen, legen uns dazu ab und an selbst auf den Boden. Wir „spiegeln" ihr Tun sozusagen und bekommen dadurch eine Ahnung, was sie gerade möchten und fühlen. Wir sind, wie es in der Sprache des Dialogs heißt, bereit, uns von ihnen beeinflussen zu lassen. Da sie keine uns verständlichen Worte benutzen, müssen wir uns ihren anderen Ausdrucksformen nähern. Wir lernen sie auch zu verstehen, indem wir sie nachahmen und dabei nachfühlen, was gemeint sein kann.

Auch unsere Antworten fallen auf die gleiche Weise aus. Gähnt ein Kind, gähnen wir auch und spiegeln (manchmal auch begleitet durch das gesprochene Wort), dass es vielleicht müde ist. Ist ein Kind anscheinend traurig, lässt auch unser Gesichtsausdruck auf Trauer schließen und gleichzeitig fragen, ob das Kind ebenso fühlt. Es kann sein, dass sich dann unsere Arme öffnen, als Mitteilung, dass wir verstanden haben. Es kann aber auch sein, dass wir die Puppe streicheln, als Botschaft, dass das vielleicht helfen kann.

Entscheidend für unsere Erziehungspraxis ist, dass unser Blick auf das *einzelne Kind* gerichtet ist, und wir so sehr schnell mitbekommen, was ein Kind uns mitteilen will, ob es in dem Moment vielleicht Ruhe braucht, „geknuddelt" werden will, Hunger oder Durst hat oder eine neue Windel braucht. Was wir schließlich glauben, spiegelnd und uns zuwendend verstanden zu haben, „erfragen" wir, indem wir den Kindern das anbieten, von dem wir denken, dass sie es möchten. Unser fragendes Tun begleiten wir zusätzlich verbal, auch wenn sie uns noch nicht mit Worten antworten können.

## „Wenn die anderen kein Lätzchen haben, will ich auch keins!"

Im Moment ist Nikola mit $1\,^{1}/_{2}$ Jahren unser jüngstes Kind in der Gruppe. Sie ist ein sehr ausgeglichenes und in sich ruhendes Kind, das von allen Kindern bis hin zu den ältesten Schulkindern akzeptiert wird. Bei ihr kann man gerade einen sich täglich vergrößernden Wortschatz feststellen, so dass der Dialog mit ihr sich immer mehr auf verbale Ebene verlagert. Zuvor war es so, dass sie auf Dinge zeigte, die sie wollte, sich körperlich sträubte, wenn sie etwas nicht wollte oder sich einfach Dinge genommen hat. Beim Essen hat sie uns ziemlich früh klargemacht, was ihr schmeckte und was nicht. Sie pickte sich entweder nur die für sie leckeren Sachen vom Teller oder schob den Teller ganz weg. Mittlerweile will sie sich sowieso alleine auftun. Beim Frühstück hielten wir ihr die verschiedenen Lebensmittel hin und sie gab mit Lauten oder mit Nicken oder Kopfschütteln zu verstehen, was sie auf ihr Brot haben wollte. Manchmal wollte sie sich gern in ihrem Kinderwagen ein wenig ausruhen, dann ging sie in den Flur und gab durch Laute und Festhalten am Wagen zu verstehen, dass wir sie hineinheben sollten. Streckte sie die Arme hoch, hieß das: *„Jetzt nimm mich mal auf den Arm."* Schon sehr früh gab sie uns zu verstehen, dass sie „wie die Großen" sein wollte. Ihr Trinkgefäß von zu Hause wurde verschmäht, sie wollte einen Becher wie die anderen Kinder. Hatte kein anderes Kind ein Lätzchen beim Essen an, so wollte sie auch keines tragen.

In der Regel bekommen die Schulkinder in unserer Einrichtung ihr Mittagessen später als die Kleinen. Zu verschiedenen Anlässen, auch in den Ferien, gibt es gemeinsame Essen mit der ganzen Gruppe. Die Schulkinder essen dann an einem Extratisch. Beim letzten Mal setzte sich Nikola ganz selbstverständlich zu den Großen und wollte lieber dort mitessen, was sie dann auch durfte. Wenn die großen Mädchen nach der Schule am Maltisch basteln, schreiben oder malen, setzt sich Nikola gern dazu. Da kann sie sich in Kommunikation mit den Großen üben, die bereitwillig auf sie eingehen. Nikola lässt sich vom Geschehen am Tisch anregen, und wenn z. B. Briefe geschrieben werden, so schreibt auch Nikola einen Brief an Mama oder Papa.

Ein Dialog mit Kindern wie Nikola gelingt nur, wenn wir sie handeln lassen, ohne uns einzumischen. Man könnte sagen: Wir unterhalten uns, indem wir abwechselnd etwas tun. Nikola zeigt auf Dinge oder nimmt sie sich. Wir antworten zustimmend, indem wir nicken, lachen oder es ihr geben. Nikola pickt sich heraus, was ihr schmeckt, und nun wissen wir es. Nikola hat Interesse an dem, was die Großen machen, geht hin und setzt sich einfach an deren Tisch. Wir folgen ihr, sehen es, zeigen unser Interesse, indem wir spiegelnd formulieren, was wir mitbekommen: „Du willst bei den Großen essen?"

In dem, was sie *tun*, zeigen sie uns nicht nur ihre Bedürfnisse und Wünsche. Sie lassen uns dadurch teilhaben an ihrem Leben, an ihrer Wirklichkeit und daran, wie sie sie selbst erleben. *Wir* können beobachten, wie sie dabei vorgehen, können ihren Gesichtsausdruck „lesen", erfahren, wie sie mit den Ergebnissen ihres Tuns umgehen. Solche „unstrukturierten Beobachtungen"[1] helfen uns zu verstehen, erlauben es dem Kind, uns etwas von sich zu zeigen und führen schließlich bei uns zu Verhaltensänderungen. Hier wird die Beobachtung zum Dialog.

## Auch kleine Kinder wissen selbst, was für sie gut ist

Vor einiger Zeit besuchte eine meiner Kolleginnen eine Fortbildung, die sich mit Bewegung bei Kleinkindern befasste. Sie wollte die neu gewonnenen Erkenntnisse in unserer Gruppe umsetzen. Eine davon war, dass Kleinkinder einen geschützten Raum bräuchten und so entstand bei ihr die Idee, unseren Schlaf/Spielraum mit einem Gitter zu versehen, in dem dann die Kleinkinder sich geschützt aufhalten können. Es hat sich zum Glück ziemlich schnell herausgestellt, dass das ganz am Bedürfnis unserer Kleinkinder vorbeiging.

Auch das passiert immer wieder. Hier ist es umgekehrt: Die Erzieherin probiert etwas aus und „sagt" etwas, indem sie es *tut*. Dabei gibt sie den Kindern Gelegenheit, darauf zu reagieren und ihr zu *erklären*, was sie davon halten. Wichtig ist, dass die Erzieherin an ihre Vorhaben fragend herangeht. Sie muss wissen, dass die Kinder ihr Vorhaben vielleicht ablehnen. Sie muss aufmerksam sein und vor allem langsam, muss den Kindern Zeit lassen, zu reagieren. Erst dann nimmt sie wahr, was Kinder über ihre Haltung zum Plan der Erzieherin mitteilen.

In unserem Fall wollen die Kinder weiterhin im Gruppengeschehen dabei sein und nicht separiert werden. Sie erobern sich Stück für Stück ihre Umwelt. Sie bewältigen unsere „gefährlichen" Einbauten ohne Unfälle und werden immer selbstständiger. Keines der von mir beschriebenen Kinder hätte sich längere Zeit in diesem „geschützten" Raum aufgehalten. Auch in unserem sehr großen Außengelände dürfen sich selbst die Kleinsten so frei bewegen, wie sie sich das zutrauen. Neue oder etwas unsichere Kinder suchen von sich aus die Nähe der Erzieherinnen.

## Manchmal stehen die Erwachsenen auf der Leitung

David kam mit neun Monaten in unsere Gruppe und ist mittlerweile 2 $^1/_2$ Jahre alt. Er hat leichte Wahrnehmungsstörungen, ist sehr angespannt, braucht starke Reize und kann sich selbst nicht sehr gut spüren. Das bedeutet, dass er recht schmerzunempfindlich, deswegen anfällig für Verletzungen und manchmal recht grob im körperlichen Umgang mit anderen Kindern ist. Er ist sehr sensibel und hat eine niedrige Toleranzgrenze. Seine Sprachentwicklung ist verzögert, aber er bemüht sich immer sehr, sich verständlich zu machen. Manchmal merkt man ihm an, wie verzweifelt er ist, weil er von anderen Kindern oder Erwachsenen nicht richtig verstanden wird.

Wir stellten bald fest, dass für ihn klare Anweisungen wichtig sind. Im Alltag bedeutet das, dass wir ihm nicht mehr als eine Information auf einmal geben dürfen. Nicht etwa: „Wir gehen jetzt raus, hol´ schon mal deine Schuhe und setze dich auf die Bank." In so einem Fall wäre nur das: „Wir gehen nach draußen." bei ihm angekommen und er hätte an der Tür gestanden und gewartet. Beim Frühstück stellen wir ihm Fragen, die er mit ja oder nein beantworten kann.

Ein anderes Beispiel macht deutlich, wie genau wir für ihn Anweisungen formulieren müssen, um ihn nicht in unangenehme Situationen zu bringen: Einmal bat ich ihn: „David gib' mir bitte mal die Butter." Er fasste in die Butterdose, holte das Stück Butter heraus und hielt es mir hin. Er war meiner Bitte nachgekommen, auf seine Weise. Oft genug gibt es auch auf der anderen Seite Verständnisprobleme und wir Erwachsenen stehen auf der Leitung. So sagte zum Beispiel David einen Satz zu mir, aus dem ich immer nur: *„Trullalla gehn"* heraushörte. Nach mehrmaligem Nachfragen und Beratung mit meiner Kollegin, was das denn bedeuten möge, wurde ich immer noch nicht daraus schlau. Irgendwann wurde es dem Kind zu blöd, er griff meine Hand und zog mich zur Turnhalle. Erst jetzt war für uns klar, was Trullalla bedeutet.

Vielerorts werden „Kinderworte" gesammelt und Erwachsenen als lustige Begebenheit vorgeführt. Sie amüsieren sich und/oder freuen sich über den „Einfallsreichtum" der Kinder. Nicht, dass wir auch lachen, über die Trullallas und all die anderen Wortschöpfungen unserer Kinder. Was aber dabei manchmal dabei auf der Strecke bleibt, ist etwas, was ebenfalls notwendig ist, damit sich ein Dialog entwickeln kann: das Wahrnehmen der Folgerichtigkeit, des tiefen Sinns solcher „Erfindungen". David hat ganz und gar nicht „vorgehabt", etwas Lustiges zu erfinden. Er hat vielmehr genau hingehört und sich bemüht, *richtig* zu sprechen. Seine „lustige Erfindung" ist nichts anderes als ein ernsthafter Versuch, die Welt um sich herum zu ordnen. Ein Dialog mit Kleinkindern setzt voraus, dass Erwachsene die Leistungen wahrnehmen und würdigen können, die in ihren aus Erwachsenenperspektive teilweise unbeholfenen Versuchen versteckt sind. Erst eine anerkennende Haltung lässt zu, dass Erwachsene Kinder annähernd so verstehen, wie sie sich selbst erleben.

Vor kurzem meinte Davids Mutter, es sei an der Zeit für ihn, „sauber" zu werden. Sie brachte Töpfchen und Wechselwäsche mit und bat uns, ihn ohne Windel zu lassen. Im Laufe des Vormittags wurde er immer wieder zum Töpfchen oder zur Toilette gebracht, doch es kam nichts. Von sich aus wollte er das auch nicht und man merkte ihm während des Vormittags an, dass er sich nicht wohl fühlte. Irgendwann kam er dann weinend zu mir, weil er ein wenig eingenässt hatte. Ich beruhigte ihn und fragte, ob er denn noch mal schnell auf das Töpfchen wolle, doch er weinte weiter und sagte dann: *„Windel an"*. Nachdem er nun die Windel anhatte, war er beruhigt und spielte danach sehr entspannt weiter. So hat er uns in aller Deutlichkeit gesagt, dass er noch nicht bereit dazu war, „trocken" zu sein.

Schön, wenn Erwachsene eines Tages auch die Worte der Kinder verstehen. Bis es aber so weit ist, müssen sie sie erfühlen, erahnen, müssen Kinder die Möglichkeit geben, ihnen zu *zeigen*, was sie *sagen* wollen und müssen selbst auf die Sprache des Handelns zurückgreifen.

## Zum Dialog mit dem Kind gehört der mit den Eltern

Zum Dialog mit Kleinkindern gehört unbedingt der Dialog mit den Eltern, denn sie kennen ihre Kinder am besten. Eltern, die ihr sehr kleines Kind abgeben (müssen), befinden sich oft im Zwiespalt der Gefühle. Sie fragen sich, ob es richtig war, ihr Kind so früh in eine Kindertagesstätte zu geben, haben oft ein schlechtes Gewissen oder bekommen es durch ihr familiäres und/oder soziales Umfeld eingeredet. Da ist es wichtig, dass sie viel darüber erfahren, wie ihr Kind den Tag in der Kindergruppe erlebt hat, was ihm gefallen hat und was nicht und was es vielleicht Besonderes gelernt hat. Und für uns ist es wichtig, viel über zu Hause zu erfahren, vor allem, wenn etwas Besonderes passiert ist oder ansteht, um entsprechend auf die besondere Bedürfnislage des Kindes eingehen zu können.

Nikolas Mutter holt ihre Tochter zum Beispiel an manchen Tagen zum Mittagsschlaf nach Hause, wenn ein anstrengendes Wochenende bevorsteht, um das Kind nicht zu überfordern. Oder sie berichtet uns davon, wenn der Papa wieder auf Dienstreise muss, weil Nikola dann immer sehr traurig ist und oft nach ihm fragt. Als Nikola anfing zu sprechen, stand „Mama" für alles, was gut ist. Das konnte Essen, Trinken, der Schnuller oder der Kinderwagen sein. Wenn sie jetzt ihre Schuhe holt und „Oma" dazu sagt, ist uns allen klar, von wem dieses tolle Geschenk stammt. Motorradfahrer mit Helm heißen alle Papa, denn der fährt auch Motorrad …

So unterschiedlich die Kinder, aber auch die Erzieherinnen in unserer Gruppe sind, so unterschiedlich sieht auch der Dialog zwischen uns aus. Wir denken, dass die Kinder von dieser Unterschiedlichkeit profitieren. Dass wir uns mit unserem kindzentrierten Arbeiten anscheinend auf dem richtigen Weg befinden, sehen wir daran, dass die Kinder in unserer Gruppe früh ihre Autonomie leben und – wie wir an unseren älteren Kinder beobachten können – sich zu selbstbewussten Persönlichkeiten entwickeln, die erfahren haben, dass ihre Bedürfnisse von den Erwachsenen gesehen und ernst genommen werden – und das von Anfang an.

**Karin Freter** ist im zweiten Beruf Erzieherin und arbeitet als Gruppenerzieherin und Einzelintegrationskraft in einer Gruppe mit großer Altersmischung in Wiesbaden.

[1] Gerlinde Lill (Hrsg.): Bildungswerkstatt Kita. Bildungsmöglichkeiten im Alltag entdecken. Beltz-Verlag, Weinheim/ Basel 2004, S. 90

# Räume

**„Kinder brauchen
manchmal auch ein Sofa.“**
*(Lea, 3)*

Rosy Henneberg

# Wie aus unserem Gruppenraum ein Raum mit Arbeitsatmosphäre wurde

## Wie man *mit* Kindern Räume gestalten kann

Alle Kinder und Erzieherinnen waren neu, als wir vor fast drei Jahren unseren Gruppenraum in Besitz nahmen. Weil der Andrang so groß war, musste unsere Einrichtung ausschließlich Dreijährige aufnehmen. Also hatten meine Kollegin Iris und ich lauter Dreijährige in der Gruppe. In unserem Raum war alles alt, gebraucht und für unsere Begriffe am falschen Platz. In den ersten Wochen begannen wir, vieles von einem Platz auf den anderen zu rücken, ließen es ein paar Tage so stehen und verrückten es wieder. Wir hatten keinen Bezug zu nichts, fühlten uns überhaupt nicht zu Hause in unseren vier Wänden; überall die Spuren der früheren Raumnutzer. Die Erzieherinnen hatten sich ihren Raum offensichtlich entsprechend den Bedürfnissen der Erwachsenen schön und gemütlich eingerichtet. Bloß: *tun* konnte man darin wenig.

## Ohne die Kinder geht es nicht

„Die alte Wohnlandschaft muss auf jeden Fall raus, sonst kriegen wir hier keine Luft.", dachten wir. Also warteten wir den Sperrmülltag ab und begannen, alte Sessel und Sofateile nach unten zu schaffen. Um uns herum standen traurige Kinder, die wir nicht gefragt hatten und die sich Sorgen machten, wie sie jetzt noch am Fenster winken sollen. Man könne doch jetzt nicht mehr auf die Lehnen des Sofas klettern.

Nachdenklich versprachen wir dafür sorgen, dass man auf jeden Fall wieder winken kann. Trotzdem verfolgten wir unsere Umräumideen weiter. Als wir den vorletzten Sessel in Richtung Tür schoben, setzte sich die dreijährige Lea einfach drauf und sagte: *„Kinder brauchen auch mal ein Sofa, so zum Weinen und zum Kuscheln, das bleibt jetzt aber hier."* Sie blieb beharrlich auf dem Sessel sitzen. Wir versprachen also, einen Platz für die beiden letzten Sessel zu finden. Erst einmal blieben sie einfach mitten im Raum stehen.

Jetzt wurde uns richtig bewusst, dass wir nicht ohne die Kinder umräumen sollten. Warum denn eigentlich auch? Schließlich sollte es ja
unser gemeinsamer Arbeitsraum werden, also müssen wir auch gemeinsam daran arbeiten. „Aber ob die Kinder schon wissen, was gut
für sie ist?", fragten wir uns doch – sie waren doch erst drei.

Ein hohes Regal, das den großen Raum abteilte, rückten wir dann mit
den Kindern zusammen an die Wand. Auf einmal hatten wir Platz, uns
zu bewegen und den großen Raum auf uns wirken zu lassen. Wir sahen dabei plötzlich zwei kleinere Regale voll mit alten Spielen, von denen wir noch nicht eines gespielt hatten. „Und wenn wir die leer räumen
und unter die Fenster stellen, dann könnten die Kinder doch wieder zum Winken hochklettern.", war die Idee einiger Kinder. Und wohin mit den Spielen? Brauchen wir die überhaupt im Moment? Ab in den Keller! Aber
Regale zum Klettern – wenn die umfallen? Und wenn sie dann auf alle Möbel steigen?

„Wir können sie an der Wand festschrauben, damit sie nicht umfallen." So
entstanden schließlich unsere „Kletterregale". Wieder hatten die Kinder die richtige Idee. Die zwei alten Sofateile, die Lea gerettet hatte, fanden auf ihren Wunsch einen Platz an der Wand neben der Eingangstür,
daneben kam ein kleiner Tisch für alles, was uns lieb und wert war. Wir
trennten noch den Frühstücks- und Arbeitsbereich mit niedrigen
Schrankteilen ab, dann waren wir erst mal alle zufrieden.

## Nichts ist unmöglich

Durch unsere Räumerei hatten wir eine großzügige Rennstrecke im
Raum erschlossen. Die Kinder genossen diese Bewegungsfreiheit, bis
die ersten sich beschwerten: „Wo sollen wir denn mal Ruhe haben? Immer
rennen die hier rum und lassen uns nicht in Ruhe!" Wir beratschlagten gemeinsam und wieder wurden Möbel gerückt. Die Kinder erfanden für
sich eine „Insel", auf einem Stück alten Teppich, abgeteilt von ein paar
kleinen Schränken entstand eine Ruheecke, winzig klein, aber sie er-
füllte ihren Zweck durchaus.

Für die leere Ecke, wo einst die Wohnlandschaft stand und wo jetzt
Kletterregale an der Wand befestigt waren, kauften wir Matratzen und
eine Hängematte. So konnten wir dem Bewegungsdrang der Kinder
weiter Rechnung tragen. Von den Kletterregalen konnte man jetzt auch
„Mutsprünge" auf die Matratzen machen. Bald sagten uns die Kinder,

dass sie noch Kissen und Decken brauchen, um Höhlen bauen zu können.

Zur selben Zeit räumten sie alles für sie „Überflüssige" – und das war fast alles! – aus der abgeteilten Puppenecke und nutzen diese nun täglich für ganz andere Rollenspiele. Die dafür benötigten Utensilien holten sie sich einfach von überall her und räumten ständig um. Damit kamen wir anfangs nicht leicht zurecht: Eine ganz gut ausgestattete Puppenecke wurde zur fast leeren Rollenspielecke. Nach und nach wurde sie einer neuen Bestimmung übergeben. Ihre Funktion änderte sich ständig. Einmal sollten wilde Tiger in der „Puppenecke" wohnen, und dafür wurde ein Käfig benötigt. Latten wurden an die Beine eines alten Tisches genagelt, dieser diente so für mehrere Wochen als Käfig. Aus dem gleichen Tisch wurde später ein Piratenschiff. Wochenlang ging das so. Die Puppensachen waren alle im Keller verschwunden: *„Die holen wir uns wieder, wenn wir sie wieder brauchen. Wir wissen ja, wo sie sind!"* Und das ist heute noch so. Nichts in der Raumgestaltung und Veränderung erscheint unseren Kindern so unmöglich, dass sie es nicht aussprechen.

## Leere Schränke und Kinder im Veränderungsfieber

Plötzlich war „Räumen" und „Umräumen" zu einem Gruppenthema geworden. Fast täglich wurde irgendwas von den Kindern an einen anderen Platz geräumt, um auszuprobieren, ob es da besser aufgehoben sei. Spielsachen wurden in Tüten verpackt und in den Keller transportiert, weil *„wir sie nicht mehr brauchen"*. Schließlich hatten wir leere Schränke und Regale, aber glückliche Kinder.

Wir Erzieherinnen ließen uns darauf ein und beschäftigten uns gleichzeitig mit unserer eigenen Idee, einen Werktisch einzurichten. Sehr skeptisch verfolgten unsere Kolleginnen dieses Vorhaben. In einem Gruppenraum, in dem schon gerannt und geklettert werden darf und in dem seit kurzer Zeit auch noch ein Computer steht, sollen die Kinder nun auch noch mit Holz arbeiten und Krach machen dürfen? „Dass ihr das aushalten könnt? Schon mal was von Reizüberflutung gehört? Das gibt doch einen Riesendreck im Gruppenraum! Dafür ist der Raum aber nicht vorgesehen!" So oder ähnlich die Argumente der Kolleginnen. Und um ehrlich zu sein, wir stellten uns ähnliche Fragen.

Das „Veränderungsfieber" hatte uns aber längst gepackt. Warum nicht ausprobieren, anstatt zuerst festzulegen, was am Ende herauskommen soll, bevor man etwas tut, dem Beispiel der Kinder folgen: es „machen" und selbst sehen, was geht und was nicht? Und *dann* reflektieren, reagieren, mit den Kindern im Dialog herausfinden, was noch besser, noch nützlicher, noch schöner werden kann. Wir hatten uns entschieden, uns auf einen Prozess einzulassen, dessen Ausgang weder wir noch die Kinder vorhersagen konnten. Das aber war genau das, was wir wollten: die Kinder wirklich einbeziehen. Und mittlerweile wussten wir, mit Kindern, zumal Dreijährigen, kann man nicht über Raumgestaltung reden, sie müssen es tun!

Dass dabei immer wieder etwas verändert werden würde, machte uns keine Angst mehr, im Gegenteil, darauf waren richtig gespannt. Nun galt bei uns: „Was wird wohl passieren, wenn …? Unsere Werkstatt im Gruppenraum entstand. Die Kinder bekamen von uns von Anfang an klare Anordnungen zum Umgang mit dem Werkzeug. Die (wenigen) Regeln wurden aufgeschrieben, den Kindern, die die Werkstatt benutzen wollten, vorgelesen und per Handschlag abgeklatscht. Später kamen auf Wunsch von Kolleginnen noch festgelegte „Leise-Zeiten" dazu, in denen nicht laut gearbeitet werden darf. Gleichzeitig hatten im Raum anwesende Kinder jederzeit das Recht, eine „Leise-Zeit" einzuberufen. Heute hat sich alles längst ganz gut eingespielt. Die Kinder regeln das Meiste von Fall zu Fall untereinander. Da braucht es uns selten zur Unterstützung. Sogar die „Leise-Zeiten" für die anderen Gruppen haben die Kinder oft im Gefühl oder sie fragen nach. Den Umgang mit dem Werkzeug lernen sie, indem sie es benutzen, sich gegenseitig beim Arbeiten zusehen oder einfach kommen und fragen, wie man das oder jenes machen könnte.

## Ausprobieren statt besprechen

Dann sollte im Flur der Einrichtung ein Spielhaus umgebaut werden, und als Folge davon hatte eine Rutsche plötzlich keinen Platz mehr. Wir nahmen sie zu uns in die Gruppe, aber mussten zuerst das Einverständnis der Kinder einholen. Zu diesem Zeitpunkt waren wir uns schon längst sicher darin, mit Kindern immer wieder neue Regeln zur Raumnutzung auszuhandeln. Wieder verfuhren wir auf gleiche Weise: Wir haben einfach ausprobiert, wie es gehen könnte und was passiert. Unsere Regeln haben wir einfach immer wieder neu den jeweils veränderten Raumbedingungen angepasst.

Die Kinder haben abgestimmt. Bis auf eines waren alle *für* die Rutsche. Wir bauten also die Rutsche ein, probierten sie aus, und gelobten: Wenn es dem einen Kind zu große Probleme macht, bauen wir sie wieder ab. Sie steht heute noch, das Problem ist nicht mehr aufgetaucht. Nur zu entdecken gab es viel, denn eine Rutsche ist nicht nur zum Rutschen da …

Schließlich wurde unser Außengelände umgebaut und wir konnten es für mehrere Monate nicht mehr benutzen. *„Macht nichts, wir haben ja fast alles in unsere Gruppe"*, sagte Sven, *„nur noch keinen Sand"*. Warum eigentlich keinen Sand? Wir beratschlagten, ob man Sand im Gruppenraum haben kann und wie, wenn ja, was man beachten muss. Sollten wir es einfach mal ausprobieren? *„Na klar,"* sagten die Kinder, und wir holten uns einen alten wasserdichten „Gummistiefeltisch" mit Abfluss aus dem Keller. Und nun gibt es bei uns auch eine Sandkiste im Raum.

Seit kurzem haben wir auch noch ein altes „neues" Werkstattregal, für alles, was wir aufheben wollen. Dadurch wird es in der Werkstatt recht eng, das Regal war den Kindern aber sehr wichtig. Wir fanden es im Waschraum. Eigentlich dachten wir Erwachsenen, es sei ganz gut geeignet für unser eigenes Material und biete auch noch genügend Platz für die fertigen und unfertigen Holzarbeiten der Kinder. Doch die Kinder haben uns klar gemacht, dass *„wir das ganze Regal für uns"* brauchen. „Für uns" bedeutet: nicht für Erwachsene und, dass sie selbst bestimmen wollten, wozu es gut ist. Dementsprechend haben sie es zunächst mit all ihren wichtigen „Laborarbeitersachen" gefüllt. Platz für ihre Holzarbeiten haben sie schließlich auch noch gefunden.

Die Geschichte unserer „Gruppenraumgestaltung" ist eine, die immer weitergehen wird. Immer wieder neue Herausforderungen an die Raumgestaltung werden sich ergeben: Neue Kinder, vor allem aber neue Ideen, neue Themen und neue Situationen werden uns zu immer neuen Umräumaktionen veranlassen. Unser Gruppenraum ist ein *Teil unseres gemeinsamen Lebens* und spiegelt wider, wie wir darin arbeiten. Er passt jetzt zu *uns* und ist vor allem deshalb ein Stück zu Hause für uns geworden. Niemals mehr würde ich sagen: Richtet euren Raum so oder so ein, sondern: Bekommt heraus, wer den Raum für was braucht und schafft euch die Möglichkeiten, ihn so zu nutzen, wie die Kinder und ihr es braucht. Räume sollten Spielräume, Freiräume, Erlebnisräume, Arbeitsräume und Bewegungsräume sein. Vor allem aber sollten sie das wirkliche Leben ihrer „Bewohner" widerspiegeln und keinen vorgedachten Gestaltungsansprüchen dienen.

**Rosy Henneberg** ist Erzieherin und Fachkraft für Kindzentrierung/ Freinet-Pädagogik und arbeitet im Kindergarten am Stadtpark in Reinheim/Odenwald.

Harald Saßnowski

# Vom Neubaucafé zur Apotheke

## Bei der Raumgestaltung führen Hortkinder Regie

Seit November 2002 besitzt der städtische Hort in Mannheim-Feudenheim einen Anbau. Diese Erweiterung wurde notwendig, da in den vergangenen Jahren der Bedarf an Hortplätzen im Stadtteil enorm angestiegen war. Seit 1998 hat sich die Kinderzahl von 40 auf 80 verdoppelt. So hatten wir zeitweise einen erheblichen Platzmangel. Zwar waren die vorübergehenden Containerlösungen sehr hilfreich, aber es liegt auf der Hand, dass unsere Freude auf die neuen Räume riesig war.

In unserem Team war klar, dass nach der baulichen Fertigstellung die Hauptarbeit noch vor uns lag. Wir sahen eine einmalige Chance darin, mit den Kindern gemeinsam die Räume zu gestalten. Zwei Fragen standen für uns im Mittelpunkt: Wie sollten die einzelnen Räume gestaltet werden? Und wie können wir die Kinder daran beteiligen? Neben einem Personalraum, Büro und verschiedenen Abstellräumen existierten in der Planung sechs neue Zimmer für die Kinder. Von diesen sechs Räumen waren vier ohne Konzept. Für uns war es anfänglich nicht leicht, ohne jegliche Festlegung in den neuen Räumen zu arbeiten. In unseren Diskussionen wurde deutlich, dass Vertrauen in die Kinder eine Grundvoraussetzung für ihre Partizipation ist. Ansonsten unterliegt man doch wieder den eigenen Vorstellungen und Wünschen oder sogar denen Dritter. Trotzdem waren wir sehr unsicher, nicht zuletzt, da in der offenen Arbeit Funktionsräume eine zentrale Bedeutung haben. In unserem Fall bestand die Schwierigkeit also nicht in der eigenen Planung, sondern darin, seine Gedanken und Vorstellungen zurückzuhalten und Dinge offen zu lassen.

## Leere Räume erfahren, um Bilder der Gestaltung zu entwickeln

Eine Möglichkeit, mit den Kindern ins Gespräch zu kommen oder von ihren Vorstellungen etwas zu erfahren, haben wir durch ihre Beteiligung in unseren wöchentlichen Kleingruppenbesprechungen (zehn Kinder und eine Erzieherin). Diese Form der Beteiligung aber erschien uns in der jetzigen Situation nicht allein ausreichend. Sie würde von den Kindern verlangen, dass sie die Nutzung ihrer Räume nur vom Tisch aus planen müssten, ohne genaue Vorstellungen davon, was ein leerer Raum bedeutet und welche Möglichkeiten er bietet. Die leeren Räume sollten daher in unserer Vorstellung erst einmal erlebt werden, damit überhaupt Ideen für ihre Nutzung, aus der Realität heraus, entstehen können. Wir alle, nicht nur die Kinder, brauchten die Möglichkeit, die Räume zu erfahren, um konkrete Bilder entwickeln zu können.

Um mit den Kindern ins Gespräch zu kommen und ihre Absichten zu erfahren, führten wir für die einzelnen Räume Tagebücher ein. So wollten wir die Ideen und Vorstellungen vor Ort mit den Kindern aufschreiben und dokumentieren. Wir wollten im Alltag und im täglichen Tun erfahren, was die Kinder sich vorstellten bzw. wie sie die Räume nutzen wollten. Mit der Planung dieser Rahmenbedingungen schafften wir es, uns von der inhaltlichen Planung der Raumnutzung durch Erwachsene frei zu machen und mit Spannung auf den Umzug in die neuen Räume zu warten. So hatten wir dann auch am Tag der Bauübergabe und Inbetriebnahme keine Vorstellungen darüber, was in den Räumen passieren würde.

Mehmet, Robert und Leander (alle in der 1. Klasse) haben wir eigentlich unser Neubaucafé zu verdanken. Sie holten sich für einen leeren Raum zuerst einmal unsere vorhandenen „Weskoteile" und bauten daraus eine Küche. Die Heizkörperverkleidung diente als Sitzplatz. Dort haben die Kinder sich gegenseitig bedient. In den ersten Tagen konnte man noch nicht erkennen, was in diesem Raum gespielt wurde. Ihre Fantasie war ständig im Einsatz, ohne die jeweils benötigten Gegenstände vor Ort zu haben. Die Erzieherin hörte zu, spielte intensiv mit und füllte gemeinsam mit den Kindern das Tagebuch mit den wichtigsten Notizen. Sie versuchte vorsichtig, das Spiel zu unterstützen und Impulse zu geben. Sie stellte nach anfänglicher Beobachtung das Geschirr zur Verfügung, half den Erstklässern, Speisekarten zu schreiben …

## Die Kinder begleiten – zurückhaltend, aber interessiert

Es kamen immer mehr Kinder mit neuen Ideen ins Café. Da mittlerweile ein Restaurant integriert war, wurden neue Speisekarten auf dem

## Kiosk

Es ist Mittwoch Nachmittag. Im Hort öffnet in wenigen Minuten der Kiosk seine Pforten. Matteo, Marina und Martin holen aus einem Schrank eine rote Klappkiste randvoll mit Süßigkeiten. Sie bauen dort, wo gerade Platz ist, ihren Kioskstand auf. Dazu benötigen sie nur einen Tisch und ein wenig Platz für die anderen Kinder, die zum Einkaufen kommen. Bevor der Stand von 15.15 bis 15.45 Uhr öffnet, gehen die Drei nochmals durch die Einrichtung und verkünden lautstark, dass in wenigen Minuten der Kiosk öffnet. Sie stehen hinter einem Tisch, auf dem sie das aktuelle Kioskangebot wie Chips, Erdnüsse, Brausestangen, saure Pommes, Schlümpfe usw. aufgebaut haben.

Der Hortkiosk öffnet jeden Montag, Mittwoch und Freitag. Seine Entstehung verdankte er der Einführung des Euro. Matteo, Martin und Dario (damals Kinder der dritten und vierten Klasse) beklagten die Verteuerung. Matteo stellte fest, dass „am echten Kiosk" eine gemischte Tüte für einen Euro genauso viel Inhalt hat, wie die gemischte Tüte ehemals für eine DM. Schnell war der Gedanke da, einen eigenen Kiosk zu gestalten, um so Taschengeld zu sparen.

Matteo erklärte sich bereit, mit seiner Mutter im Großmarkt einzukaufen. Aus der Hortkasse gaben wir 50 Euro als Vorschuss. Nur zwei Tage später hatte Matteo eine Kiste voll mit Süßigkeiten und die notwendigen Listen (Preisliste, Einnahmen und Ausgaben) organisiert. So konnte es los gehen. Die Kinder leisteten hoch motiviert die Arbeit und zogen uns bei offenen Fragen als Berater hinzu.

Seit über einem Jahr haben wir nun unseren Kiosk in der roten Klappkiste. Matteo fährt immer noch regelmäßig in die „Metro", um den Kiosk mit Nachschub zu versorgen. Die Aufgaben sind in der Zwischenzeit sehr genau verteilt. Einkäufer, Verkäufer und Kassierer sind in Arbeitsbesprechungen eingeteilt worden. Die Arbeitsbesprechungen werden nicht regelmäßig durchgeführt, sondern nach Bedarf bei offenen Fragen. Es gibt auch Zeiten, in denen der Kiosk nicht regelmäßig geöffnet wird, weil einfach kein Interesse besteht und anderes im Moment wichtiger ist. Von dem geringem Überschuss konnten sich die Kinder schon einige Wünsche im Hort erfüllen.

Wir Erwachsenen übten uns in Zurückhaltung. Einmal nicht die Organisation dafür zu übernehmen, was eingekauft wird und wie viel, sich als Erwachsener tatsächlich nicht dafür verantwortlich zu sehen, ob nun der Kiosk öffnet oder nicht, das ist unser Übungsfeld. Unsere Aufgabe besteht darin, die Kinder zu begleiten und ihr Tun zu unterstützen. Für die Kinder ergibt sich dabei die Chance, eigenverantwortlich zu planen und zu handeln. Nicht der Erwachsene im Hintergrund, sondern das Kind selbst soll lernen, Verantwortung zu übernehmen. Wir hätten den Kiosk aber auch selbst öffnen können. Aber was hätten wir dadurch vielleicht alles verhindert? Vielleicht gäbe es schon längst keinen Kiosk mehr, wenn die Kinder nicht die Erfahrung gemacht hätten, konsequent die Verantwortung dafür zu tragen.

PC entworfen. Neben den Speisekarten wurden Lebensmittel und verschiedene Gerichte aus Tonpapier gebastelt, Kreditkarten und Geld mussten produziert werden. Es wurden Tische und Stühle aus den Gruppenräumen herangeschafft und auch Besteck von der Küche durfte nicht fehlen. Die Speisen bekamen saftige Preise verpasst, die Tische wurden schön gedeckt und die Gäste wurden manchmal etwas ruppig bedient. Aus einem leeren Raum wurde innerhalb von zwei bis drei Wochen ein blühendes Café-Restaurant. Die Kinder brachten sich je nach Interesse und Alter ein. Einige waren die Gäste, andere waren die großen Organisatoren. Jeder hatte seinen Platz oder schuf sich eine eigene Rolle. Die Kollegin hatte bis zu diesem Zeitpunkt ihre eigenen Vorstellungen zurückgehalten, den Kindern zugehört, sich an den Ideen der Kinder orientiert und ihnen „nichts" außer dem Raum, Zeit, Material und ihr eigenes Interesse zur Verfügung gestellt.

Das Neubaucafé hatte sich inzwischen im ganzen Hort herumgesprochen und erfreute sich großer Beliebtheit. Auch die älteren Kinder zeigten ein reges Interesse an diesem Raum. So entstanden die unterschiedlichsten und vorher nie da gewesenen Konstellationen und Altersmischungen. Vor allem durch Dario, Denise, Tamina und Michael (4. und 5. Klasse) wurde dann das Restaurant zu einem Hotel weiterentwickelt: Hotel „Megano". Sie legten ihr Augenmerk viel stärker auf Details. Es wurde alles realistischer gestaltet und bekam klare Regeln. Hotelzimmer wurden hergerichtet, die Rezeption mit Klingel und Telefon ausgestattet, Schlüssel aus Pfeifenputzern hergestellt. Sie verteilten Werbung und unterzogen sich einem Hotel-Sternetest. Das Hotel war eine zentrale Anlaufstelle.

Auch in der Übergangsphase vom „Neubaucafé" zum „Hotel" hatte die Erzieherin sich nur unterstützend und bekräftigend verhalten. Sie war vor Ort und konnte so Fragen aufgreifen, Konflikte und Streit verstehen und Regeln mit erarbeiten, nie als die Besserwissende, immer als die Beobachtende und Fragende. Zu dieser Zeit wurden der Rollenspielbereich und das Atelier in ständigem Wechsel von den Kindern benutzt. Sie wanderten von Zimmer zu Zimmer, um ihre sprühenden Ideen unmittelbar umzusetzen. Wir waren ganz euphorisch; unsere Idee, die Kinder zu beteiligen, war für uns aufgegangen und dies allein durch unsere bewusste Zurückhaltung. Wir haben daraus gelernt, dass Kinder sehr wohl in der Lage sind, ihre Wünsche auszudrücken, sich zu organisieren und sich einen Raum und entsprechendes Material zu besorgen, um ihre eigenen Ideen umzusetzen. Wir haben aber auch gelernt, dass Kinder uns Erwachsene dabei als interessierte Mitarbeiter schätzen und brauchen.

Für uns als Team war eine wichtige Erfahrung, dass Zurückhaltung ein wesentlicher Aspekt von Beteiligung ist. Es war mit Sicherheit nicht leicht, sich zurückzunehmen. Dazu gehört auch, sich mit den Erwartungen anderer Außenstehender immer und immer wieder zu beschäftigen bzw. sich zu rechtfertigen. Aber wir vertrauten den Kindern und ließen uns nicht davon abbringen, diese Erfahrungen zu machen. Auch das Zuhören (nicht nur auf den Kinderkonferenzen), Zeit haben, hinterfragen, erleben und beobachten sind für uns Dimensionen der Beteiligung.

## Eine Apotheke mit medizinischen Leistungen

Wie ging nun die Geschichte des Hotels weiter? Nachdem viele Kinder den Hotelbesuch nicht mehr interessant fanden und andere neue Räume im Zentrum standen, flachte das Spiel ab. Wieder befragten wir die Kinder, wie wir weiter verfahren sollten, und stellten fest, dass sie das Hotel nicht mehr benötigten. Gemeinsam räumten die Kinder und die Erzieherin den Raum wieder fast leer. Vielleicht denken Sie jetzt: „Dachte ich's mir doch! Das kann doch gar nicht gut gehen, die Raumgestaltung und Raumnutzung den Kindern zu überlassen. Da braucht man doch eine vorausschauende Planung und Organisation durch Erwachsene." Ja, Kinder brauchen auch Räume, die von uns geplant und festgelegt werden. Doch die gibt es ja auch: Hausaufgabenraum, Atelier, Küche, Gruppenräume usw.

Meine Kollegin stand jedenfalls in dem leeren Raum nicht lange alleine. Noch am selben Nachmittag kamen Samina, Tamina, Dario und Marina und gründeten eine Apotheke. Sie gestalteten eine Warteecke mit Zeitschriften, bastelten einen Computer und verschiedene Medikamentenverpackungen. Mit der vorhergehenden Erfahrung unterstützten wir die Kinder. In wenigen Tagen hatten wir alles zusammen, was eine funktionierende Apotheke ausmacht. Weiße Kittel, leere Medikamentenschachteln in rauhen Mengen, Blutdruckmessgerät, Traubenzucker, Cremes ... Nun besteht unsere „Apotheke de la Hort". Selbstverständlich ist es eine Apotheke, in der wie bei einem Facharzt ärztliche Untersuchungen statt finden. Selbst Geburten sind für unsere Apotheker keine größere Herausforderung.

Aus unserer Sicht haben wir durch unsere fragende Haltung und durch die daraus entstandene eigene Zurückhaltung die Kinder beteiligt und ihnen Mut gemacht, immer wieder Neues auszuprobieren. Natürlich ist es nicht immer leicht „den Mund zu halten" oder die „richtige Frage" zu stellen. Nicht immer haben wir die Zeit dazu. Doch wir sollten uns auch darüber im Klaren sein, dass Beteiligung nicht bedeutet, es jedem Recht zu machen, vielmehr damit, genau zuzuhören, um die richtigen Fragen zu stellen. Um ihre eigenen Ideen verwirklichen zu können, brauchen Kinder Raum, Zeit, Material und unser Vertrauen. Nur so können sie die Chancen nutzen, sich frei auszudrücken und ihre Ideen umzusetzen.

Aus unserer Erfahrung kommt dem „leeren Raum" dabei eine besondere Bedeutung zu. Um den Kindern die Möglichkeit des eigenen Interessenausdrucks zu geben, haben wir sie aktiv am Raumkonzept beteiligt und ihnen, für die Umsetzung ihrer Ideen, leere Räume zur Verfügung gestellt. Es bedarf Räumen, die sie umstellen können, deren Funktionen wenn möglich flexibel sind. Alles in allem haben wir wichtige Erfahrungen machen dürfen und einige spannende Diskussionen im Team geführt. Das ist es, was wir zu unserer Lebendigkeit und Flexibilität benötigen. Und wir wurden vor allen Dingen durch die Kinder in unserer Idee der besonderen Raumgestaltung unterstützt und bestärkt.

**Harald Saßnowski** ist Erzieher, Fachwirt für Organisation und Führung und Fachkraft für Kindzentrierung/Freinet-Pädagogik. Er leitet den Hort Feudenheim in Mannheim.

Gerda Edelmann-Wirth

# Kinder „besetzen" und verändern das Leiterinnenbüro

## Vom Chefzimmer zur Begegnungsstätte

Vor ein paar Jahren bekam ich ein neues Leiterinnenbüro, im Eingangs-bereich unserer Einrichtung. Da hier wenig Tageslicht hereinkommt und immer das Licht brennen muss, wurde die obere Hälfte der Bürowände zum Flur hin verglast. „Hier sitze ich ja auf dem Präsentierteller", dach-te ich anfangs. Mit viel Elan richtete ich diesen Raum ein; mit meinem Büro wollte ich schließlich die Einrichtung repräsentieren. Der Raum sollte gemütlich und praktisch sein, ein Raum, wo wichtige Dinge ihren Platz haben, wo Besprechungen stattfinden, wo ich ungestört arbeiten kann usw. Ich war sehr stolz auf diesen Raum. Es war mein Raum, von hier aus wollte ich den Betrieb „führen und leiten", der Raum sollte mei-ne Funktion widerspiegeln: Hier bin ich die Chefin.

Durch die Fensterfront und die Lage bekam der Raum tatsächlich ei-ne zentrale Bedeutung, nur nicht ganz so, wie mir das zunächst gedacht hatte. Durch die Glasfläche war ich nie abgeschottet vom Alltagsge-schehen, sondern was ich im Raum tat, wurde nach draußen getragen und umgekehrt. Was im Flur passierte, konnte von innen ein wenig mit-erlebt werden. Kein Wunder also, dass auch die Kinder begannen, sich für den Raum hinter dem Glas zu interessieren. Neugierig begannen sie, mein Büro in das Geschehen im Haus zu „integrieren". Damit be-gann allmählich der Prozess der Veränderung.

## Das Büro wird zum Spiegel eines Veränderungsprozesses

Am Anfang stand die immer häufiger vorgetragene Bitte der Kinder, in meinem Raum malen zu dürfen. So wurden bald zwei Schubladen des Büroschrankes – mit orangen Punkten versehen – zum Lager für Bunt-stifte und Malblätter. Diese Schubladen sollten den Kindern gehören. Die Kinder malten im Raum, auch wenn ich nicht anwesend war. Wir han-delten dafür wurden Regeln aus, z. B. waren alle Sachen auf dem Schreibtisch für Kinder tabu. Die Klebepunkte und Regeln beruhigten mich. Noch konnte ich sagen: Dies ist mein Raum und hier bestimme ich!

Doch das Telefon steht auch auf dem Schreibtisch und eines Tages als das Telefon klingelte, haben die Kinder ganz selbstverständlich den Hörer abgenommen. Sie haben mich gesucht und ans Telefon gerufen. Nach diesem Ereignis haben wir die Regeln und den Handlungsspielraum der Kinder in meinem Büro erweitert: Die Kinder konnten von nun an Telefondienst am Schreibtisch machen. Dabei blieb es natürlich nicht. Immer neue Möglichkeiten, was man hier alles tun kann, entdeckten die Kinder. Wenn ich im Büro anwesend war, durften sie auch die Gespräche für mich wählen. Bald begannen sie auch, selbst jemanden anzurufen, wenn z. B. ein Kind mal ganz traurig war oder einer Mama etwas ganz Wichtiges gesagt werden musste. Immer mehr kam hinzu: Die Kinder übernahmen Türöffnerdienste, zerkleinerten Papier, holten die Post aus dem Briefkasten u. v. m. An manchen Tagen müssen sie auch am Schreibtisch sitzen und Chef sein. Die Nutzungsänderungen meines Büros ging ganz langsam vor sich. Eigentlich fiel es mir gar nicht richtig auf. Ich habe am Anfang einfach nur die Bedürfnisse der Kinder wahr- und ernst genommen.

Heute sind die Wände mit Bildern und Zeichnungen der Kinder beklebt, manche mit vielen langen oder verdrehten Tesastreifen. Manche Bilder hängen gerade, andere schief. Es sind alles Geschenke der Kinder, die sie für das Büro und natürlich auch für mich gemalt haben. Da ich nie weiß, wo jedes Geschenk am besten platziert ist, bitte ich die Kinder, selbst den Platz dafür auszusuchen. Die Bilder bleiben hängen, und ich erfreue mich sehr daran. Ich erlebe immer wieder, dass die Kinder hereinkommen und schauen, ob ihr Bild noch hängt. Dann ertönt der freudige Ruf: *„Da hängt ja mein Bild."* Dann kommen wir ins Gespräch und ich erfahre immer wieder etwas von dem, was die Kinder gerade bewegt.

Heute spiegelt das Büro auch meinen eigenen Veränderungsprozess wider. Von einem Raum, in dem die Leiterin repräsentiert, leitet und auch kontrolliert, hat sich das Büro zu einem Raum verändert, in dem der Dialog mit den Kindern sichtbar ist. Er präsentiert, wie die Kinder im Laufe der Zeit sich immer mehr einmischen konnten. Er lässt aber auch etwas davon spüren, wie ich mich selbst verändert habe. Ich finde, der Raum atmet heute auch das Vertrauen in die Kräfte der Kinder, das bei mir ganz langsam gewachsen ist. Ich kann sie heute viel eher einfach *lassen*, staune über ihre Ideen und wie sie daran gehen, sie zu verwirklichen. Eine echte Begegnungsstätte zwischen Groß und Klein ist entstanden.

## Die Leitungsfunktion bleibt erhalten

Noch immer ist das Büro natürlich auch Leiterinnenzimmer, und das ist gerade auch Kindern wichtig. Es gibt Kinder, die kommen morgens in die Einrichtung und kündigen an: *„Gerda, ich muss mit dir reden!"* Und sie sagen dabei gleich auch wo: *„In deinem Büro!"*

Wenn ich einen Gesprächstermin habe, mache ich keine Unterschiede zwischen Groß und Klein. Ich biete einen Platz in der Besucherecke an und frage, ob etwas zum Trinken gewünscht wird. Wenn ja, dann hole ich das entsprechende Getränk und dann beginnt das Gespräch. Es ist nach außen sichtbar, dass ein ernsthaftes Gespräch stattfindet. Kinder und Erwachsene warten solange draußen, bis es beendet ist. Sollte das Gespräch aber länger dauern, dann klopfen sie, und fragen, wie lange es noch dauern wird.

Am Anfang habe ich immer aus dem Bauch heraus gehandelt. Erst sehr viel später habe ich begonnen, den Veränderungsprozess auch *bewusst* zu reflektieren. Heute spüre ich, dass sich hier ein Dialog zwischen den Kindern und mir entwickelt hat. Nun möchte ich den Dialog bewusst gestalten. Nun *will* ich erleben, wie die Kinder auf ihre Art Einfluss nehmen auf die Gestaltung und Nutzung des Büros. Nun *will* ich erleben, wie sie es für sich benutzen, *will* mitbekommen, wie sie ihre Anliegen formulieren und mit mir klären.

Selbst sehr neugierig darauf, was hier noch alles passieren wird, bin ich nun offen für den weiteren Prozess und freue mich richtig, wenn wieder mal Kinder das Büro „besetzt" haben. Unmerklich hat sich bei mir das gedankliche Vorauseilen darüber, was alles noch passieren könnte und die damit eng verbundenen Befürchtungen, verabschiedet.

Ich selbst habe dem Raum inzwischen eine andere Bedeutung gegeben, ich habe Macht abgegeben, partizipiere mit Klein und Groß und erhebe keine alleinigen Rechte mehr auf diesen Raum. Es ist das Recht aller, diesen Raum zu benutzen, wenn er frei ist, und es ihr Anliegen ist. Gerade die Kinder werden dadurch aufgewertet, beachtet und Ernst genommen in ihrer Persönlichkeit und ich bringe ihnen Vertrauen entgegen, ich achte sie als Subjekt. Es ist immer wieder ein wunderbares Erleben, mit welchem Eifer und einer Ernsthaftigkeit, die Kinder im Büro arbeiten.

**Gerda Edelmann-Wirth** ist Erzieherin, Fachkraft für Kindzentrierung/ Freinet-Pädagogik und Leiterin der Kindertagesstätte „Regenbogen" in Nidda (Hessen).

# Und die Eltern?

**„Die Mama soll
am Maltisch basteln!"**

*(Anna, 5)*

Helke Klein

# Lerngeschichten

## Wie man Eltern die Lernprozesse ihrer Kinder vermitteln kann

Alle Eltern wollen gern wissen, was ihre Kinder in der Zeit, die sie im Kindergarten verbringen, gemacht haben, was sie gelernt, entdeckt und erlebt haben. Wie aber erfahren sie das, wenn sie den Kindergartenalltag vor allem reduziert auf die Bring- und Abholsituation erleben? Ganz besonders in Einrichtungen, deren Pädagogik sich kaum über „Bastelprodukte" vermitteln lässt, stellt sich den Erzieherinnen immer wieder die Frage: Wie lassen wir Eltern an unserem pädagogischen Alltag teilhaben? Wie vermitteln wir ihnen, was und wie die Kinder lernen?

Eine Möglichkeit, die Eltern über die Lernprozesse ihrer Kinder zu informieren, ist das Erzählen von Lerngeschichten: Eltern erfahren dabei nicht einfach Lernergebnisse, die am Ende eines Lernprozesses stehen, sondern vor allem etwas über den Weg dahin, also den Lernprozess selber. Sie hören von den Anstrengungen der Kinder, von ihren Fragen, davon, wie hartnäckig sie ihre Ideen verfolgten oder wie sich ihre Vorhaben und damit auch ihre Fragen und persönlichen Lernziele in der Arbeit veränderten. Lerngeschichten, das können „kleinere" Episoden und Situationen sein, an denen sich veranschaulichen lässt, dass und wie ein Kind etwas von seinen Kompetenzen und Fähigkeiten in ganz besonderer Weise gezeigt hat. Eltern bekommen auf diese Weise einen Eindruck von der Welt des Lernens im Alltag der Kindertagesstätte und natürlich vor allem davon, was ihr Kind schon alles kann. Manches wird von Eltern erst dann als (Lern-)Leistung anerkannt, wenn Erzieherinnen es als solche besonders würdigen.[1] Das Erzählen oder Berichten von besonderen Leistungen jenseits des Anekdotischen setzt genaues Beobachten voraus und den Blick auf das einzelne Kind mit seinen individuellen (Lern-)Voraussetzungen.

Lerngeschichten können viele Formen annehmen. Es können über Jahre hinweg gesammelte „Schnappschüsse" des persönlichen Lernweges der einzelnen Kinder sein: Bilder, Beobachtungen, Fotodokumentationen, Texte, Protokolle von Dialogen oder auch Arbeitsprodukte.

Eine besonders schöne Idee sind die „Was-ich-schon-kann-Hefte", die Kinder selbst anlegen und füllen, bei denen sie also selbst darüber reflektieren, was sie schon können, was sie gelernt und wie sie sich im Laufe der Zeit verändert haben. In jedem Fall ist wichtig, diese Lerngeschichten mit Kindern *gemeinsam* zu sammeln und sie zumindest darüber zu informieren, wenn man sie weiter erzählt. Zur Veranschaulichung dessen, wie solche Lerngeschichten konkret aussehen können, einige Beispiele aus dem Alltag einer Gruppe mit großer Altersmischung:

## Wie Paul sein Adventsgeschenk bekommen hat

Es war Adventszeit. In unserer Gruppe mit großer Altersmischung hing an einer Wäscheleine der Adventskalender mit Geschenken für jedes Kind. Jeden Tag wurde aus einer Dose ein Zettel mit dem verschlüsselten Namen eines Kindes gezogen, das dann sein Geschenk von der Leine holen durfte. Meistens wurde dazu eine Schere benutzt. Für manche Kinder war es schwer abzuwarten, bis sie mit ihrem Geschenk dran waren. Auch Paul, zwei Jahre, fragte über eine Woche lang jeden Tag, wann er denn sein „Senk" haben könne. Wir vertrösteten ihn immer wieder. Wir Erwachsenen hatten uns nicht wirklich Gedanken darüber gemacht, dass die Kleinen nicht verstehen können, dass, bevor sie ihr Geschenk bekommen würden, ihr Name „gezogen" werden muss, und dass dabei der Zufall eine Rolle spielte. Wir hatten es jahrelang so gemacht, und die Kinder hatten sich anscheinend damit zufrieden gegeben, dass sie halt irgendwann „dran" waren. Nicht so Paul: Eines Tages trafen wir ihn an, wie er auf einem Stuhl stand, die Schere in der Hand, und gerade dabei war, sein „Senk" abzuschneiden. Unser erster Impuls war, ihn daran zu hindern, weil er ja noch nicht an der Reihe war. Im nächsten Moment freuten wir uns aber sehr darüber, dass Paul die Initiative ergriffen und für sein Problem, nämlich nicht abwarten zu wollen, bis er dran war, eine Lösung gefunden hatte.

Damit dies eine Lern-Geschichte werden und aus der Ecke einer zu belächelnden Episode heraustreten kann, ist es notwendig, den Blick eben darauf zu richten, welche bereits vorhandenen Kompetenzen Paul dabei eingesetzt und was er an neuen hinzugewonnen hat. Er, der sich im Alltag (noch) nicht so sehr fürs Schneiden mit der Schere interessierte, hatte sich eine Schere organisiert, wusste also, wo sie aufbewahrt wurden. Er hatte offenbar nicht nur beobachtet, wo die Schere aufbewahrt wird, sondern auch, wie man eine Schere hält. Um an das ziemlich hoch hängende Geschenk heranzukommen, hatte er sich einen Hocker direkt darunter gezogen und war darauf gestiegen. All das hatte er getan, als keiner von den Erwachsenen in der Nähe war, hatten sie doch sein Bedürfnis einfach nicht ernst genommen. Von ihnen war offensichtlich keine Hilfe zu erwarten.

Man könnte also schlussfolgern: Paul verfügte über Vertrauen in sich selbst, über Entscheidungsfreude, Eigeninitiative, realistische Selbsteinschätzung und die Fähigkeit, gezielt und in gewissem Maße auch planerisch vorzugehen. Außerdem deutet sein Verhalten darauf hin, dass er in der Lage ist, sich wenn notwendig selbst zu helfen, Zusammenhänge herzustellen und sich sozusagen die Kompetenzen anzueignen, die er für seine Vorhaben braucht.

Wie aber hatte er herausgefunden, welches sein „Senk" war. Lesen konnte er ja noch nicht. Er hatte nicht die Erwachsenen, sondern eines der Schulkinder gebeten, ihm sein Päckchen zu zeigen, schon Tage vorher, und hatte sich das gemerkt. Wir wissen nicht, woran er sein Päckchen wieder erkannt hat, ob am Papier, der Form oder am Zettel, nur dass er ganz genau wusste, welches seines war. Wir können auch nur vermuten, wie er festgestellt hat, dass die Schulkinder ihm helfen können, und ob er die Erwachsenen deshalb nicht gefragt hat, weil die ihn sowieso nur wieder vertröstet hätten, ob er also bereits Motive unterscheiden und Reaktionsweisen voraussehen konnte. Er hatte da ja seine Erfahrungen. Jedenfalls war die Freude über das Advents-Geschenk, ein Auto mit Anhänger, riesig, denn es war richtig hart erarbeitet. Tagelang war Paul dann auch mit Auto und Anhänger beschäftigt. Er zeigte es immer wieder und sagte glücklich, dass das ein „Anhänger" sei und ein „Senk".

## Was können Vierjährige von einer Diskussion wissen?

Mara, gerade vier Jahre, hatte größere Meinungsverschiedenheiten mit den Erwachsenen. Es ging darum, dass sie oft sehr viele Sachen von zu Hause mitbrachte, Spielsachen, Kleider und alle möglichen Accessoires und Schmuckstücke, die sie in der Gruppe, im Schlafraum, im Flur und der Bücherei verstreute. Bevor sie abgeholt wurde, ging die Sucherei los, an der sie sich aber nicht beteiligen wollte. Wir baten sie, ihre Sachen in ihr Fach im Gruppenraum zu legen oder nicht so viel von zu

Hause mitbringen, weil wir keine Lust und auch keine Zeit hatten, ihren „Hausstand" zusammenzuhalten, andererseits wollten wir ihr nicht verbieten, Dinge, die ihr wichtig waren, in die Einrichtung mitzubringen. Die Diskussion war heftig, denn Mara lässt sich auch von Erwachsenen nicht so ohne weiteres überzeugen. Sie hörte aufmerksam zu, als ich ihr erklärte, warum sie entweder besser auf ihre Sachen aufpassen oder eben nicht so viel von zu Hause anschleppen solle.

> **Wie geht eigentlich Lernen bei Kindern?**
>
> Kopf
>
> essen
>
> schlafen
>
> frische Luft
>
> spielen
>
> denken
>
> –
>
> und dann weiß man alles im Gehirn
>
> Nino

Sie argumentierte dagegen: *„Ich brauch' das aber alles zum Spielen. Ich kann ja nicht mit meiner Baby-Born spielen, wenn ich ihre Anziehsachen und ihr Fläschchen und ihr Bettchen nicht dabei habe. Und wenn ich mit der Luise ,Verkaufen' spiele, dann brauch' ich den Schmuck und die ganzen anderen Verkaufssachen. Und wenn ich in die Turnhalle gehe, muss ich meinen Turndress anziehen."*

Das verstand ich natürlich. Sie meinte auch, dass sie schon auf ihre Sachen aufpassen würde, dass aber die Kleinen auch damit spielen dürften (was ich sehr großzügig von ihr fand, denn die Kleinen machten die Sachen ja auch manchmal kaputt), und die würden die Spielsachen dann überall hin verstreuen. Ich konnte sie nicht davon überzeugen, dass sie selbst für ihre Sachen verantwortlich sei. Sie war davon überzeugt, dass sie sich sehr wohl gut darum kümmern würde und sagte das auch voller Nachdruck. Nachdem ihrer Meinung nach die Argumente ausgetauscht waren, sagte sie zu meiner Verblüffung zu mir: *„Wir machen es so: Du bestimmst auf deine Sachen, und ich bestimm' auf meine Sachen. O.K.?"*

Was hat Mara in dieser Situation gezeigt? Einmal ganz sicher, dass sie verbal in der Lage ist, mit Argumenten ihre Position zu vertreten. Sie hat ganz klar eine Vorstellung von der Form einer Diskussion. Dass nämlich Argumente „ausgetauscht" werden, man dabei einander zuhören muss, und dass man zu einer *gegenseitigen* „Einigung" kommen sollte. Sie hat darüber hinaus einen akzeptablen und durchaus logischen Lösungsvorschlag entwickelt und dabei bewiesen, dass sie schon in der Lage ist, die Position der „anderen Seite" nicht nur zu verstehen, sondern auch sie in ihre eigenen Sichtweisen zu integrieren und bei der Suche nach Lösungen zu berücksichtigen. Sie hat also für dieses Alter durchaus „überdurchschnittlich" gehandelt. Kaum vierjährigen Kindern gelingt es im Allgemeinen zwar schon gut, sich empathisch in andere hineinzuversetzen, es fällt ihnen jedoch noch schwer, die andere, fremde Sichtweise und die eigene in einen Zusammenhang zu bringen und in die eigene Argumentation einzubeziehen.

## Julian erobert den Mount Everest

Julian war 13 Monate alt und seit ein paar Wochen in der Gruppe. Er konnte noch nicht allein laufen, krabbelte aber wie der Blitz in der Gruppe und im Flur umher und zog sich, wo immer es ging, hoch, hatte aber noch etwas Probleme damit, das Gleichgewicht zu halten. Er beobachtete sehr aufmerksam, was in der Gruppe passierte. Im Gruppenraum stand als eine Art Raumteiler ein Stufenregal mit vier Brettern in ca. 40 cm Abstand. Das wurde für Julian bald zum absoluten Anziehungspunkt. Immer wieder war zu beobachten, wie er sich an der ersten „Stufe" hochzog und sich mühte, auf das Brett zu steigen. Mehr als zehn Minuten lang versuchte er, sein Ziel zu erreichen. Immer wieder war sein Mühen vergeblich, aber er ließ nicht locker. Zwischendurch wurde er von Elisa (3) zur Seite geschoben, weil sie auf dem Regal etwas entdeckt hatte, was sie haben wollte. Sie stieg hoch, holte sich das Kaleidoskop (das eigentlich außer Reichweite der Kinder aufbewahrt wird), stieg wieder ab und überließ es Julians weiteren Versuchen, das Regal zu erobern. Er schaffte es zunächst nicht. Als es Zeit war für's Wickeln und Mittagessen, war er merklich erschöpft von der Anstrengung.

Die nächsten Tage probierte er es wieder und wieder – und hatte es nach etwa einer Woche geschafft: die erste Stufe war erobert! Aber da warteten ja noch zwei weitere! Julian war jetzt immer wieder dabei zu sehen, wie er mit dem Regal kämpfte. Er erinnert uns an einen Bergsteiger, der den Mount Everest erobert, bis er schließlich auf der dritten Stufe – für einen Einjährigen ziemlich weit oben – stand, und sich unglaublich freute. Wir freuten uns mit ihm, trotz unserer ständigen Angst, dass er abstürzen könnte, und der Anspannung, daneben zu stehen und ihn im Notfall auffangen zu müssen. Bald beherrschte er souverän das Auf- und Absteigen vom Regal. Wann immer ihm etwas herunterfiel, stieg er unverdrossen ab, hob es auf, stieg erneut hinauf und legte es an seinen Platz. Das konnte im Laufe eines Vormittags zehn Mal passieren.

Er zeigte dabei eine erstaunliche Ausdauer und Körperbeherrschung, zumal er noch einige Schwierigkeiten mit dem Gleichgewicht hatte. Er legte eine Zielstrebigkeit an den Tag, die bei einem Einjährigen überraschte, ließ sich von Fehlversuchen nicht entmutigen, weinte nicht, wenn er abrutschte oder wenn ihm sonst etwas schief ging; ein wichtiger Hinweis darauf, wie Julian mit Schwierigkeiten umgeht und wie er Konflikte aushalten kann, beides sehr wichtige Lerndispositionen. Er schien vollkommen konzentriert bei der Sache und ließ sich auch nicht vom Gruppengeschehen um ihn herum ablenken.

Vor allem aber konnten wir entdecken, auf welche ganz eigentümliche und individuelle Weise Julian sich selbst das Laufen, Klettern und Gleichgewicht-Halten „beigebracht" hatte. Ob er unsere Begeisterung über seine „Bergbesteigung" registriert hat? Wir wissen es nicht. Aber seine Mutter, der wir ausführlich über seine Versuche und seine Fehlversuche berichteten, konnte seine Leistung erkennen und würdigen und unterstützte auch zuhause sein Interesse.

## Ann-Katrin organisiert eine Bande

Ann-Katrin, sieben Jahre, ging in die 1. Klasse und hatte eine Freundin in der Nachbargruppe, die ein Jahr ältere Rebekka. Seit Tagen trafen sie sich in jeder freien Minute, um über ihre „Bande" zu reden. Die Bande existierte zu dieser Zeit nur in der Fantasie. Aber Ann-Katrin saß stundenlang über Plänen und Listen, die Bande betreffend. Die Zusammensetzung der Bande wurde geplant und wieder verworfen. Die Frage, ob auch Jungen Mitglied der Bande sein können, wurde diskutiert und nach Tagen endgültig mit Nein beantwortet. Die Listen enthielten die Namen potenzieller Mitglieder. Ann-Katrin und Rebekka teilten sich auf, wer wen fragen soll, ob sie mitmachen will. Sie zerstritten sich darüber, wer Maxine fragen soll. Die Versöhnung wurde per Brief geregelt.

Als die Bandenmitglieder schließlich zumindest auf dem Papier feststanden, ging es an die Planung der Aktivitäten. Ann-Katrin stöhnte, über ihre Listen gebeugt, wie schwierig es doch ist, alles unter einen Hut zu bekommen: Da müssen Tag und Uhrzeit festgelegt werden, überlegt werden, ob Kino besser ist als Eis essen usw. Die Listen bestanden aus mit dem Lineal gezogenen Tabellen, in die Ann-Katrin fein säuberlich eingetragen hatte, was sie und Rebekka sich überlegt hatten.

**Melvyn übt sich als Kabarettist**

Zum Schluss noch eine kleine Episode, die den erstaunlichen Humor und eine regelrechte Schlitzohrigkeit beim erst dreijährigen Melvyn offenbart:
Wir machen einen Spaziergang. Luise, die Kleinste in der Gruppe sitzt im Kinderwagen, Melvyn, 3, hilft mir schieben. Irgendwann fragt er mich: *„Warum ist die Luise so klein?"* Eine ernsthafte Frage, ich antworte: „Sie ist erst letztes Jahr geboren, sie ist erst ein Jahr alt." Melvyn reicht das nicht, er fragt immer wieder: *„Warum ist die Luise so klein?"* Ich versuche mich in immer neuen Erklärungsvarianten, die ihn aber alle nicht zufrieden stellen. Es geht eine ganze Weile so weiter. Plötzlich grinst er mich an und sagt zu mir: *„Du musst **darum** sagen!"*

Täglich wurden die Listen neu verfasst. Dazu mussten Einkaufszettel für eventuelle Partys geschrieben werden. Auch, woher das nötige Geld kommen könnte, musste überlegt und geregelt werden. Das schließlich führte zur Planung eines Flohmarkts mit selbst gebastelten und getöpferten Sachen und der Frage, wie viel das einbringen könnte, ob es reichen wird usw.

Ein paar Wochen später war die Bande kein Thema mehr, es hatte sie nie wirklich gegeben, aber Ann-Katrin hat voller Begeisterung daran gearbeitet, wie es wäre wenn … Sie hat bei ihren Planungen weit voraus gedacht, alle Eventualitäten einbezogen in ihre Überlegungen. Sie hat eine Vorstellung davon entwickelt und umgesetzt, welche (schriftliche) Form, nämlich Listen, sich für Planung eignet. Die Bandendiskussion hat von ihr ständig Entscheidungen und Lösungen abverlangt. Das war harte Arbeit, und Ann-Katrin hat es sich wahrlich nicht leicht gemacht. Dann musste das ganze auch koordiniert und mit Rebekka abgesprochen werden. Dabei stand auch ihre Beziehung auf dem Spiel. Der Konflikt musste bereinigt und eine dafür geeignete Form gefunden werden, bis schließlich die Kooperation erneut möglich war.

**Helke Klein** ist Diplom-Bibliothekarin, war bis 2002 pädagogische Fachkraft in einer Wiesbadener Kita und leitet heute eine Stadtteilbibliothek in Wiesbaden.

**Anmerkung**

[1] S. Ulrike Schulte, Stefan Heyde: Was haben wir für großartige Dinge erlebt. In: TPS 2/03, S. 15

Britta Michel

# „Was wünschst du dir, was deine Eltern im Kinderhaus spielen sollen?"

## Elternabend einmal anders

Wieder einmal stand die Vorbereitung eines Elternabends an. Meine Kollegin und ich sprachen die Dinge durch, die Thema sein sollten. Das Übliche eben ..., da kam uns der Gedanke, die Kinder an den Vorbereitungen teilhaben zu lassen. Die Kinder wissen doch am besten, wie ihr Alltag im Kinderhaus aussieht, was sie am liebsten spielen, wo ihre Stärken liegen. Genau diese Fragen tauchten bei den Eltern auch immer wieder auf. Durch das Einbeziehen der Kinder während der Vorbereitung ist die „Wertigkeit" noch höher, die Kinder können ihren Eltern davon erzählen. Und vielleicht wird das eine oder andere Elternteil dadurch neugierig. Die Idee entstand, die Kinder zu fragen, was ihre Eltern an diesem Abend im Kinderhaus spielen, ausprobieren oder entdecken sollen. Durch diese Frage haben die Eltern die Möglichkeit, ganz nah an den Interessen ihrer Kinder teilzuhaben. Wir beriefen eine Versammlung ein und befragten die Kinder.

## Die Kinder hatten genaue Vorstellungen

Die Kinder waren eifrig damit beschäftigt, sich Dinge zu überlegen, was ihre Mama und/oder ihr Papa machen sollen. Folgende Wünsche sind entstanden:

Anna:      *Die Mama soll am Maltisch was basteln.*
Andreas:   *Mama soll sich das Tobezimmer anschauen und toben.*
Johannes:  *Mama und Papa sollen im Schlafraum mit einem Kuscheltier spielen.*
Thorsten:  *Sie sollen im Tobezimmer von Matratze zu Matratze springen.*
Xenia:     *Mama und Papa sollen im Gruppenzimmer auf der Matratze mit den Kuscheltieren „Arzt" spielen.*
Jonathan:  *Sie soll in der Bauecke mit der Murmelbahn und den Gummitieren spielen.*

Martin: *Die sollen sich beide das Tobezimmer anschauen.*

Nils: *Mama und Papa sollen in den Schlafraum gehen und mit Martins Mutter im Tobezimmer toben.*

Nina: *Mein Papa soll sich das Kinderhaus anschauen und auf der Couch das Fotoalbum anschauen.*

Auch die Jüngsten hatten genaue Vorstellungen, und wünschten sich Aktivitäten, die ihnen vertraut waren, Dinge mit denen sie sich gerade beschäftigen(z. B. Xenia und Johannes). Bei den 5-Jährigen Martin und Nils ging es darum, dass ihre Eltern die Orte kennen lernen, die sie gerade erobern. Manche Schulkinder freuten sich darüber, ihre Mama Dinge tun lassen, die ihr nicht so Spaß machen. Nina, eine der Ältesten, hatte das Gefühl, ihr Vater kennt Vieles im Kinderhaus nicht. Die Kinder waren sehr gespannt, wie ihre Eltern reagieren werden und baten uns, Fotos davon zu machen. Ich versprach ihnen auch aufzuschreiben, was sie darüber sagten.

Am Elternabend lasen wir den Eltern die einzelnen Wünsche ihrer Kinder vor; die wurden natürlich mit regem Interesse aufgenommen. Manchen Eltern fiel es schwer, sich darauf einzulassen, andere waren gleich begeistert und konnten kaum abwarten, mit der „Wunscherfüllung" anzufangen. Manche hatten mit einer anderen Aufgabe gerechnet und waren überrascht. Jedoch konnten alle auf ihre Weise mit der Aufgabe umgehen und die Lust und Motivation, die ihrem Kind in der gewählten Situation wichtig ist, ein wenig nachempfinden. Es bildeten sich sogar relativ schnell „Spielgruppen", die eine Menge Spaß miteinander hatten.

## Nach der Erfahrung kam die Reflexion

Unsere Frage an die Eltern nach getaner Arbeit: „Wie ging es mir dabei?"

Annas Mutter: *Ich habe an meine Tochter gedacht, wie sie mir immer ein schönes Bild malt. Deshalb wollte ich ihr auch etwas Schönes machen, ich habe ihr ein Wollpüppchen gebastelt.*

Johannes' Vater: *Es war süß, in Johannes' Bett zu liegen …, schöne Idee. Morgens nach dem Aufwachen ist es Johannes wichtig, zu uns ins Bett zu kommen, jetzt war es hier gegenseitig.*

Xenias Vater: *Ich bin überrascht, weil sie zu Hause fast nie „Arzt" spielt. Sie hat zu Hause einen Arztkoffer, aber damit spielt sie*

|  | |
|---|---|
|  | *fast nie. Es hat Spaß gemacht! Ich habe dem Elefanten das Herz abgehört.* |
| Ninas Vater: | *Ich habe gemerkt, dass ich zu wenig hierher komme.* |
| Andreas' Mutter: | *Ich hatte das Gefühl zu schrumpfen – also einfach ein paar Jahre jünger zu sein.* |
| Thorstens Vater: | *Es hat Spaß gemacht. Ich habe mich gewundert, wie stabil die Kissen sind.* |
| Thorstens Mutter: | *Mir hat es Spaß gemacht, obwohl ich den Toberaum nicht mag, weil es dort so komisch riecht.* |
| Martins Mutter: | *Ich fand es spannend!* |
| Nils' Mutter: | *Müsste man öfters machen – hat Spaß gemacht! Ich wünsche mir ja eigentlich, dass er bastelt, kann es aber jetzt verstehen, dass es Spaß macht, auch einfach „nur" zu toben! Ich bin froh, dass er mich nicht mit Autos hat spielen lassen.* |
| Jonathans Mutter: | *Ich habe ihn im Hintergrund grinsen gehört: „Ätsch"! Ich lese lieber vor als zu bauen. Es war schön, das könnte man öfters mal zusammen machen.* |

In der folgenden Woche (die Fotos mussten erst entwickelt werden) stellten wir den Kindern den Verlauf des Elternabends vor. Auch hier wieder reges Interesse, aber auch Enttäuschung, wenn die Mutter oder der Vater nicht da waren. Einige Kinder hatten mit ihren Eltern schon darüber geredet. Ich hatte das Gefühl, die Kinder fühlten sich sehr ernst genommen und waren sehr motiviert, beim nächsten Elternabend wieder eine solche Erfahrung zu machen.

**Britta Michel** ist Erzieherin im Kinderhaus „Bernhard von Baden" in Freiburg.

Gerlinde Ries-Schemainda

# Die Kinder-Eltern-Konferenz

## Kinderwünsche ernst nehmen
## und mit Kindern und Eltern besprechen

Zur äußeren Form eines demokratischen Lebensstils in unserer Kita gehört es, dass wir es den Kindern ermöglichen, sich zu beteiligen und ihre Einflussnahme auf das Geschehen in der Kita sichern. Wir fördern bewusst die Mitwirkung von Kindern, indem wir im Tagesablauf Raum und Zeit zur gemeinsamen Ideenfindung und Planung schaffen. Jedes Kind kann erfahren, dass seine Gefühle ernst genommen werden, es mit seinen Stärken und Schwächen angenommen ist und einen wichtigen Beitrag für die Kita-Gemeinschaft leisten kann. Ebenso ist es uns wichtig, die Kinder darin zu unterstützen, sich Beteiligungskompetenzen anzueignen und diese ständig zu verbessern. An konkreten Beispielen können sie nachvollziehen, dass sie und Erwachsene im gemeinsamen Handeln Einfluss auf ihre Situationen nehmen können. Ein Forum dafür ist u. a. die „Wünschewand" der Kinder. Hier können sie Vorschläge und Ideen, die ihnen wichtig sind, anbringen.

Im Winter wurde ein Vorschlag von besonderer Qualität an die Wünschewand gepinnt:

Wunsch von *allen* Kindern: *„Dass wir mal alle zusammen nach Ägypten fahren und uns die Schätze und die Pyramiden anschauen. Die Eltern sollen auch mitfahren."*

Valerie: *„Wir sollen aber noch hinfahren, bevor ich in die Schule komme."*

## Ernsthafte Auseinandersetzung mit den Kinderwünschen

Wie kam es zu diesem Wunsch? Eine Erzieherin der Gruppe besuchte während eines Ägyptenurlaubs die Pyramiden von Gizeh und das Ägyptische Museum zu Kairo. Während einer Kinderkonferenz berichtete sie darüber. Die Kinder stellten sofort Fragen und wollten mehr Infos haben. Sie waren von den Schilderungen und den Bildern so begeistert, dass Anna-Christin den oben genannten Wunsch aussprach und alle

Kinder sich dem anschlossen. Valerie sorgte dafür, dass der Wunsch nicht in Vergessenheit geriet. Sie malte ihn auf und pinnte ihn, stellvertretend für alle, an die Wünschewand.

Während der folgenden Wochen beschäftigten sie sich mit dem Anschauen von Fotos und Sachbilderbüchern zum Thema. Auf dem Bauteppich bauten sie eifrig Pyramiden und bezogen teilweise auch ihre Eltern mit ein. Was tun? Den Wunsch einfach als unrealistisch abtun oder den Kindern statt dessen ein Projekt „Ägypten" überstülpen? Das wollten wir nicht. Wir wollten uns mit den Kindern ernsthaft auseinander setzen und nicht für sie entscheiden, was möglich ist. Uns war es wichtig, dass sie zu dieser Frage Achtung, Respekt und Wertschätzung erfahren und erleben konnten. Da die Eltern in den Vorschlag einbezogen waren, gab es nur eine Handlungsmöglichkeit: eine „Kinder-Eltern-Konferenz" musste einberufen werden.

Erstmals fand in unserer Kita ein solches Ereignis statt, und es kamen 17 Kinder mit ihren Müttern und Vätern. Während zweier vorangegangener Kinderkonferenzen bereiteten wir uns mit den Kinder auf das Ereignis vor. Wir diskutierten gemeinsam das Wenn und Aber und teilten die Aufgaben für die Kinder-Eltern-Konferenz ein: Sabina und Valerie stellten den Wunsch vor und leiteten die Stellungnahme der Eltern ein. Tobias Sch. informierte über den finanziellen Rahmen, für Alternativvorschläge war Jens zuständig und die Verabschiedung war Valeries Part. Die Erzieherinnen übernahmen die Moderation und leiteten von einem Tagesordnungspunkt zum anderen über. Nachdem der Wunsch vorgestellt war, fragten die Eltern nach dessen Entstehungsgeschichte. Eine Mutter benötigte noch mehr Informationen bezüglich der Wünschetafel, und eine andere Mutter interessierte, ob bei den Kinder das kulturelle Interesse oder das Gemeinschaftserlebnis im Vordergrund steht. Hier waren die Meinungen der Kinder geteilt. Für Tobias F. war es sofort klar, dass bei ihm das Gemeinschaftserlebnis Priorität hat, während Valerie für das kulturelle Ereignis plädierte. Sie machte der Runde noch einmal deutlich, dass sie explizit an den Kunstschätzen Ägyptens interessiert ist.

## Realisierbar oder nicht?

Nach einem gründlichen Diskurs nannten die Eltern ihren Kindern Gründe, warum der Wunsch aus ihrer Sicht nicht realisierbar ist. Der Zeitfaktor war für die Kinder das einleuchtende Argument. Es war unrealistisch, dass wir in nur acht Wochen, die das Kiga-Jahr noch dauerte, einen für alle passenden Termin finden konnten. Das sahen auch die Kinder ein. Der Kostenfaktor beeindruckte sie nicht. Der Preis für einen Familienurlaub belief sich, nach Tobias Sch. Recherchen im Reisebüro vor Ort, auf DM 5.400. Dazu meinte Joshua: *„Meine Eltern haben genug Geld. Wir können mitfahren."*

Nachdem geklärt war, dass eine Ägypten-Reise nicht realisierbar ist, suchten Kinder und Eltern nach gemeinsam Alternativen. Jens stellte die zwei Alternativvorschläge vor: *„Wir können auch an die Nordsee oder nach Oberstaufen ins Eisenbahmuseum fahren, das ist nicht so weit."* Eine Mutter schlug vor, über's Wochenende gemeinsam wegzufahren. Tobias F. konterte sofort: *„Wir können auch zelten."* Das war für die anderen Kinder das Stichwort. Nach vielem Hin und Her, an welchem Ort gezeltet werden könnte, entschieden sich die Kinder für das Kindergartengelände. Die Eltern nahmen diesen Vorschlag an. Zu diesem Zeitpunkt war den Erzieherinnen an einem Meinungsbild gelegen: Nicht alle Eltern und Kinder hatten sich zum Kompromissvorschlag geäußert und Valeries kulturelles Interesse fand dabei keine Berücksichtigung.

In der den Kindern bekannten Weise legten wir ein Foto von den Pyramiden und eine Zeltabbildung, die schnell aufgemalt wurde, auf den Boden. Jeder Teilnehmer und jede Teilnehmerin bekamen einen Meinungsstein, mit dem er/sie die eigene Stimmung ausdrücken konnte (pro Ägypten/pro Zelten )

| Meinungsbild der Kinder: | Ägypten: | 1 Stimme |
| | Zelten: | 13 Stimmen |
| | Enthaltung: | 3 Stimmen |
| Meinungsbild der Eltern: | Ägypten: | 6 Stimmen |
| | Zelten: | 11 Stimmen |

Dieses Ergebnis der Eltern überraschte uns dann doch. Und so fragten wir nach. Die sechs Mütter und Väter haben tatsächlich die Reise der Zeltaktion vorgezogen und wären bereit gewesen, mit uns nach Ägypten zu fahren.

## Eine ägyptische Ausstellung

Valerie stimmte nach wie vor für Ägypten und das kulturelle Erlebnis und drei jüngere Kinder enthielten sich der Stimme. Das stimmte uns nachdenklich. Zwar waren wir auf einen Konsens angewiesen, die Minderheit musste sich der Mehrheit beugen, doch ermöglichte das Ergebnis noch individuelle Spielräume, die es von den Anwesenden zu finden galt. Ein Vater schlug vor, eine „ägyptische Ausstellung" aufzubauen. Der Vorschlag kam bei Valerie und den anderen Kindern sehr gut an. Sie überlegten sofort, wie so eine Ausstellung aussehen und organisiert werden könnte und Valerie fasste das Ergebnis mit den Worten zusammen: *„… und wer noch ein paar Kamele zu Hause hat, kann die dann auch mitbringen."*

Die ägyptische Ausstellung wurde am Tag der Zeltaktion von den Kindern eröffnet und sie führten die Erwachsenen durch die Ausstellung, nachdem sich alle Besucher einer Sicherheitsüberprüfung unterziehen mussten. Tage vorher wurde von ihnen alles vorbereitet: Reiseandenken aus Ägypten, Literatur, Reiseprospekte und Poster, Original-Nomadenteppiche, Kameltaschen und Wasserpfeifen; orientalische Tischchen und Lampen durften auch nicht fehlen. Am Vormittag wurde dann noch die Wüste Sahara mit den Pyramiden von Gizeh nachgestellt. Die Kinder hielten sich über drei Stunden während des Abends in der Ausstellung auf. Sie integrierten die Ausstellungstücke in ihre Rollenspiele und tanzten mit einigen Müttern nach orientalischer Musik. In einem Nebenraum zeigte ein Vater interessante Dias über Land und Leute. Die Kinder hatten nach diesem Ereignis viel über Ägypten gelernt – unter anderem, weil sie durch Be-greifen etwas über das Land erfahren konnten.

Valerie war mit dieser Lösung zufrieden. Ihr kulturelles Bedürfnis war berücksichtigt und für sie befriedigt worden. Insgesamt konnten die Kinder erfahren, dass nicht alle ihre Ideen und Vorschläge realisierbar sind und Ideen und Vorschläge von der Gruppe abgelehnt werden können. Sie konnten Wege finden, das zu verkraften, ohne zu resignieren und sich auf Alternativvorschläge einlassen. Wir legen großen Wert auf das Zusammenwirken von Eigen- und Gemeinsinn. Die Kinder konnten den Balanceakt zwischen Selbstbestimmung und Solidarität hautnah erleben und praktische Erfahrungen sammeln, wie das gut gelingen kann. Unser Anspruch auf das Zusammenwirken von Eigen- und Gemeinsinn wurde zur Zufriedenheit aller erfüllt. Ebenso waren wir stolz darauf, dass es uns gelungen ist, die Kinder nicht abzuspeisen, sondern sie herauszufordern.

**Gerlinde Ries-Schemainda** ist Leiterin der katholischen Kindertagesstätte St. Sebastian in Eppertshausen und Fachkraft für den Situationsansatz.

Dieser Artikel erschien zuerst in TPS Heft 7/2002.

# Ausgewählte Literatur rund um Kindzentrierung

## Bücher:

**Andresen, Ute:** Ausflüge in die Wirklichkeit. Grundschulkinder lernen im dreifachen Dialog. Weinheim und Basel 2000

**Dörfler, Mechthild/Klein, Lothar:** Konflikte machen stark. Streitkultur im Kindergarten. Freiburg 2004

**Freinet, Célestin:** Die moderne französische Schule. Paderborn ²1979

**Freinet, Célestin:** Pädagogische Werke Bd. 1 und 2, Paderborn 2000

**Glänzel, Hartmut:** Das Wort geben. In: Dietrich, Ingrid: Handbuch der Freinet-Pädagogik. Eine praxisbezogene Einführung. Weinheim und Basel 1995, S. 31 ff.

**Hartkemeyer, M./Hartkemeyer, J. F./Dhority, L. Freeman:** Miteinander denken. Das Geheimnis des Dialogs. Stuttgart ²1999

**Hebenstreit, Sigurd:** Kindzentrierte Kindergartenarbeit. Grundlagen und Perspektiven in Konzeption und Planung. Freiburg 1994

**Hövel, Walter:** Demokratie im Klassenraum. Die Rechte der Kinder und der Klassenrat. In: Dietrich, Ingrid: Handbuch der Freinet-Pädagogik. Eine praxisbezogene Einführung. Weinheim und Basel 1995, S. 46 ff.

**Kazemi-Veisari, Erika:** Partizipation – Hier entscheiden Kinder mit. Freiburg 1998

**Kazemi-Veisari, Erika:** Offene Planung im Kindergarten. Ideen und Hilfen. Freiburg 1996 (vergriffen)

**Kazemi-Veisari, Erika:** Von Kindern lernen – mit Kindern leben. Freiburg 1995 (vergriffen)

**Klein, Lothar/Vogt, Herbert:** Freinet-Pädagogik in Kindertageseinrichtungen. Entdeckendes Lernen und vom „Hunger nach Leben". Freiburg 1998

**Klein, Lothar/Vogt, Herbert:** Erzieherinnen im Dialog mit Kindern. Wie Partizipation im Kindergarten aussehen kann. In: Büttner, Christian/Meyer, Bernhard (Hrsg.): Lernprogramm Demokratie. Möglichkeiten und Grenzen politischer Erziehung von Kindern und Jugendlichen. Weinheim und München 2000

**Klein, Lothar:** Mit Kindern Regeln finden. Freiburg 2000

**Klein, Lothar:** Freinet-Pädagogik im Kindergarten. Freiburg 2002

**Le Bohec, Paul und Le Guillou, Michele:** Patricks Zeichnungen. Erfahrungen mit der therapeutischen Wirkung des freien Ausdrucks. Bremen 1993

**Lill, Gerlinde (Hrsg.):** Bildungswerkstatt Kita. Bildungsmöglichkeiten im Alltag entdecken. Weinheim und Basel 2003

**Pikler, Emmi:** Miteinander vertraut werden. Freiburg 2002

**Reggio Children:** Zärtlichkeit. Eine Geschichte von Laura und Daniele. Berlin 1998

**Reggio Children:** Springbrunnen. Aus einem Projekt zur Konstruktion eines Vergnügungsparks für Vögel. Berlin 1998

**Reggio Children:** Ein Ausflug in die Rechte von Kindern. Aus der Sicht der Kinder. Berlin 1998

**Reggio Children:** Stummfilm. Fantasiespiele zwischen Fischen und Kindern in der Krippe. Berlin 1998

**Regel, Gerhard/Wieland, Axel Jan:** Offener Kindergarten konkret. Veränderte Pädagogik in Kindergarten und Hort. Hamburg 1993

**Spiegel, Hartmut/Selter, Christoph:** Kinder und Mathematik. Was Erwachsene wissen sollten. Seelze 2003

**Wild, Rebeca:** Erziehung zum Sein. Erfahrungsbericht einer aktiven Schule. Heidelberg 19926

## Artikel in Zeitschriften:

**De Buhr, Anne:** Kinder lassen. Geschichten aus dem Alltag mit Kindern. Elternbrief Nr. 35/2000. Erhältlich: BETA (Bundesver. Evangelischer Tageseinrichtungen für Kinder e. V.

**Diverse Autoren:** Den Alltag beflügeln. Dokumentation der 2. bundesweiten Fachtagung zur Freinet-Pädagogik in Kindertageseinrichtungen. In: Fragen und Versuche Heft 96, Juni 2001 (für 4,00 Euro erhältlich bei der Freinet-Kooperative, Am Sielwall 45, 28203 Bremen, Tel. und Fax: 04 21/34 49 29, mail@freinet-kooperative.de, www.freinet-kooperative.de)

**Dörfler, Mechthild/Leu, Hans Rudolf:** Beziehung ist keine Ware einer Anbieterin. In: Welt des Kindes 4/1998

**Henneberg, Rosy:** Auf Kinder hören, sie ernst nehmen und gemeinsam etwas daraus machen. In: Theorie und Praxis der Sozialpädagogik (TPS) 1/2002

**Henneberg, Rosy:** „Ich kann mich überall konzentrieren, wenn ich will." Gedanken zum Stuhlkreis und anderen Treffen. In: TPS 5/2001

**Henneberg, Rosy:** „Ich will Musiker werden …" Kindern zuhören, ihre Ideen ernst nehmen und gemeinsam etwas daraus machen. In: TPS 2/2001

**Henneberg, Rosy/Wagner, Iris:** Frühstück als Tauschgeschäft. Erfahrungen mit Dreijährigen. In: TPS 5/2001

**Kazemi-Veisari, Erika:** Hinsehen alleine genügt nicht! Was man über Beobachtung und Wahrnehmung wissen muss. In: kiga heute 2/2003

**Kazemi-Veisari, Erika:** Die Grundhaltung ist entscheidend. Differenzierte Beobachtung von Kindern. In: kiga heute 7–8/1999

**Klein, Lothar/Vogt, Herbert:** Das Abenteuer des entdeckenden Lernens. Kinder lernen am besten auf eigenen Wegen. In: TPS-Sammelband: „Kinder – Lernen – Bildung" , 2002

**Klein, Lothar:** Célestin Freinet. Aus dem Leben – für das Leben. In: Kindergarten heute spezial: Pädagogische Handlungskonzepte von Fröbel bis zum Situationsansatz, 2001

**Klein, Lothar:** Das Kinderamt für Arbeit und Erfindung. Richtig arbeiten und mit Geld umgehen. In: TPS 3/2001

**Klein, Lothar:** „Wir hatten doch ausgemacht, dass …" Mit Kindern Regeln finden. In: Kindergarten heute 3/2001

**Klein, Lothar:** Den Entwicklungsprozessen der Kinder dienen. Wie in der Freinet-Pädagogik geplant wird. In: TPS 6/2001

**Klein, Lothar:** Kinder als Ratgeber von Erwachsenen. Gleichwertigkeit als Partizipations- und Beziehungsaspekt. In TPS 8/2002

**Lee Hülswitt, Kerensa:** Mathematik erfinden. Natürliches Lernen statt Pauken von Lehrsätzen. In: TPS 5/2000

**Leu, Hans Rudolf:** Anerkennungsmuster als „soziales Kapital" von Familien. In: Diskurs, Heft 1/97

**Leu, Hans Rudolf:** Wechselseitige Anerkennung – eine Grundlage von Bildungsprozessen in einer pluralen Gesellschaft. In: kita aktuell, MO, Heft 9/1999, S. 172–176

**Marinello, Gloria:** Aus Kindersicht. Elternbrief Nr. 36/2001. Erhältlich: BETA (Bundesvereinigung Evangelischer Tageseinrichtungen für Kinder e. V. Stafflenbergstraße 76, 70184 Stuttgart, mail@beta-dia-konie.de)

**Söll, Florian:** Eine Frage ist eine Frage ist eine … In: Fragen und Versuche (FUV), Heft 74, 1995, S. 16–19

**Vogt, Herbert:** Tastende Versuche und wundervolle Ideen. Wie Kinder entdeckend lernen. In: Theorie und Praxis der Sozialpädagogik (TPS) 1/2002

**Wehmeyer, Wilma:** Das Herzstück unserer Gruppe. Der Wochenplan als Orientierung für Kinder, Erzieherinnen und Eltern. In: TPS 6/2001

## Filme:

**Das Kinderhaus „Bernhard von Baden"**, erhältlich bei: Kinderhaus „Bernhard von Baden", Vordere Poche 17, 79104 Freiburg, Tel. 07 61/5 44 49, bernhard-von-baden@caritas-freiburg.de

**Kahl, Reinhard:** Lob des Fehlers. Filmserie in vier Teilen. Erhältlich bei: Pädagogische Beiträge Verlag, Rothenbaumchaussee 11, 20148 Hamburg, 1995

# Einige Adressen von Kindertagesstätten, die sich um Kindzentrierung bemühen:

- **Kinderhort „Wilder Mann"** (Hort), Wilder-Mann-Str. 13, 01129 Dresden, 0351/8496203
- **Integratives Kinderhaus „Albert Schweitzer"** (Kiga), Erika Höfchen, Ulrike Nowak, 0351/8561910, Industriestraße 33, 01129 Dresden
- **Kita „Benjamin Blümchen"** (Kiga), Beate Geisler, 03581/83189, Lindenweg 3, 02826 Görlitz
- **Kindertagesstätte „Walter-Ranft-Straße"** (Kiga), Annegret Jähnel, 0371/2609442, Walter-Ranft-Straße 72, 09123 Chemnitz
- **Oederaner Kitz e. V.** (große Altersmischung), Babett Kunze, Durchfahrt 16, 09509 Oederan, 037292/4965
- **Freinet-Kita Prinzhöfte** (Kiga), Monika Müller-Zeugner, 04344/1480 oder 644, Simmerhausstraße 1, 27243 Prinzhöfte, Lutz.Wendeler@t-online.de
- **Kita Steinenberg** (Kiga), Sandra Reenen, 06752/5505, Steinenbergstraße 9, 55606 Kirn
- **Evang. Kindergarten Hachenburg** (Kiga), Bärbel Schäfer, 02662/6618, Steinweg 15, 57627 Hachenburg
- **Kita „Luna"** (Kiga), Dorothee Morell, 06003/829534, Taunusblick 26, 61191 Rosbach
- **Kindertagestätte 6** (Hort), Claudia Schell, 069/80652304, Bernhardstraße 72, 63067 Offenbach
- **Kinderhaus „Borngarten"** (große Altersmischung), Rita Stich, 06074/8793, Auf den Lippsäckern 1, 63303 Dreieich-Offenthal
- **Kindergarten Gartenstraße** (Kiga), Brigitte Hofmann-Röder, 06184/53495, Gartenstraße 2, 63517 Rodenbach
- **Städt. Kindertagestätte „Regenbogen"** (Kiga), Gerda Edelmann-Wirth, 06043/4325, Schwalheimer Weg 16, 63667 Nidda-Ober-Widdersheim
- **Kindertagestätte Ober-Schmitten** (Kiga), Marlies Bechtold, 06043/2100, Schulstraße 15, 63667 Nidda-Ober-Schmitten

- **Rote Gruppe, Kindergarten am Stadtpark** (Kiga), Roswitha Henneberg, 06102/84094, Am Cestasplatz, 64354 Reinheim, roswitha.henneberg@rwhen.de
- **Kindertagesstätte Schlangenbader Straße** (Kiga/Hort) Horst Thomann, 0611/318741, Schlangenbader Straße 5, 65199 Wiesbaden
- **Kindertagesstätte Friedrich-Engels-Weg** (Kiga/Hort) Susanne Klös, Wilma Wehmeyer, 0611/318740, Friedrich-Engels-Weg 2, 65199 Wiesbaden
- **Kindertagestätte Breckenheim** (Kiga/Hort) Anke Schreiter (Hort), Andrea Rindfleisch (Kindergarten), 06122/12354, Klingenbachstraße 36, 65207 Wiesbaden
- **Kindergarten „Parkweg"** (Kiga), Heike Danell, Thomas Becker, 06144/6246, Parkweg 3, 65474 Bischofsheim
- **Evangelischer Kindergarten der Christusgemeinde** (Kiga), Ulrika Ludwig, 069/395756, Dürkheimer Straße 35, 65934 Frankfurt
- **Kinderhaus der AWO Dudweiler** (Kiga), Petra Hilpert, 068/9777359, Fischbachstraße 91, 66125 Saarbrücken
- **SLS Ebernburg** (Hort), Alexandra Schäfer, 0621/5042806, Ebernburgstraße 11, 67065 Ludwigshafen
- **Hort Feudenheim**, Harald Saßnowski, 0621/2938457, Spessartstraße 24, 68259 Mannheim
- **Naturkindergarten im Höfle** (Kiga), Jenny Reinicke, Tel. 0171/9905992, Adolf-Freud-Weg 17, 70192 Stuttgart
- **Stadtteil- und Familienzentrum Oststadt** (Kiga), Claudia Kähms, 0781/9329211, Weingartenstraße 30, 77654 Offenburg
- **Kinderhaus „Bernhard von Baden"** (Altersmischung 3–12), Donate Hupfer, Christa Roser, 0761/54449, Vordere Poche 17, 79104 Freiburg i. Breisgau, Bernhard-von-Baden@caritas-freiburg.de
- **Katholischer Kindergarten Wulfersthausen** (Kiga), Ulrike Bestler, 0821/782341, Oberer Dorfweg 3, 86316 Friedberg
- **Evangelisches Kinderhaus „Hedwig von Eichel"** (Kiga), Heike Martin, 03691/214072, Altstadtstraße 83, 99817 Eisenach, kinderhaus@diako-eisenach.de

# Die HerausgeberInnen

**Rosy Henneberg**, Jg. 1956, ist Erzieherin und Fachkraft für Kindzentrierung mit Schwerpunkt Freinet-Pädagogik. Sie arbeitet seit 28 Jahren gemeinsam mit Kindern im Alter von drei bis sechs Jahren. Von 1976 bis 2000 war sie in der Kindertagesstätte Friedrich-List-Straße in Neu-Isenburg tätig, wo sie sich in den letzten Jahren hauptsächlich mit der Fragestellung einer kindzentrierten Projektarbeit beschäftigte; später nannte sie diesen Arbeitsschwerpunkt „Ideenarbeit mit Kindern".

Heute arbeitet sie in der Roten Gruppe der Kindertagesstätte am Stadtpark in Reinheim/Odenwald. Sie selbst nennt die Gruppe und ihr Arbeitsumfeld eine „Lebenswerkstatt", in der der Gedanke der Ideenarbeit mit Kindern weiterhin im Vordergrund steht. Dies hat sie in mehreren TPS-Artikeln dokumentiert.

Anschrift: Hofgasse 3, 64384 Reinheim
E-Mail: roswitha.henneberg@rwhen.de

**Helke Klein**, Jg. 1953, ist Diplom-Bibliothekarin und leitete über zehn Jahre die Kinder- und Jugendbibliothek in Wiesbaden. Sie arbeitete danach acht Jahre lang als Erzieherin mit dem Schwerpunkt Einzelintegration in einer Kindertagesstätte mit großer Altersmischung und machte berufsbegleitend eine Ausbildung in Systemischer Beratung/Familientherapie. Seit 2003 ist sie Leiterin einer Stadtteilbibliothek in Wiesbaden. Ihre Schwerpunkt-Themen, sowohl in der pädagogischen wie der bibliothekarischen Arbeit, sind der Schriftspracherwerb vor der Einschulung sowie die Leseförderung, vor allem in Form von Schreibwerkstätten. Sie arbeitet in der Fortbildung von Erzieherinnen und schreibt Beiträge für Fachzeitschriften.

Anschrift: Köpfchenweg 24, 65191 Wiesbaden
E-Mail: Helke.Klein@balance-paedagogik.de

**Lothar Klein**, Jg. 1950, ist Lehrer für die Sekundar-
stufe II und Diplom-Pädagoge. Er leitete viele Jahre
Kindertagesstätten mit Kindergarten, Hort und Kin-
dergemeinschaftsgruppen (0–12 Jahre) in Wiesbaden.
Seit 1996 arbeitet er freiberuflich in der Fortbildung
von Erzieherinnen und als Autor. Ausbildung zum
Psychodrama-Assistenten. Arbeitsschwerpunkte:
Kindzentrierung, Freinet-Pädagogik, Lernen, Rolle
der Erzieherin, Regeln, Partizipation, Dialog, Jungen,
Zusammenarbeit mit Eltern.
Anschrift: Köpfchenweg 24, 65191 Wiesbaden
E-Mail: info@balance-paedogogik.de

**Herbert Vogt**, Jg. 1953, ist Grundschullehrer und Diplom-Pädagoge, leitete einen Hort und eine Kindertagesstätte mit Hort und war von 1987 bis 1995 Fach-
berater für Kindertagesstätten bei der Stadt Hanau.
Seit 1996 arbeitet er als Redakteur bei TPS und freiberuflich in der Fortbildung von Erzieherinnen und
als Autor. Gründungsmitglied des Kronberger Kreises für Qualitätsentwicklung e. V. Arbeitsschwerpunkte: Konzeptionsentwicklung, Qualitätsentwicklung, Zusammenarbeit mit Eltern, Kindzentrierung,
Freinet-Pädagogik, Moderation, Teamentwicklung.
Anschrift: Urberacher Straße 12, 63322 Rödermark
E-Mail: balanceHV@t-online.de